Beck'sche Reihe
BsR 400

„Eines der heikelsten und kompliziertesten Probleme, das die Religionsphilosophie und vergleichende Religionsgeschichte, die christliche Theologie, die Philosophie und die Tiefenpsychologie schon stark beschäftigt hat, ist die Frage nach dem Verhältnis zwischen den erotischen und religiösen Kräften im Menschen. Wer die einschlägige Literatur der letzten Jahrzehnte überschaut, weiß von den miteinander unversöhnlichen Extremen in der Behandlung jenes Problems, wie sie von der naturalistischen Psychoanalyse einerseits, von der konfessionell gebundenen christlichen Dogmatik andererseits geliefert werden. Sie alle überragt das Werk von Walter Schubart ‚Religion und Eros‘. Was hier unter Verarbeitung reichen religionsgeschichtlichen Materials an Gedanken unterbreitet wird, die darauf abgestellt sind, den Gegensatz zwischen Eros und Religiosität zugunsten beider aufzuheben, gehört zu dem Besten, was jemals dazu verlautbart ist.“ *Der Tagesspiegel, Berlin*

Walter Schubart wurde 1897 in Sonneberg, Thüringen, geboren. Nach Abschluß seines Jurastudiums wirkte er zunächst als Syndikus an der Kunstakademie München, später als Rechtsanwalt am Oberlandesgericht in Jena. 1933 ging er aus politischen Gründen nach Riga, promovierte zum Dr. phil. und lehrte als Dozent für Philosophie an der dortigen Universität. Durch mehrere philosophische Werke – vor allem die Bücher „Europa und die Seele des Ostens“ und „Nietzsche und Dostojewski“ – machte er sich einen Namen. 1940, nach dem Einmarsch der Russen in Lettland, versuchte er über Budapest nach Deutschland zurückzukehren. 1941 wurden jedoch die Grenzen durch die Kriegserklärung Hitlers geschlossen, und Schubart ist seitdem mit seiner Frau verschollen. – Sein Werk „Religion und Eros“ hat der Münchner Psychologe Professor Friedrich Seifert im Jahre 1941 herausgegeben.

WALTER SCHUBART

Religion und Eros

Herausgegeben von
Friedrich Seifert

VERLAG C.H.BECK MÜNCHEN

CIP-Titelaufnahme der Deutschen Bibliothek

Schubart, Walter:
Religion und Eros / Walter Schubart. Hrsg. von Friedrich
Seifert – 22.–26. Tsd. – München : Beck, 1989
  (Beck'sche Reihe ; 400)
  ISBN 3 406 33992 1

ISBN 3 406 33992 1

22. bis 26. Tausend 1989
© 1966 C. H. Beck'sche Verlagsbuchhandlung (Oscar Beck), München
Druck: C. H. Beck'sche Buchdruckerei, Nördlingen
Printed in Germany

INHALTSVERZEICHNIS

Das Religiöse und das Geschlechtliche sind die beiden stärksten Lebensmächte. Wer sie für ursprüngliche Widersacher hält, lehrt die ewige Zwiespältigkeit der Seele. Wer sie zu unversöhnlichen Feinden macht, zerreißt das menschliche Herz. Und es ist zerrissen worden! Wer über Religion und Erotik nachsinnt, muß den Finger an eine der schmerzlichsten Wunden legen, die in der Tiefe des Menschen blutet. Zur Heilung dieser Wunde beizutragen, der Geschlechterliebe das gute Gewissen und der Seele ihre Einheit zurückzugeben, ist der Sinn dieses Buches. Es will in Religion und Erotik die übereinstimmenden Phänomene beschreiben, sodann: den Wesenszusammenhang zwischen Religion und Erotik aufdecken, und schließlich: beide, im umschließenden Rahmen eines Weltbildes, mit den letzten Fragen des Seins verknüpfen. Demgegenüber wäre es eine falsch gestellte Aufgabe, die verschiedenen Religionen der Reihe nach auf ihr Verhalten zu Geschlecht und Erotik geschichtlich abzutasten, die Beobachtungen zu sammeln und erschöpfend darzustellen. Die historische Methode könnte für den vorgesehenen Zweck nichts leisten. Sie müßte zu zahlreichen Wiederholungen führen und könnte trotzdem für die Einsicht in das Wesentliche breite Lücken lassen. Oft verdunkelt gerade der geschichtliche Sinn den Sinn der Geschichte, indem er den Blick zu sehr an Einzelheiten festhält und von der Schau des Ganzen verscheucht. Es genügt auch nicht, eine Sexuallehre der Religion oder eine Theologie des Geschlechts zu entwickeln. Weder von der geschichtlichen Erfahrung noch von der rein erotischen noch von der rein religiösen Betrachtung aus führt ein Weg zu der Warte, von der aus die Grundprobleme des Buches gesehen werden wollen. Notwendig ist die *religiös-erotische Zusammenschau*. Man muß letztlich die Verwandtschaft von Religion und Erotik erlebt haben, um sie beschreiben und deuten zu können. Das aber heißt: man muß sich mehr auf die Eingebung als auf die Erfahrung, mehr auf die inneren Tatsachen als auf die äußeren verlassen, von der Überzeugung durchdrungen, daß sich der Mensch aus Einfällen und Begnadungen erneuert, nicht aus Erinnerungen und Konstruktionen. Gewiß sehen wir uns auch den Menschen der Vergangenheit an. Aber nicht um seinetwillen, sondern um unseretwillen. Vom Menschen der Gegenwart und seinen Nöten gehen wir aus, und dem erneuerten Menschen der Zukunft gilt unsere Sorge und unsere Liebe. *Wie Religion und Erotik ihrer Natur nach zueinander stehen, wie es geschieht, daß sie sich verfeinden, und wie es anzustellen sei, daß sie sich wiederfinden* – um diese Achsenfragen dreht sich das Buch. Es sind Fragen von ewiger Aktualität und dennoch von besonderer Dringlichkeit für die lebende Generation. Denn wenn es nicht gelingt, Religion und Erotik in eine neue, nahe und glückliche Beziehung zu setzen und die Menschenwürde mit der Geschlechtlichkeit auszusöhnen, wird es nicht zu jener Wiedergeburt der Religion kommen, auf die heute viele hoffen und von der sie alles erwarten. Wenn es aber gelänge, so erhielte der Eros eine neue sakrale Würde, die Religion neue vitale Kraft, und der Mensch, hart geworden in den Irrtümern von Jahrtausenden, zerrissen und seiner Einheit beraubt, fände mit der Einheit auch den verlorenen Frieden seiner Seele wieder.

Zum besseren Verständnis des Werkes schicke ich ihm eine *begriffliche Vorbemerkung* voran.

Den *Begriff Eros* nehme ich enger als Platon und beschränke ihn auf das Verhältnis der Geschlechter. Geschlechts*trieb* (Sexus) ist der Trieb der Geschlechter zueinander. Auf einer bestimmten sittlichen Reifungsstufe tritt er, von geistigen Mächten berührt, als Eros, als Geschlechterliebe auf. Die Erotik will regelmäßig den Geschlechtstrieb mitumfassen, aber nicht aller Geschlechtstrieb läßt sich in Erotik veredeln. Erotik ohne Geschlechtstrieb gibt es nicht; sie hat die Geschlechtersehnsucht nötig (die den

Drang nach leiblicher Vereinigung nicht einzuschließen braucht).
Dagegen ist Geschlechtstrieb ohne Erotik möglich. Unter Tieren
ist dies die ausschließliche und unter Menschen die häufigste Art
der Geschlechtsbeziehung (Sexualität).

Religion ist die Wechselbeziehung zwischen Gott und den
Menschen. Sie kann verschieden gestaltet sein: als Vertrag (bei
den Römern), als Hinaufstreben der Menschen zur Gottheit (bei
den Griechen), als Herabkunft Gottes zu den Menschen (im
Christentum), als Annäherung von Gott und Mensch mit dem
Ziel der Verschmelzung (in der Mystik). Tritt der einzelne bewußt in diese Beziehung ein und nimmt er zustimmend daran
teil, so ist er religiös. Das gottmenschliche Verhältnis ist genau
so wie das Verhältnis der Geschlechter eine gegebene Wirklichkeit, eine soziale Beziehung der Realität. Der Asket mag sich
vom Weibe, der Atheist von Gott abwenden: diese Abkehr stellt
weder das Weib noch Gott in Frage. Auf dieser Grundansicht
ruht das Denkgefüge des Buches. Es setzt Gott als absolute
Größe voraus, über die nicht gestritten werden kann. Man kann
sich über seine Eigenheiten widersätzliche Gedanken machen,
auch darüber, wie man sich zu ihm stellen soll, ob es frommer
ist, ihn zu fürchten oder zu lieben. Murrend unter seinen Züch-
tigungen kann man sich gegen ihn empören, aber man kann ihn
nicht leugnen. Wir lassen über Gott jede Erörterung zu, nur die
eine nicht, daß er nicht ist. Gewiß, Gott läßt sich nicht beweisen,
so wenig er sich widerlegen läßt. Man muß an ihn glauben, und
das bedeutet: man muß ihn erleben. Wo er nicht erlebt wird, ver-
fängt kein Beweis, und wo er erlebt worden ist, bedarf er keines
Beweises. Wo Beweise verlangt werden, ist gezweifelt worden;
wo das Gotteserlebnis ausreift, schweigt jeder Zweifel.

I

DÄMONOLOGIE DES URSPRUNGS

Gott ist immer der Eine und Ewige, aber er wird vom Menschen je nach Geschlecht, Rasse, Kulturstufe, Lebensalter und geistiger Reife verschieden erlebt, und je nach seinem Erlebnis formt sich der Mensch das Gottesbild. Nur in der Vorstellung der Menschheit schwankt das Göttliche zwischen Widersprüchen und Gegensätzen hin und her. Es selbst, in der Fülle und Festigkeit seines absoluten Seins, schwebt unveränderlich über jeder Veränderung. Die Gottesgefühle des Menschen wechseln, aufsteigend von Entsetzen, Furcht, Scheu, über Ehrfurcht und Verehrung bis zum kindlichen Vertrauen, bis zur hingebungsvollen Liebe. Im Anfang war der *Urschauder,* wie ich die erste religiöse Regung nenne. Er legt sich auf den Menschen erstmals in dem Augenblick, da ihm seine Umwelt nicht mehr selbstverständlich ist, sondern fragwürdig zu werden beginnt. Nun fühlt er sich nicht mehr in die umgebende Natur eingegliedert, sondern sieht sich ihr gegenüber. Es bilden sich die ersten Ansätze zum Bewußtsein seiner selbst, der Welt und Gottes. In der Vielfalt der Erscheinungen begegnet er erstmals dem Unwandelbaren, von dem aus sich der Begriff der Einheit entwickeln läßt. Erst das Einheitserlebnis begründet den Wesensunterschied zwischen Tier und Mensch. Die Stimmung, von der es anfänglich begleitet wird, ist der Urschauder, der beklemmende Zustand des Erstaunens über die Welt. Von nun an gibt es für den Menschen das Wunder und das Heilige, das tabu, das Unberührbare, Ferne, und damit gibt es für ihn Religion. Nicht die Gottesvorstellung ist das Ursprüngliche und Wesentliche daran, sondern das Erlebnis des Heiligen, die Absonderung des Ungewöhnlichen vom Alltäglichen und Vertrauten. *Religion hat, wer das Heilige empfindet.* Das Gottesbild ist von sekundärer Bedeutung; es ist nur der Spiegel, in dem sich das religiöse Erlebnis erkennt. Was der Mensch an der Welt nicht mehr begreift, die unheimlichen Seiten des Seins, vor denen er bestürzt zurückweicht, das eben nannte er ursprünglich Gott. Je weiter er seinen Geist entfaltet, um so kleiner wird für ihn das Reich des Selbstverständlichen, um so mehr schwillt der Gottesbegriff an. Daß sich der Mensch verwundern kann und daß er den Weg zu den Göttern findet, beweist, daß er Tiefe und daß er Geist hat.

Das Heilige wird zugleich als das Mächtige, Gefährliche, Überwältigende erlebt. Daher verstrickt der Wortschatz der Naturvölker die Begriffe tabu und mana zu einer Einheit. Der Mensch wird seiner Schwäche, Verlassenheit und Ohnmacht inne; er fühlt immer das Überlegene, das ihn beherrscht. Nichts kann ihn mit gleich erschütternder Wucht auf die tabu- und mana-Mächte verwiesen haben wie der Anblick des ersten Toten. Wir dürfen vermuten: An der ersten menschlichen Leiche erwachte die menschliche Religiosität. Man fürchtete den Geist des Verstorbenen. Aus den toten Ahnen wurden die ältesten Dämonen. Es hat lange gedauert, bis die dämonische Ahnenfurcht in die göttliche Ahnenverehrung überging. Das dämonische Fluidum, das die Religion umschwebt, übertrug sich bald auf die Priester. Ihre große, oft unantastbare Macht hat an der tief eingewurzelten Dämonenfurcht des Menschen ihre einzige, aber dauerhafte Stütze. Das Ansehen dieses Standes hebt und senkt sich mit der Intensität, mit der die Menschen das tabu erleben.

Bis tief in die Kulturreligionen zittert der Schauder der ersten religiösen Erregung nach, der Gottesschrecken, der emät Jahveh der Hebräer. Paulus war von ihm ergriffen, als er aufstöhnte, Gott sei ein verzehrend Feuer, es sei furchtbar, in die Hände des lebendigen Gottes zu fallen (Ebr. 12, 29; 10, 31). Luther klagte über den grimmen Gott, der erschrecklicher und greulicher sei als der Teufel. Der Begriff der ira Dei bildet sich, von der Lactantius in einer seiner Schriften handelt. Von religiöser Furcht sind die Bibelstellen Matth. 10, 28 und 21, 41 bewegt, Angstinseln inmitten der Liebesreligion. Im Brahmanismus deutet der Ausdruck aparadh (religiös verehren, versöhnen, den Zorn stillen) auf die Furcht als Quelle der Frömmigkeit.

Wenn der natürliche Mensch von dieser Furcht getroffen um sich tastet, stößt er allenthalben auf das eine unbekannte, unpersönliche, das rätselhafte »Es«. Es umringt und belauert ihn in vielerlei Gestalt, aber es ist immer ein und dasselbe, und es erregt immer ein und dieselbe Empfindung: das Schaudern. Ungreifbar ist es und verschwommen, seine Umrisse fließen und wechseln wie die Ränder einer vom Wind getriebenen Wolke. Der Mensch hat – im Dunkel der Urgeschichte – einer langen Seelenentwicklung bedurft, bis sich vor seinem inneren Auge das große Es in menschenähnliche Einzelgebilde aufteilte, bis es sich zu persönlichen Wesen verdichtete. Als er sich einer Vielzahl von vorstellbaren Dämonen, Geistern und Göttern gegenübersah, muß in ihm schon eine gewisse innere Beruhigung und Klärung eingetreten sein. Nun konnte er mit den Übermächten durch Zauber und Beschwörung in Verbindung treten. Nun gab es gute Götter und Geister, in deren Schutz er sich stellte, und es gab böse und gefährliche, gegen die er im Bunde mit den guten kämpfte. Er war nicht mehr allein. Er stand nicht mehr verlassen vor dem ungreifbaren Einen. Er hatte es mit Erfolg zerlegt, im unbewußten Drang, seines Urschauders Herr zu werden. Der Polytheismus bezeichnet demnach einen späteren Reifegrad der Seele als das dumpfe Erlebnis des Ur-Einen. Setzt man dieses, obwohl die klare Gottesvorstellung fehlt, einem Urmonotheismus gleich, so ist der Monotheismus älter als das Pantheon.

War anfänglich die religiöse Absicht des Menschen nur auf Abwehr und Besänftigung der mana-Macht gerichtet, so erwachte nun in ihm das Bedürfnis, sich mit demütigen Bitten an die Götter zu wenden, und alsbald der edlere Wunsch, ihnen aus überströmendem Herzen zu danken. Eine Zeitlang sind gute und böse Geister gleichstarke Gegenspieler, wie Ahuramazda und Agramaniusch bei den Persern. Satan ist schon viel schwächer als sein gewaltiger Partner Jehovah. Schließlich sinkt das böse Prinzip entmachtet in sich zusammen, und der eine persönliche, gute Gott beherrscht das Feld. Vom unpersönlichen All-Einen führt die Entwicklung über die Vielzahl der Götter zur göttlichen Einheit zurück, aber zu einer als liebende Person erlebten Einheit. Es ist der lange Dornenweg, den die Menschheit von der Angstreligion zum Vertrauensglauben, vom Urschauder bis zur Gottesliebe abschritt. Der in sein Gottvertrauen gehüllte Christ kann kaum noch die gewaltigen Erschütterungen nacherleben, in die der Urschauder den natürlichen Menschen hineinreißt. Ebensowenig kann es die kalte Zivilisationsbestie, die über Götter lächelt. So haben viele – Gläubige und Ungläubige – das Gefühl für die dämonische Seite der Religion eingebüßt. Anfänglich waren die Begriffe Gott und Dämon nicht voneinander geschieden. Noch bei Homer sind θεός und δαίμων völlig dasselbe. Sokrates spricht von der göttlichen Stimme in seinem Inneren und nennt sie δαιμόνιον, Göttchen. Bei den Iraniern bedeuten daevas die Dämonen. Bei den Indern bezeichnet devas – aus gleicher Sprachwurzel – die Götter. Erst nachdem sich der Gottesbegriff zu einer gewissen Reinheit und Weihe geläutert hatte, hob sich der Begriff des Dämonischen unterscheidbar von ihm ab. Nun erst ließen sich Götter und Dämonen gegenüberstellen. Das Helle mußte sich absondern vom dunklen Grunde der Dämonie. Erst dann konnten die Götter geboren werden – als Söhne der Dämonen.

In der dämonischen Natur der Religion ruhen die *Motive des Opfers*. Der Mensch gibt Dinge hin, die er liebt, oder verzichtet auf Dinge, die er begehrt, um als Gegengabe die Beruhigung seines Herzens einzutauschen. Das erste Opfer zielt nicht auf Entsühnung des Menschen, sondern auf Versöhnung der Dämonen. Noch drückt den Menschen nicht das Gefühl der Schuld, sondern der Ohnmacht. Das tabu-Erlebnis bildet sich jenseits von Gut und Böse. Daher ist das Menschenopfer kein Zeichen sittlicher Verkommenheit; unausrottbar wie die metaphysische Furcht liegt es in der menschlichen Natur. Wie falsch sieht der kultivierte Mensch, wenn er sich hierüber entrüstet und verächtlich über die rohe Primitivität und den verschrobenen Aberglauben seiner Ahnen richtet! Über den tabu-Schauder des natürlichen Menschen sind nur psychologische, nicht moralische Urteile statthaft. Er deckt keinen sittlichen Mangel, sondern die Quelle aller Gesittung auf. Er ist der Seelenzustand eines heute kaum noch nachfühlbaren Leidens. Was muß in den Menschen vor sich gegangen sein, wenn sie ihre eigenen Kinder in die glühenden Arme des Moloch legten! Welches Übermaß innerer Qual und Gespanntheit bricht sich hier den Weg ins Freie! Immer und überall gab es Menschenopfer, und nie werden sie ganz aus der Menschheit verschwinden. Die Formen wechseln, aber das dämonische Ahnenerbe der Religion findet immer Mittel, sich von Zeit zu Zeit bemerkbar zu machen. Die Inder opferten mit Vorliebe Mädchen, die Juden die männliche Erstgeburt, die Kreter ausgesucht schöne Jünglinge und Mädchen. Themistokles opferte vor der Schlacht bei Salamis drei Perser. Rom kannte Menschenopfer noch zu Cäsars Zeiten, Germanien bis gegen das Jahr 1000. Die Karthager mauerten Kinder lebend in Stadtmauern ein, um diese fest und uneinnehmbar zu machen. Auch der Bethlehemitische Kindermord war ein verschleiertes Opfer, das Herodes gemeinsam mit dem Hohepriester beschloß. Ähnliches gilt von der Inquisition; ihre Scheiterhaufen loderten zu Ehren Gottes; ihn zu besänftigen (ob des Zorns, mit dem er auf die Ketzer sah) war auch hier das treibende, dem Bewußtsein nicht immer zugängliche Motiv. Man übersehe nicht die tiefe Erlebniskraft dieser Opferer über der Fruchtbarkeit ihres Opferns: Weil sie von Gott groß und fruchtbar denken, bieten sie ihm furchtbare Opfer an. Gerade an ihnen zeigt sich die dämonische Gewalt der Religion. Auch in den Zeiten ihrer Erneuerung pflegt sie in ihrer Grausigkeit hervorzutreten. Oft stehen an der Wiege eines neuen Gottes als Paten – die Dämonen.

Eine mildere Form des Opfers ist die *Askese*. In ihr gibt der Mensch nicht hin, was er hat, sondern entsagt Gütern oder Genüssen, die er haben möchte. So entsteht das Fasten und die geschlechtliche Enthaltung. Demnach reicht die asketische Abneigung der Religion gegen die Erotik tief in die Seelengründe des natürlichen Menschen hinab. Schon an der verborgenen Wurzel seines Fühlens treiben die Keime, aus denen die Spannung zwischen Eros und den Göttern und schließlich der gigantische Kampf zwischen ihnen hervorwächst.

Mit dem Religiösen bricht eine fremde Macht in den Menschen ein. Sobald sie ihn anrührt, spürt er den *Schmerz der Verwundung.* Mystiker fühlen sich verletzt vom »Speere der Götter«. Christliche Mystikerinnen klagen, Jesus habe sie verwundet. »O Herr«, seufzt Augustin, »der du Schmerz in dein Gebot legst, der du verwundest, um zu heilen, und tötest, auf daß wir dir nicht absterben!« Abbas Philemon stöhnt, der Mensch fühle sich, wenn ihn die Gnade Gottes in eine höhere Wirklichkeit emporhebe, wie »verwundet von der Liebe Gottes« und weine »Tränen der Liebe«. Macarius schreibt, die Seele habe Gemeinschaft mit dem himmlischen Bräutigam; verwundet durch seine Liebe seufze und sinke sie dahin vor Sehnsucht nach dem geistigen und mystischen Verkehr. Mit dem Merkmal des Traumas zeichnen die Götter den Menschen, den sie streifen. Es beginnt unter heftigen Zuckungen das Ringen um Gott, die *Gottesqual,* gleichsam ein Zustand seelischer Wehen. Nicht nur im Anfang, sondern auch in der Reife der Kultur tritt die Gottesqual bald hier, bald dort den Menschen an. Luther durchlitt sie in der Erfurter Klosterzelle, L. Tolstoi, als er sich von den »ewigen Fragen« wie von bösen Geistern verfolgt sah, bis er sich in der »Beichte« die Seelennot vom Herzen schrieb. Die Gottesqual kann sich auflösen in Gottesliebe, aber auch in Gotteshaß, nur in Gleichgültigkeit kann sie nicht übergehen. Sie kann zu Gott oder gegen Gott führen, aber nicht an Gott vorüber. Der vom Absoluten getroffene Mensch kann zur Gottheit aufsteigen oder sich gegen sie auflehnen, aber er kann sie nicht vergessen. Schon in seinem Anfang birgt das religiöse Erlebnis diese beiden Möglichkeiten in sich, neben der Anbetung den Atheismus der Empörung, der mit dem Atheismus der Gleichgültigkeit, mit der völligen Unempfänglichkeit für religiöse Werte, nicht verwechselt werden darf. Die Narbe seines Traumas erinnert den Menschen an die göttliche Lanze, die es schlug. Sie beleidigt seinen Stolz, seine Eigenliebe, seinen Wunsch, autonom zu sein. Und der Stolz rächt sich und täuscht dem Menschen Freiheit vor, die götterlose Freiheit. So gehen von der Religion zwei Wege aus, einer hinauf in das himmlische und einer hinab in das santanische Reich. Auch dies ein Nachklang ihres dämonischen Ursprungs!

Der religiöse Urschauder ist das erste Weh der Verwunderung über die Welt und der Verwundung durch die Überwelt. Daher die merkwürdige *Mischnatur dieses Gefühls*. Es ist Schmerz, aber ein süßer Schmerz, ein Schaudern, aber gemischt mit Verzückung. Es ist nicht einfach Furcht schlechthin, sondern Furcht, die sich zur Ehrfurcht weiterbilden kann. Der vom Urschauder bewegte Mensch fühlt sich in eigenartiger Weise zugleich abgestoßen und angezogen. Dasselbe, was ihn mit Angst erfüllt, zwingt ihn, es anzubeten. Schon die Urformen der Religion, wie sie im Totemismus zutage treten, zeichnen sich dadurch aus, daß sich in ihnen gemeinsame Scheu und kultische Verehrung verbinden (W. Wundt, Völkerpsychologie II, 2 S. 245). Das tabu umschließt die unvereinbar scheinenden Begriffe heilig und unrein. Beide treffen sich in dem umfänglicheren Begriff des Unnahbaren, Unberührbaren. In diesem verschmelzen göttliche Scheu und dämonischer Abscheu. Es ist eine eigentümliche Erscheinung, daß der einzelne Mensch, auch im vorgerückten Stadium der Kultur, wenn er sich erstmals auf religiösen Boden vortastet, von denselben Empfindungen ergriffen wird oder ergriffen werden kann, die dem frühesten religiösen Erlebnis der Menschheit eignen. Gerade die heftigsten Glaubenserlebnisse, gerade die Gefühle und Gesichte des religiösen Genies, die gewaltigen Versuchungen, Bekehrungen und Offenbarungen sind oft genug in die dunkle dämonische Grundfarbe getaucht, die am Ursprung des Religiösen haftet. Augustin stellt die erstaunte Frage: »Was ist das, was mir entgegenschimmert und mein Herz erschüttert, ohne es zu verletzen? Ich werde von Schauer ergriffen und erbebe vor Wonne. Ich erschaudere, soweit ich ihm unähnlich, und erglühe, soweit ich ihm ähnlich bin« (Confess. 11, 9) So hätte auch der natürliche Mensch des Anfangs fragen können, nachdem ihm das tabu-Erlebnis zuteil geworden war, wenn er das römisch geschulte Gehirn des Bischofs von Hippo besessen hätte.

Je weiter sich der Mensch vom Ursprung der Religion entfernt, um so mehr beraubt er sie ihrer unheimlichen Seiten. Die *Religion* löst sich in *Ethik,* das Heilige in das Sittlich-Vollkommene auf. Kant und der spätere Protestantismus bedeuten ein besonders markantes Stück des Abwegs von der religiösen Dämonie in die kühle gemäßigte Zone der bloßen Moral. Zu gleicher Zeit und im Zuge der gleichen Entwicklung verflacht das tragische Theater mit seiner religiösen Stimmungsmacht zur »moralischen Anstalt«. Das tabu-Erlebnis mit seinen Schauern verflüchtigt sich zu ethisch-praktischer Erörterung. Dem heutigen Menschen, besonders in den nördlichen Ländern, ist es überaus schwer, die Dämonie als Quelle der Religion zu bejahen und die ursprüngliche Einheit des Dämonischen und des Religiösen nachzuempfinden. Deshalb kann nicht oft genug wiederholt werden: Die Religion entfaltet sich – wie der Eros – jenseits von Gut und Böse. Sie hat sich im Lauf ihrer Geschichte in mannigfacher Weise mit der Ethik auseinandergesetzt und verbunden. Aber ihrem Wesen nach lebt sie außerhalb der Moral. Das Heilige geht nicht restlos in Gut auf. Andrerseits unterhält das Heilige geheime Beziehungen zum Bösen – über Reue, Buße und Wiedergeburt. Ihren übermoralischen Charakter offenbart die Religion selbst auf dem höchsten Gipfel, den sie bisher erreicht hat: Der christliche Agape-Gedanke hebt die Bewertung nach sittlichen Maßstäben, nach Recht und Unrecht auf.

Das dämonische Wesen der Religion äußert sich auch in der Vertraulichkeit, mit der sie die *Nähe des Wahnsinns* sucht oder duldet. Kein Volk hat diese Eigenheit feiner empfunden als die Griechen. Sie nannten jede Geistesstörung ἱερὰ νόσος. Sie sprachen von heiliger Krankheit. Der Zustand der religiösen Ergriffenheit und des religiösen Entflammtseins war ihnen die Urform jeglichen Wahnsinns. Die Religion, in deren unmittelbarer Nachbarschaft das Dämonische, das Verbrechen und der Wahnsinn lagern, enthält in ihrem Wesen die Ansätze zu den grauenhaftesten Verzerrungen und Übersteigerungen. Von vornherein sind das menschliche Gemüt und das menschliche Bewußtsein in Gefahr, daß sie das gewaltige Erlebnis des Absoluten nicht mehr zu tragen vermögen. Dann brechen sie entweder erschöpft in sich zusammen oder sie brechen gewaltsam nach außen, vertilgend und zerstörend. Zu Ehren der Götter ist mehr Blut vergossen worden als zu irgendeinem anderen Zwecke. Zu dieser heftigsten Bewegtheit der Seele gibt es nur *ein* Gegenstück. So unwiderstehlich wie die Religion kann nur noch eine Macht den Menschen packen – der Eros.

Auch die geschlechtliche Liebe ist dämonischen Ursprungs. Als sie erstmals den Menschen und sein Bewußtsein berührte, muß es ihm ähnlich ergangen sein wie beim frühesten Erschauern vor dem tabu. Ihn würgte dasselbe Gefühl der Verstrickung, des Verfallenseins an eine überpersönliche Macht, die von außen in ihn einbrach. Dieselbe süße Schwermut suchte ihn heim, unter der die Knaben leiden, wenn sie mannbar werden. Was der Mensch am Morgen der Menschheit erlebte, erlebt er noch heute am Morgen seines persönlichen Lebens: er spürt den *Urschauder der Liebe*. Wenn er dann zaghaft und forschend nach dem Weibe hinübersieht, lockt es und warnt es ihn zugleich. Es erregt Lust und zugleich die Ahnung von Gefahr – wie das mana, wie das tabu. Der Mensch erlebte das erste Weib, wie er die ersten Dämonen erlebte: voll Angst und Sehnsucht. Sollte etwa das Weib mit den Übermächten in heimlichem Bunde sein? Schon im Nebel der Frühgeschichte drängte sich dem Mann diese Frage auf. Zu sehr glichen sich die religiöse und die erotische Grundempfindung, das süße Grauen, worin sich Qual und Lust verschlingen. Der Mythos formte es, indem er Eva zum Glück und zum Verhängnis des ersten Mannes machte. Auch der erotische Urschauder ist – wie der religiöse – ein *Mischgefühl*. Es versetzt wie die Berührung mit dem Göttlichen in jenen Zustand der Verzauberung, der bedrückt und zugleich beschwingt. Schmerz in der Wollust und

Wollust im Schmerze. Himmelhoch jauchzend, zu Tode betrübt! Diese Eigenheit begleitet den Eros von der Wurzel bis in die feinsten Blüten. Wie die Religion, so ist auch die Geschlechterliebe – nach einem tiefsinnigen Ausspruch Plutarchs – das *Prinzip der Verwundung*. Daher stellten die Alten den Eros mit Bogen, Pfeil und Köcher dar, immer bereit, auf das menschliche Herz zu zielen. Im Mythos ritzt sich Psyche an einer der Waffen des Liebesgottes den Daumen – eine feine Anspielung auf die verwundende Natur der Geschlechterliebe. Ein gröberes Symbol dafür ist die Art, wie die Kraft des Mannes in den weiblichen Schoß verletzend eindringt. Wir sprachen von der Gottesqual. Ihr entspricht die Qual der Liebe, das Ringen um den geliebten Menschen unter Zuckungen und Krämpfen der Seele. Und wie sich der Gläubige mitunter gegen seine Götter auflehnt, so rüttelt der Liebende an den Ketten, in die ihn seine Gefühle schlagen. Etwas im Eros ist verborgener Haß, heimliche Stimmung des Gegensatzes und Kampfes. Daher kann die erotische Liebe so leicht in Haß umschlagen, wie die Anbetung Gottes in Gottverfluchung. Es gibt einen erotischen Haß, der verwandt ist mit dem Atheismus der Empörung. An die *Wahnsinnsseite* der Religion erinnert das Manisch-Enthusiastische der Erotik. Platon nennt im Phädros die Geschlechterliebe eine Art Wahnsinn, Schiller im Menschenfeind »einschmeichelnden Wahnsinn«.

Der erotische Urschauder ist ein vorwiegend männliches Erlebnis. Im Verhältnis der Geschlechter zueinander entspricht der religiösen Dämonenfurcht die *Weiberfurcht des Mannes*. Diese Erscheinung muß um so mehr in Staunen setzen, als sie mit dem physischen Kräfteverhältnis der Geschlechter nicht übereinstimmt. Aber sie ist eine Tatsache, für die es zu allen Zeiten Beweise gibt. Am zuverlässigsten wird sie durch die matriarchalischen Zustände bezeugt, an denen seit Bachofens grundlegenden Einsichten nicht mehr gezweifelt werden kann. Die Frau kann den Mann hassen, aber sie fürchtet ihn nicht. Sie verabscheut seine rohe, zerstörende Kraft, mehr noch seine ordnende Geistigkeit, durch die er die vitale Macht des Lebens bindet. Bacchantinnen zerfleischen Pentheus, den königlichen Vertreter des männlichen Ordnungsprinzips. Besessene Melanesierinnen verstümmeln jedes männliche Wesen, das sich in die Nähe ihrer orgiastischen Kulte wagt. Besorgt um die Wunden des Lebens verweigern sich in der Lysistrata des Aristophanes die verbitterten Gattinnen ihren Männern, um sie vom Kriege abzubringen. Im Amazonentum rotten sich schließlich die Weiber zu kriegerischen Haufen zusammen, um gegen den Herrschaftsanspruch des Mannes mit den Waffen des Mannes selbst zu kämpfen. Das alles sind Zeichen erotischen Hasses, aber auf dämonische Furcht vor dem Mann deuten sie nicht. Der Mann ist dem Weibe kein Rätsel. Um so fragwürdiger ist dem Mann das Weib. Daher die Tatsache, die es schon im erotischen Anfang gab und die sich bis ans Ende der Geschlechter erhalten wird: Der Mann denkt über das Weib *nach*, das Weib denkt höchstens *an* den Mann!

Eva ist die Gefahr und Versucherin des Mannes. Sie sieht tiefer in das Geheimnis des Lebens als er. Sie ist ihm in den Dingen der Liebe weit überlegen. Sie ist das eigentlich erotische Wesen. Der Mann gehört nicht allein und nicht zuletzt der Geschlechterliebe. Er hat mitunter Angst vor ihr, und diese Angst vor dem eigenen Trieb überträgt er auf das Triebziel, auf das Weib. Mit wieviel mehr Ruhe und Sicherheit als er liebt die Frau! Sie lockt. Er folgt nur und – fällt. Diese Urerfahrung kehrt in den Mythen vieler Völker wieder. Gerade die Stärksten ihres Geschlechts – Ninos, Herakles, Simson – scheiterten an der überlegenen Tücke ihrer Weiber – Semiramis, Omphale, Delila. Immer gibt es Zeiten, in denen sich die Seele ihren nächtlichen Gründen nähert, und dann wieder Zeiten, in denen sie an die Oberfläche des Tages zurückkehrt. Darum wird auch die Weiberfurcht des Mannes nie ganz und endgültig erlöschen. Selbst ein so nüchternes Jahrhundert wie das vorige sah Männer wie Strindberg, Weininger, Wedekind, die vor der eingeborenen Dämonie des Weibes erschraken und in männlicher Geistigkeit Zuflucht vor ihr suchten.

Die Gründe für die auffallende Tatsache, daß der Mann, der körperlich Überlegene, das Weib fürchtet oder fürchten kann, müssen sehr tief liegen. Der Frau muß schon in ihren Urerlebnissen eine Hilfe zuteil geworden sein, die dem Mann versagt blieb, eine Hilfe aus den besonderen Seiten der weiblichen Seele, kraft deren sie fähig ist, den Urschauder zu mildern und rascher zu verwinden als der Mann. Diese besondere Seite ist die Naturnähe des Weibes. Mit dem Mann verglichen ist die Frau das natürlichere Wesen. Organisch ist sie dem Ganzen der Welt verbunden. Geborgen ruht sie in kosmischen Zusammenhängen. Nie treten in der Frau die seelischen Gegensätze bis zur männlich-schmerzlichen Schärfe auseinander, nie steht sie in einer so straffen Spannung zwischen Ich und Umwelt wie der Mann. Sinnliche und übersinnliche Welt sind im Weibe fest miteinander verwachsen. In das Weltganze eingeschlossen, kann sich die Frau nie so stark über die Welt verwundern wie der Mann und nie so tief an ihr leiden wie er, der zur Vereinzelung Neigende. Das Dasein gibt ihr weniger Fragen auf als ihm. Sie lebt im Einklang mit dem All, auch mit denjenigen seiner Seiten, vor denen sich der Mann entsetzt. So wurde sie ihm in ihrer vitalen Sicherheit ein beängstigendes Rätsel, ein Rätsel in der Art, wie sie Geistern und Dämonen und wie sie ihm selbst entgegentrat, ein religiöses und ein erotisches Rätsel.

Je natürlicher, je vegetativer die Daseinsbedingungen des Menschengeschlechts, um so unbestrittener ist die Macht der Frau. Wo die erotischen Vorgänge durch die Mitte des Lebens gehen, herrscht sie schon deshalb vor, weil ihr Anteil an der Lebenserschaffung den des Mannes sichtlich überwiegt. Aber der Mensch verharrte nicht in den Naturformen seines Anfangs, sondern verwandelte sich unter männlichem Einfluß aus einem Naturwesen in eine geschichtliche Potenz, deren Blick auf Staat, Wirtschaft, Wissenschaft und Technik gerichtet ist. Je mehr die Menschheit den Urschauder überwand, um so kleiner wurde der Vorsprung der Frau vor dem Manne, um so niedriger wurden ihre pflanzenhaften Daseinsformen bewertet, und ihrer Vorherrschaft folgte schließlich ihre Unterwerfung unter den Mann. Das konservative Geschlecht der Frauen blieb sich gleich, nur die fortschreitende männliche Natur veränderte sich. Entstehung und Verfall des Matriarchats gehen auf ein und dieselbe Ursache zurück, auf das Vollendet-Naturhafte des weiblichen Wesens.

In der erotischen Unterlegenheit des Mannes steckt eine der Wurzeln der Askese, der sich die Frau entgegenstemmt. Denn ihre ganze Natur ist viel zu erotisch, um die Askese zu wünschen. Das Weib müßte sich von sich selbst trennen, wenn es sich vom Eros trennen wollte. Daher verlor zu allen Zeiten, in denen vorwiegend weibliche Kräfte und Werte die Gesellschaft formten, der asketische Anspruch seine Geltung. Nur der Mann kann auf den Gedanken kommen, daß die Erotik geächtet werden müsse und daß sie geächtet werden könne, daß sie sich abstreifen lasse wie ein Anhängsel, welches nicht zum Wesen des Menschen gehört.

Die Vorstellung, daß es eine Dämonie der Geschlechterliebe gibt, verschwistert mit der Dämonie der Religion, liegt dem zivilisierten Gehirn beinahe unfaßbar fern. Soweit der moderne Mensch dem Eros noch ideale Seiten abzugewinnen sucht, löst er die Liebe in einen Schönheitskultus auf – wie die Religion in ein Moralsystem. Der sittlichen Bewertung des Religiösen entspricht die ästhetische Beurteilung der Erotik. In beiden Fällen wird das dämonische Urerlebnis, das die sichtbare Weltordnung durchbricht, durch die Fühlweise eines kälteren Menschenschlages ersetzt, der enthusiastischer Bewegtheit ausweicht. Aphrodite, ursprünglich die zügellose Schwester der Kybele und Astarte, verfeinert sich zur Göttin der Liebe und Schönheit, die in der Madonna der Renaissance weiterlebt. Platons tiefsinniger Ausspruch (Gastmahl, Kap. 25), das Wesen des Eros sei »Zeugen im Schönen«, τίκτειν ἐν τῷ καλῷ – wir erläutern ihn an anderer Stelle – wird nun dahin mißverstanden, daß sich die Geschlechterliebe mit der Ästhetik berührte. Stendhal eröffnet sein maßlos überschätztes Buch De l'amour mit der Bemerkung, die Liebe sei »jene Leidenschaft, die immer, wenn sie sich aufrichtig äußere, das Merkmal der Schönheit an sich trage«. Selbst der scharfsinnige Schopenhauer läßt sich beirren und meint, daß »der

Schönheitssinn durchgängig dem Geschlechtstrieb vorstehe.« Aber in der Liebe geht es um mehr als nur um Schönheit: um letzte Erschütterungen der Seele, um den Drang nach absoluten Werten. Nicht die Schönheit bestimmt, was wir lieben, sondern die Liebe bestimmt, was wir schön finden. Der Eros folgt nicht der Schönheit, sondern sie folgt ihm; er taucht alles, was er berührt, in den Glanz der Schönheit. Weil wir es lieben, erscheint das Geliebte schön, aber nicht weil es schön ist, lieben wir es. Was geliebt wird, ist »lieblich«, was gehaßt wird, »häßlich«; was in unserer Gunst (gratia) steht, hat »Grazie«. Überaus fein deutet die Sprache an, daß überall das erotische Moment dem ästhetischen vorangeht und es an Stärke und Bedeutung weit übertrifft.

Wo sich die Geschlechterliebe zur ästhetischen Spielerei verflüchtigt, ist kein Raum mehr für die tief-schmerzlichen Erfahrungen der echten Erotik, für ihre Tragik, für ihre dämonisch-göttliche Natur, die vom Geheimnis des Leidens, des Todes und der Ewigkeit umraunt ist. Dem rechenhaften Menschen unserer Zeit wird die wahre Geschlechterliebe kaum noch zuteil. Unmöglich die Zustände mystischer Hingabe und rauschhafter Entrückung. Unerwünscht die Schwere und Fruchtbarkeit der Liebesleidenschaft, die wie ein Sturm die Seele aufwühlt und erst im widersinnig scheinenden Opfern Genüge findet. Nur weil man nichts mehr von der Dämonie der Geschlechterliebe weiß und nichts mehr von der Dämonie des Umgangs mit Göttern, hat man die Fäden aus der Hand verloren, die Religion und Erotik verknüpfen. Deshalb muß jeder Versuch, den Eros aus dem religiösen Erlebnis zu heiligen und die Religion aus der Fülle der Erotik zu beleben, mit dem Entschlusse beginnen, in die dämonische Tiefe hinabzusteigen, wo Religion und Erotik in eine gemeinsame Wurzel verwachsen sind.

II

DIE SCHÖPFUNGSWONNE

Am Morgen mancher Kulturen herrscht die Frau, als Königin auf Erden, als Göttin im Himmel. Nicht wenige der ältesten Völker verehren das hetärische Weib auf dem Thron – Semiramis, Kandake, Dido, Kleopatra – und sie beten weibliche Götter an, Vergottungen des gebärenden Mutterschoßes, des finsteren Urgrundes, aus dem die Welt hervorging. Das Weib ist ihnen heilig und göttlich als Inbegriff und Symbol der Geschlechtlichkeit. In Wollust erschauernd erlebt der frühe Mensch die brechende Fülle und das rastlose Fluten des unerschöpflichen, unersättlichen, sich ewig erneuernden Lebens. Er erglüht vor den Geheimnissen des Muttertums, vor dem unversieglichen Born des Werdens, vor dem Mysterium der Geburt und der Schöpfung. Dieses Urerlebnis nenne ich die Schöpfungswonne. Sie erzeugt die weibliche Form der Religion und die weibliche Fassung des Ewigkeitsgedankens. Mit Vorbedacht habe ich diese Bezeichnung gewählt. Denn sie umfaßt zugleich die Wonne der Weltschöpfung und der Erschaffung des Einzellebens, die einander ähnliche und miteinander verwandte Erzeugungslust in Göttern und Menschen, also das Mysterium jeglicher Geburt im Himmel und auf Erden. Vergottet wird in der Schöpfungswonne nicht die rohe Lust des Geschlechts, sondern der wild sprudelnde Quell allen Lebens, der in Rätsel gehüllte Ursprung des Alls. Schöpfungswonne ist ein religiöses Gefühl. Die Schönheit und Fruchtbarkeit des Werdens überwältigt den Menschen und wirft ihn zur Anbetung nieder. Sobald er dieses Erlebnis gedanklich zu vertiefen sucht, stößt er auf das Geheimnis seines Ursprungs. Die Schöpfungswonne leitet das religiöse Denken zur Idee der Welt*erschaffung*, nicht des

Weltziels. Sie stellt die Frage nach dem Woher, nicht nach dem Wohin. Sie zwingt, Gott den Schöpfer, nicht Gott den Erlöser zu suchen. Der Mensch dieser Seelenhaltung, im dionysischen Weltalter, wie es die Alten nannten – bedarf keiner Erlösung. Den Urschauder des Anfangs hat er überwunden. Mit seiner jungen Seele sprießt und welkt er im Einklang mit der Natur und erteilt er ihrem Walten den Segen seiner rauschhaften Lebensbejahung. Daher hat diese Religion pantheistische Färbung. Das Göttliche bricht gleichsam aus dem Inneren der Erde und des weiblichen Schoßes selbst hervor. Nur die Frage nach dem Anfang wird laut; nur sie wird zugelassen. Nur in der Suche und in der Schau des Urquells wird das Absolute fühlbar. Das Geschlecht wird mit der Geburt, die Einzelgeburt mit der Weltgeburt, die Weltgeburt mit dem Weltschöpfer verknüpft, so daß Gott und Geschlecht die äußersten Glieder ein und derselben Reihe bilden. Im Erlebnis der Schöpfungswonne verschlingen sie sich zu einer unlöslichen Einheit: Das Geschlecht wird göttlich und die Gottheit wird ein geschlechtliches Wesen. Dies ist das große Credo der *Mutter- oder Naturreligionen,* wie ich sie fortan nennen werde, sie scharf abgrenzend gegen die *Erlösungsreligionen.*

Wenn sich des Menschen Geschlechtskraft entfaltet, spürt er die welterzeugende und welterneuernde Kraft selbst, die Zentralgewalt allen Seins durch sich hindurchströmen. Im Vollbesitz seiner Geschlechtskraft, als Leben erzeugendes Wesen fühlt er sich wie ein Gott, und darin fühlt er Gott. Zeugungsdrang und Zeugungslust sind ihm das große Wunder seines Leibes und Lebens und damit das Göttliche schlechthin. »Der Vorgang der Zeugung ist göttlich, und dies ist im sterblichen Wesen das Unsterbliche: Befruchtung und Geburt« (Platon, Gastmahl, Kap. 25). Es ist urtümlicher Glaube, daß der Mensch zur Kindererzeugung der Mitwirkung außermenschlicher Mächte bedarf, daß also im Geschlechtsakt Menschen und Götter ihre Kräfte und Säfte zu gemeinsamem Werke vermischen; nie komme die Gottheit dem Menschen so nahe wie in dieser Stunde. In ihr erscheint sich der Mensch der Naturreligion, trunken vor Seligkeit, als Mitverwalter der weltbefruchtenden Kräfte, als Mitarbeiter und Bundesgenosse der Gottheit. In seiner Naturverwachsenheit spürt er Wechselwirkungen zwischen den persönlichen und kosmischen Kräften; er kann es sich nicht anders denken, als daß die möglichst unbeschränkte Begattung der Menschen, wenigstens zu gewissen Zeiten, zum Gedeihen der Feldfrucht, zur Förderung jeglichen Pflanzenwachstums nötig und zuträglich sei. Durch das Geschlecht lenkt gleichsam der Mensch das Weltall mit. Darum ist der Phallus heilig. Für die Naturreligion ist er das Absolute und Ewige; man wirft sich vor ihm nieder und fleht ihn leidenschaftlich an, weil sonst die Natur aus den Fugen zu gehen droht. Der Mensch der Mutterreligion glaubt, durch äußerste Anspannung des Geschlechts erfreue und stärke er die Liebesgötter und stimme sie gnädig. Der Geschlechtsakt erlangt dann den Sinn eines Kraftopfers, aus dem die Gottheit oder die Mutter Erde ihre Leistungsstärke ergänzt und auffrischt. Von hier aus müssen die Entmannungen oder sonstigen Selbstverwundungen gewürdigt werden, deren sich Priester oder Mysten bei manchen orgiastischen Kulten unterzogen. Am großen Fest der Astarte in Hieropolis schnitten sich Scharen von Männern in religiöser Raserei zu Ehren der Liebesgottheit die Zeugungsmittel aus; die Priester der Kybele taten das gleiche. Das sind nicht etwa asketische Akte, die vor dem Antlitz eines Fruchtbarkeitsgottes sündhaft wären, auch nicht, wie Ludwig Klages im »Kosmogonischen Eros« meint, Mittel der Rauscherhöhung, auch nicht männliche Versuche, der Liebesgöttin ähnlich zu werden in heißer Sehnsucht nach androgyner Fülle, sondern Opferdarreichungen zur Stärkung der Gottheit. Was der Mensch – so glaubt er in den Naturreligionen – an Kräften abgibt, führt er den Göttern zu. Das Höchste, was er opfern kann, ist das Geschlecht selbst. So werden die Selbstverstümmler zu Heiligen der Naturreligion.

Schöpfungswonne ersann die spinnenden oder webenden Schicksals- und Geburtsgottheiten. Das Gewebe ihrer Hände – sinnbildlich für die Verschlungenheit der Schicksalslinien – ist ein erotisches Symbol. Das gekreuzte Ineinanderschlagen der Fäden stellt die Zweiheit der Geschlechter dar, aus deren polarer Spannung sich das Menschenschicksal gestaltet. Der Schöpfungswonne entstiegen die Vergötterungen des buhlerischen Weibes, göttliche Mütter und Hetären zugleich, die Gottheiten der fruchtbaren Erde, der Vegetation, des geschlechtlichen Wildwuchses, des unersättlichen Begehrens und Gebärens: Nut und Isis in Ägypten, Istar in Babylon, Mylitta in Assyrien, Durga in Bengalen, Kâli in Indien, die große Weltenmutter in China, Tlacoltcotl in Alt-Mexiko, Kybele in Phrygien, Nina in Sumerien, Anâhitâ in Persien, Astarte in Phönizien (in der Bibel Aschera oder Asthoreth genannt), Demeter, Gaia und Aphrodite in Hellas, virgo coelestis in Karthago, Ceres und Rhea, die magna mater deorum in Rom, Nasisa bei den Cora-Indianern, Târâ im indischen, Kwanyin im chinesischen Buddhismus. Den göttlichen Verkörperungen des gebärenden Prinzips treten die göttlich-männlichen Befruchter zur Seite: Keb neben Nut, Osiris neben Isis, Attis neben Kybele, Xipe neben Tlacoltcotl, Tamuz neben Istar, Adonis neben Aphrodite, Čiva neben Durga. So bilden sich die göttlichen Liebespaare als Schirmgewalten der Geschlechtlichkeit. Manchmal gesellt sich zu ihnen, die göttliche Dreiheit auffüllend, das Kind – wie der Horusknabe in Ägypten. Im germanischen Pantheon fehlen weibliche Gottheiten nicht: Freya, Ostara, Hel (die spinnende Frau Holle des Märchens). Baldur und Nanna stellen das göttliche Liebespaar. Nur der hebräische Jehovah thront weiblos in seiner männlichen Einsamkeit. Bei manchen Völkern werden Götter androgyn gedacht wie Čiva, nachdem er mit seiner Gattin Durga zu *einem* Leibe verwuchs, so daß aus ein und demselben göttlichen Körper die Welt gezeugt und geboren werden kann. Daher die Anrede »Oh du mein Vater, meine Mutter« an manche Gottheiten der Sumerer und Indianer oder ((in Ägypten) die Darstellung von Göttern mit mehreren Köpfen oder (in Assyrien) von Göttern mit männlichen und weiblichen Merkmalen zugleich (Männer mit Bart und Brüsten). Diese Doppelgeschlechtlichkeit ist ein Hinweis auf die Einheit des Weltgrundes, auf die sich selbst genügende Fülle und Allmacht der Gottheit.

Aus dem ahnungsreichen Grübeln über den Ursprung sind die Abstammungsmythen, die Ahnenverehrung und alle Kulte hervorgegangen, die, sei es in noch so verschleierter Form, die Lebensquelle heiligen. Sie entstammen dem weiblichen Teil der Menschenseele, der früher als der männliche erwachte und zur religiösen Gestaltung drängte. Als sich der Mensch in seine Ahnenreihe zurücktastete, stieß er auf die Urväter seines Stammes, dann auf den stammschaffenden Gott, schließlich auf den weltschaffenden Gott und damit auf das Mysterium der Schöpfung. Schon primitive Stämme verbinden die Mana-Vorstellung mit dem Ursprungswesen (N. Soederblom, Das Werden des Gottesglaubens, S. 88 und 114, glaubt auch sprachliche Zusammenhänge feststellen zu können). Von Ahnenkultus und Abstammungssage lösen sich Götterbilder los. Die Genealogie vergeistigt sich zur Theogonie. Auch Zeus und Jehovah waren Stammesgötter, bevor sie in den Rang von Weltbeherrschern aufrückten. Im Totemismus ist das Totemtier das Ahnenwesen, von dem der Totemverband abzustammen glaubt. Daher heißen die Totemtiere »Väter der Menschen«. Sie sind Ursprungs- und Stammessymbole. Der Geburt des Ahnentiers und der Erzeugung der Stammesväter aus ihm sind die kultischen Feiern gewidmet. Auch außerhalb der Totemreligion ist der Glaube an Tiere, auf die der Mensch seinen Ursprung zurückführt, weit verbreitet. Abgeschwächt lebt er fort im Glauben an tiermenschliche Zwitterwesen (Pan, Satyrn, Zentauren), in der Pflege heiliger Tiere (Kühe in Indien), in der Ausstattung von Göttern mit Tieren als ständigen Begleitern (die Eule der Athene). Fast immer steht dieser Tierkultus im Zeichen der Heiligung des Ursprungs und damit der Schöpfungswonne.

An den großen Strömen in Ägypten und Babylon beachtete der naturnahe Mensch die wilde Sumpfvegetation, das Aufschießen des Schilfs aus dem fruchtbaren Flußschlamm der Tiefe. Er sah wie der Fluß über seine Ufer quoll, das angrenzende Land überschwemmte und wieder in sein Bett zurücktrat. Die mütterliche Erde nahm die befruchtende Feuchtigkeit in sich auf wie der weibliche Schoß den männlichen Samen. Dieser Anblick der Sumpfzeugung wurde, wie schon Bachofen sah, zum Urbild für die Vergottung des ewig sich erneuernden Lebens. Aus den Wassern stiegen phallische Fluß- und Meergötter auf wie Neptun und Okeanos, die Erwecker und Befruchter des Alls. Sie paaren sich mit der zur Gottheit verklärten mütterlichen Erde. Der natürliche Mensch spürt im All ein erotisches Wehen und Drängen. Ihm steigt der Gedanke auf, daß der Himmel die Erde schwängert, daß die Gestirne dem Beilager göttlicher Mächte entfahren (wie die Sonne in der ägyptischen Mythologie). So kommt er zu einer kosmischen Erotik. Indem er sie mit den Schauern des Heiligen umgibt, erschafft er die Religion der Schöpfungswonne. Ihr tiefster Gedanke: Die Welt ging aus einer urtümlichen Brautnacht hervor, aus einer erotischen Begegnung kosmischer Urgewalten. Also ist Eros das Wesen aller Dinge. Diese Religion ist von Grund auf erotisch. Sie ist die Religion des Geschlechts. Ihre Liebesgötter sind vergottete Personifizierungen des zeugenden und gebärenden Prinzips, symbolische Gestaltungen des Befruchtungsakts. Sie nehmen die Liebesvorgänge in ihre schützende Obhut. Daher ist es folgerichtig, sie durch den Akt zu verehren, der ihnen heilig ist und dessen Sinnbild sie sind. Die geschlechtliche Umarmung wird zur Form des Gebets und des Opfers, zur sakralen Handlung, in der sich die göttliche Urschöpfung, das Mysterium der Weltgeburt wiederholt und fortsetzt.

In den Geschlechtskulten und Riten der Naturreligion, die sich noch um die Quellmitte des Lebens bewegt, ist nicht die Liebe zu einer Person, sei es auch einer unsterblichen, das Heilige, sondern das Lieben selbst, der Akt des Liebens. Um ihn als Kern bildet sich die Religion der Sinne und schöpferischen Kräfte, der wahllosen Vermischung, wie sie dem weiblichen Zug zur Anonymität entspricht. Sie kann nur blühen im Weltalter des weiblichen Vorrangs, in einer Zeit der Gattung, in einer Epoche ohne Einsamkeit, in der das Menschentum noch nicht abgrundtief in bewußt denkende Einzelwesen auseinandergebrochen ist. Diese Religion wird unmöglich mit dem Sieg des Mannes. Der Mann ist mehr Persönlichkeit, das Weib ist mehr Gattungswesen. Der Mann hat seinen Namen, den er festhält und verteidigt wie ein Stück von sich selbst. Das Weib kann – auch auf höchster Stufe der Kultur – den Namen wechseln, ohne im Kern seines Wesens verletzt zu werden, und bei der Heirat geschieht es noch heute. Zum Weltalter des Weibes gehört die Religion der Gattung. Sie ist unpersönlich, voller Geheimnisse, aber ohne Probleme. Sie kennt nicht den Wunsch und die Frage der Erlösung, nicht die Gliederungen und Teilungen der männlichen Welt. Sie ist vom Geist der allgemeinen Brüderlichkeit getragen, daher den niederen Ständen besonders lieb und immer bereit, das staatliche Gefüge zugunsten jener großen Panegyrien aufzulösen, an denen sich alle Teile des Volks im Gefühl ihrer Verbundenheit und ihres gemeinsamen Volkstums freuen. Delacroix ahnte den Zusammenhang zwischen Gleichheit und weiblicher Erotik, als er die Revolution in Frauengestalt malte, die in aufreizender Entblößung und mit wehender Fahne das Volk über Barrikaden zum Siege der Freiheit und Gleichheit führt. Wie dem Muttertum überhaupt, so ist der aus ihm geborenen Religion der Schöpfungswonne ein natürlicher Zug von Humanität und Friedlichkeit eigen, seltsames Zeugnis dafür, daß die Natur in ihrem ursprünglichen Gefüge gesitteter und der Zwietracht entrückter sein kann als die künstliche Ordnung, die ihr der Mensch aus eigener Machtvollkommenheit aufzwingt. Erst wenn sich der Mensch in demutloser, männlich eigenwilliger Weise der Natur entgegenstemmt, werden die großen Erschütterungen und Katastrophen möglich. Das Verhängnis des Menschen ist der Mann.

Die Religion der Schöpfungswonne offenbart sich in ekstatischen Ausbrüchen der schöpferischen Urkräfte des Alls. Der Sünder dieser Religion ist der Asket, der Keusche, der Treue, der Unfruchtbare. Ihre frömmste Gestalt, die große Heilige, ist das dionysisch orgiastische Weib in seiner fessellosen Geschlechtlichkeit, die »Erzhure«, wie Luther den einschlägigen Bibeltext in umgekehrter Bewertung verdeutscht. (Er hatte für den Naturkult der Vermischung ebensowenig Verständnis wie die hebräischen Propheten, deren puritanische Strafpredigten er übersetzte). Die Naturreligion macht den Sinnenstarken, Schöpferischen, Triebgewaltigen zur religiösen Gestalt. Hier lautet das oberste religiöse Gebot an Männer und Frauen: Gebet euch liebend hin an so viele wie möglich und so oft wie möglich. Ehret den Gott durch das Feuer eurer Begierde, dieser einzigen Bürgschaft für die Ewigkeit des Lebens und des Alls.

Die Vollendung der Sinnlichkeit wird zum Inhalt religiöser Frauenbildung; durch sie dominiert die Frau in den Mysterien, im Staat, im täglichen Leben. Sie ruht fest in sich selbst wie die tragende Erde, der Mann ist nur der Säende, der vorübergeht, den Samen in die Ackerfurchen streut und dann wieder verschwindet. (Der römisch rechtliche Ausdruck spurii, die Gesäten, für die unehelichen Kinder hält diese Auffassung fest). Helena, die Paris folgt, um nicht nur *einem* Manne anzugehören, ist das große Vorbild und Sinnbild des hetärisch-aphroditischen Weibes, und Orpheus ist die Urgestalt des dionysischen Sünders. Er vergißt über der Trauer um die eine Eurydike den Rest der Weiber mit ihrem geschlechtlichen Anrecht und wird zur Strafe dafür von rasenden Thrakerinnen zerrissen. Jede Ausschließlichkeit gilt als Versündigung an den Liebesgöttern. Das Weib ist nicht da, um in den Armen eines einzigen zu vertrocknen. Das Gesetz des stofflichen Lebens, verklärt im Weibe, haßt jede Schranke der Zucht. Nach dionysischer Auffassung hat die Frau den natürlichen Beruf und die religiöse Pflicht, Hetäre zu sein. Sie dient den Göttern, wenn sie dem Geschlechte dient. Die Religion der Schöpfungswonne setzt die übersinnliche Hoffnung und Seligkeit mit der Befriedung des sinnlichen Lebens in untrennbar enge Beziehung.

Der Begriff Schöpfungswonne berührt sich mit dem Bild der indischen Shakti. Dieses Wort bezeichnet die Verzauberungsmacht der Frau. Ohne Shakti versiegt nach indischer Ansicht das schöpferische Leben in der menschlichen Gesellschaft. Der Mann ver liert seine Spannkraft und verödet in leerer Mechanik. Durch Shakti lenkt das Weib unaufdringlich, aber unaufhörlich auch noch das Geschick der männlichsten Sozietät. Denn in der Entzückungsmacht der Frau wird nicht nur ihr eigenstes Wesen fühlbar, sondern die kosmische Schöpfungswonne selbst, die Weltshakti. An dieser Auffassung haftet der Hauch der Naturreligion bis in unsere Zeit.

Die orgiastischen Kulte der Naturreligion knüpfen an das Erlebnis des Frühlings an, an das Wiedererwachen der Natur und ihrer Zeugungskraft nach winterlicher Erstarrung. Daraus bilden sich die Mythen vom sterbenden und wieder erstehendem Liebesgott, vom zerfleischten Dionysos Zagreus, vom zerstükkelten Osiris oder Tamuz, und von der rettenden Liebesgöttin, die, wie Isis oder Istar, den Gemahl aus der Region des Todes in die Lichtwelt zurückholt, eine feine Anspielung darauf, daß das Männliche, sich selbst überlassen, der Zersetzung verfällt und nur aus den Tiefen des weiblichen Wesens verjüngt und wiedergeboren werden kann. (Insofern ist Fausts Gretchen-Erlebnis die Wiederkehr einer uralten Erfahrung.)

Die Religion der Schöpfungswonne trat an den sakäischen Festen, die in Persien zu Ehren der Anaitis (Anais, Anâhitâ) gefeiert wurden, in besonders leuchtender Gestalt vor die Augen ihrer Bekenner. Die Liebesgöttin wurde durch eine der ihr geweihten Hetären dargestellt. Mit Stilbium sind ihre Augen geschwärzt, mit Schmuck ihre Glieder belastet. Sie ruht auf üppigem Pfühl, von hohem Zelt beschattet, sichtbar allem Volke auf der künstlichen Anhöhe des Heiligtums. Tische vor ihr tragen Öl und Rauchwerk, als gelte es, die Göttin selbst zu ehren. Ihr wird mit östlicher Pracht der göttliche Buhle zugeführt, der Festkönig, Zoganes genannt, ein Mitglied des Sklavenstandes. Er läßt sich neben ihr auf den Thronstuhl nieder, gehüllt in das durchsichtige Gewand der lydischen Hetären, Wolle krempelnd wie Sardanapal und die anderen, nach Mylittenbrauch aufgefaßten Herrscher, die sich der Macht des regierenden Weibes beugen. Die öffentliche Begattung der Hetäre und ihres

Buhlen, vollzogen vor dem Blick des jauchzenden Volkes (wie heute noch in Indonesien), bildeten den Höhepunkt des Festes und den Aufruf zu orgiastischer Massenpaarung. Auf fünf Tage sind alle Bande der Ehe und Freundschaft gelöst; es fallen alle staatlichen und geselligen Schranken, die das Mylittenrecht beengen, das Recht jeder Frau auf jeden begehrten Mann und jedes Mannes auf jedes Weib. Im Taumel der nächtlichen Feiern ist jede Frau das geschmückte Ebenbild der göttlichen Anaitis, jeder Mann ihr weibisch ergebener Diener. Zum Schluß des Festes wird der Zoganes verbrannt, ein grausiges Symbol für die matriarchalische Herabsetzung des Mannes. Nach dem Akt der Befruchtung ist er nutzlos. Das beschlafene Weib läßt ihn sterben, mitleidlos wie die Spinne, die nach der Begattung das Männchen frißt. In dieser Religion der Geschlechtlichkeit ist nur das Lieben heilig, nicht der Geliebte.

Strabon, Herodot, die biblischen Schriftsteller Jeremias, Hesekiel, Nahum, Hosea haben farbenreiche Schilderungen der erotischen Kulte hinterlassen. Die Mitte des Gottesdienstes bildet auch hier der geschlechtliche Akt, der einzeln oder in Massen vollzogen wird. Die unermüdliche Vereinigung der Geschlechter ist das Ziel der Gläubigen, weil sie der Wunsch der großen Mutter-Gottheit ist. Das Akhataymita-Fest der alten Peruaner schloß mit einem Wettlauf zwischen nackten Männern und Weibern. Jeder Mann, der ein Weib einholte, mußte es auf der Stelle zu Ehren der Liebesgottheit begatten. – Diese Art der Gottverehrung ist nur einem Menschentypus möglich, dessen Seele noch ungespalten im Trieb der Gattung aufgeht oder aufgehen kann und von der Qual persönlicher Differenzierung verschont ist. Das Männliche paart sich mit dem Weiblichen; zwei Geschlechtswesen ergießen sich wie Sturzbäche ineinander und fühlen die Nähe und die Gunst der Gottheit, wenn sie es tun.

Alles, was die ekstatische Glut schürt, ist willkommen. Geheiligt wird die Rebe, weil sie wie die Liebe zum Rausche treibt. Liebesgötter wie Tamuz sind zugleich Götter des Weines (Hes. 8, 17). Die Trunkenheit bietet sich als Mittel zur Heiligung an.

Nur der orgiastisch erhitzten Seele neigt sich der Gott in Gnaden zu. Daher die auffällige Wertschätzung, die die Ägypter dem berauschten Weibe zollten. Das trunkene Weib, vom Eros und Wein zugleich entfacht, war ihnen das ekstatisch vollkommene Wesen und damit die anbetungswürdige Heilige. Kein Wunder, daß selbst die Götter nach solchen Weibern gelüstet! Vom Olymp steigt Zeus herab und mischt sich mit sterblichen Frauen. Priesterinnen halten sich für die Liebe mit phallischen Göttern bereit. Herodot erzählt vom Tempelzimmer des babylonischen Turmes, wo Hetären des Bel (Zeus-Belus) den Gott erwarteten und seine Wünsche stillten. Manche glaubten ernstlich an den geschlechtlichen Umgang von Göttern und Sterblichen wie im Mittelalter an die Buhlschaft von Teufeln und Hexen und in Japan an den Liebesverkehr von Fuchsgeistern und Menschen.

Keuschheit ist die Urschande des dionysischen Weibes. Deshalb wird sie den Liebesgöttern als Opfer dargebracht. Die Mädchen geben sich im Tempel entweder dem Priester oder einem Fremden hin, der sie vom Makel der Jungfräulichkeit befreit. Oder die Jungfernschaft wird mit dem Glied der Götterstatue durchstoßen. Zahlreiche fromme Bekenner des Liebesgottes sind in Ehrfurcht versammelt, wenn das männliche Götterbild den Erstling der Braut entgegennimmt. Bei der religiösen Defloration in Kambodscha muß der Beischlaf vollzogen sein, bevor eine Kerze bis zur eingeschnittenen Kerbe abgebrannt ist. Nie opferte das Mädchen seine Keuschheit dem Mann ihrer persönlichen Wahl. Denn eine individuelle Geschlechterliebe ist den Gläubigen der Naturreligion unbekannt und, wo er sie antrifft, unerträglich. Um das Unpersönliche des erotischen Tempeldienstes zu sichern, halten die Kauchiluas folgenden Brauch: Die Weiber werfen ihren Schmuck in einen Kasten, den der Priester verwahrt; die männlichen Kultteilnehmer greifen unbesehen ein Schmuckstück heraus und müssen mit der Eigentümerin den Tempelbeischlaf vollziehen, auch wenn es die eigene Schwester wäre. Das dionysische Keuschheitsopfer der Naturre-

ligion hat den entgegengesetzten Sinn des christlichen Keusch-
heitsopfers. Das erstere ist ein Mittel, um keusch zu werden; das
zweite besteht in dem Gelöbnis, keusch zu bleiben.

Je mehr das weibliche Fühlen der männlichen Lebensbewertung
weicht, um so wählerischer und persönlicher wird der Geschlechtstrieb, um so mehr verliert er seine reine Gattungsnatur, um so
mehr muß deshalb das religiöse Liebesgebot gemildert werden.
Ursprünglich lautete es: jede Frau gehöre jedem Mann (und
umgekehrt). Nun wird es auf die Zeit der kultlichen Feiern
beschränkt. Noch später tritt an die Stelle der Hingabe an Be-
liebige die Hingabe an bestimmte Personen, Priester oder Priesterinnen. Die möglichst häufige Preisgabe wird durch Jahres-
opfer (anläßlich der Frühlingsfeste), dieses durch die einmalige
Lebensleistung abgegolten. Auch sie fällt schließlich fort und
wird durch das Haaropfer ersetzt, durch die symbolische Spende
des Frauenhaares, das in den Naturreligionen gleich dem Sumpf-
schilf als Sinnbild vegetativer Geschlechtsvermischung gilt.
Außerdem wird die Prostitutionspflicht der Matronen durch die
der heiratslustigen Mädchen abgelöst. Um die Liebesgötter nicht
zu verstimmen, muß die Braut im Tempel eine Zeitlang jedem
Mann, der es wünscht, gefügig sein. Wer ein Mädchen heiraten
und für sich allein besitzen will, muß es zuvor allen überlassen,
damit es seinem hetärischen Frauenberuf genüge. Nach Herodot
IV, 172 mußte sich bei den afrikanischen Nesomonen die Braut
von allen Hochzeitsgästen der Reihe nach beschlafen lassen, bevor sie dem Gatten gehören durfte. Diodor V, 18 erzählt dasselbe von den Bewohnern der Balearen und Strabon von Völkerschaften, die der Anaitis huldigten. Da die Ehe gegen das religiöse Liebesgebot verstößt, macht sie eine Sühne an die Fruchtbarkeitsgöttin nötig. Das Recht zur Ehe wird durch allgemeine
Preisgabe *vor* der Ehe erkauft. Durch freien Hetärismus sühnt
die Braut ihre Absicht der Heirat, den Plan ihres Rückzugs in die
Ausschließlichkeit. Wer sich der Prostitutionspflicht entzieht,
wird verachtet. Daher die Abneigung der Tibetaner, eine Jungfrau heimzuführen, wovon uns Marco Polo berichtet.

Um auch den unverheirateten Mädchen die hetärische Bürde abzunehmen, bildete sich schließlich der besondere Stand der *Hierodulen* oder Tempeldirnen heraus. Sie trugen die Schuld des ganzen weiblichen Geschlechts und sorgten dafür, daß ihm die Gunst der Liebesgötter erhalten blieb. Darum genossen sie das höchste Ansehen. Die Allgemeinheit nahm sie in ihre Obhut und verbürgte sich für ihre Unantastbarkeit. In Indien galten sie als Gattinnen des Tempelgottes. Allenthalben wandten sich dem geweihten Stande gerade die vornehmsten und schönsten Mädchen zu. Selbst Königstöchter waren darunter. Sie pflegten Tanz und Musik, verstanden sich auf Lesen und Schreiben und hüteten die Götterlehre. Wenn sie sich nach Jahren treuen Dienstes zu verheiraten wünschten, warben die reichsten und mächtigsten Männer um ihre Gunst. Je eifriger die Mädchen der Liebesgottheit gedient hatten, um so höhere Ansprüche an den Bewerber konnten sie stellen. Manchenorts wurde es so gehalten, daß die geweihten Hetären den Tempel nicht verlassen durften. Sie lebten dann wie in einem Kloster, aber mit der Pflicht zur Preisgabe statt zur Keuschheit. Keine heilige Einrichtung ist von christlichem und buddhistischem Geiste so weit entfernt wie der Weiheberuf der Hierodulen. – Neben den weiblichen Priestern gab es männliche, die sich für das der Liebesgottheit geschuldete Umarmungsopfer bereit hielten. Da es allein auf den Akt als Gebets- und Opferform ankam, wurde das Geschlecht der Kultdiener mit der Gottheit, der sie dienten, nicht immer in Beziehung gesetzt. Männer vermischten sich mit Hierodulen zu Ehren des Liebesgottes, Weiber mit Priestern zu Ehren der Liebesgöttin. Das Hierodulentum ist – wie die Naturreligion selbst – eine universale Erscheinung. Schon Herodot II, 64 macht Bemerkungen darüber, daß man überall den Tempelbeischlaf pflege außer in Hellas und Ägypten. Im römischen Reich untersagte ihn erst Konstantin, wie Eusebius in seiner Lebensgeschichte dieses Kaisers berichtet.

Es ist eine der vielen Flachheiten neuzeitlicher Betrachtung, die Prostitution für eine Folge der Einehe zu halten. Das Gegenteil trifft zu: Sie ist die Voraussetzung der Ehe. Nur weil es den Stand der Hierodulen gab, konnte sich gegen den Willen der Liebesgottheit das Institut der Ehe als weltliche Einrichtung bilden und behaupten. Die geweihte Hetäre hat die ehrbare Matrone erst möglich gemacht, nicht aber zog das Matronat die (weltliche) Prostitution als ungewollte Folge nach sich. Wir lassen den alten Streit beiseite, ob in der allgemeinen Entwicklung der Menschheit die freie Geschlechtervermischung oder die Einehe das Ursprüngliche ist. Soweit die Naturreligion vorherrscht, kann es jedenfalls keinen *heiligen* Stand der Einehe geben, sondern nur Einehe als Sitte der bürgerlichen Welt, abseits des sakralen Lebens und immer in Gefahr, im Namen der Götter zerstört zu werden.

Heute hat das Wort Prostitution, aus jeder religiösen Beziehung gelöst, einen häßlichen Klang. Daher ist es mißverständlich, von der prostitutiven Natur des Weibes zu sprechen. Sagen wir besser: Preisgabe, Hingabe ist das Wesen des Weibes. Hingabe ist aber auch das Wesen der Erotik und der Religion: Selbstdarbietung, begeistertes Aufgehen in fremder Wesenheit, lustvoll-schwärmerisches Selbstvergessen. Aus den Tiefen der weiblichen Seele rührt es her, daß die innere Einheit des religiösen und erotischen Lebens nirgends so stark und rein empfunden und so vollkommen verwirklicht wird wie in den Mutterreligionen.

Als der Mensch zur geordneten ehelichen Liebe überging, wagte er viel. Denn er entfernte sich dadurch vom religiösen Liebesgebot. Mit wie schweren Schuldgefühlen ihn die Einführung der Ehe belud, kann man daraus ersehen, daß vielfach die Weiber in Zeiten drohender Knechtschaft das Gelübde des freien Hetärismus erneuerten und verwirklichten. Sie hatten ein schlechtes Gewissen und fürchteten die Rache der großen göttlichen Mutter. Um sie gnädig zu stimmen, kehrten sie in aufrichtiger Reue zum hetärischen Opfer zurück, bis die Gefahr vorüber war.

Von den Hierodulen des ägyptischen Gottes Ammon wird erzählt, daß sie ihre Liebespflicht in Zelten am Tempel, nicht im Tempelinnern erfüllten. Von den geweihten Hetären semitischer

Stämme berichtet Herodot, daß sie das Heiligtum verließen und ἔξω τοῦ ἱεροῦ der Liebe dienten. Bei manchen Völkern war oder wurde es Brauch, daß sich die Tempeldirne nur dann hinzugeben brauchte, wenn der Fromme eine Silbermünze in den Tempelschatz stiftete. Später behielt die Hetäre die Spende als Lohn für sich. Es kam, in Cypern und Phönizien besonders, die Sitte auf, daß sich die heiligen Mädchen auf diese Art ihr Heiratsgut erwarben. Die geschilderten Tatsachen bezeichnen den *Verfall* des Hierodulentums. Mit der Verdunklung des religiösen Sinnes ging der Schlüssel des Verständnisses verloren. Was schließlich übrig blieb, war kein Kult mehr im Zeichen der Götter, sondern gemeiner Frondienst weltlicher Lust, die sich die religiöse Form einer ehrwürdigen Vergangenheit zum Vorwand nimmt. Nun wird die hierodulische Sitte von strengen Gemütern mit Recht verdammt oder sie wird fehlgedeutet, um sie vor dem Forum späterer Religionen zu retten. Der Geschlechtsakt im Tempel – heißt es nun – hatte die Bedeutung einer Lustration, einer entsühnenden Waschung, die den Frommen von unzüchtigen Gedanken reinigt, bevor er sich dem Gotte naht. Oder es wird behauptet: Die wahllose Preisgabe des Leibes sei eine Form der Leibverachtung. Aus Geringschätzung habe der Mensch seine geschlechtlichen Kräfte vergeudet. Was hoch im Wert stehe, werde nicht fortgeworfen. Beide Urteile gehen davon aus, daß die geschlechtliche Liebe etwas Anstößiges sei und sich mit dem Wesen des Heiligen nicht vertrage. So urteilt der Mensch der Kulturen, in denen männliche Werte herrschen, über Kulturen, in denen das Weibliche herrscht. Aber das Tempeldirnentum, überhaupt die ganze religiöse Erotik, kann nur von dem einen großen Gedanken aus verstanden werden: Die Liebesumarmung ist heilig. Sie ist es an sich, als zeugender Urquell des Lebens, und sie ist es als symbolische Handlung, in der sich die kosmische Brautnacht des Weltanfangs, das Mysterium der Weltschöpfung wiederholt.

Die Liebesgötter werden in der Naturreligion nicht nur durch die Vollziehung, sondern auch durch die *bildliche Darstellung des geschlechtlichen Aktes* verehrt. Die meisten Völker des alten

Orients, voran Inder und Ägypter, hielten dieselben Bildnisse der Liebesumarmung heilig, denen unsere Forscher bei den Naturstämmen Australiens oder Polynesiens noch heute begegnen. Die Phantasie der Maler und Bildschnitzer wird nicht müde in der Variation dieses religiösen Vorwurfs. An einem heiligen Wagen aus dem indischen Orissa (jetzt im Berliner Museum für Völkerkunde) sind 26 Paare dargestellt, die die religiöse Liebespflicht in den verschiedensten Stellungen erfüllen. Es ist überaus bezeichnend, daß sich solche Darstellungen nie* im privaten Bezirk, sondern nur an geweihter Stätte finden, im mystisch geschlossenen Raum, also im Innern des Tempels, nicht an seinen Außenwänden. Oft gibt ihnen der Gläubige eine tiefsinnige Deutung. Von tibetanischen Lama-Priestern wird berichtet, daß sie in der figürlichen Aktdarstellung die Yum-Vereinigung der Weisheit mit dem Stoffe sehen. Auch für sich allein werden die Fruchbarkeitsgötter abgebildet, mit überentwickeltem Glied, um sie gleich dem ersten Blick des Betrachters als erotische Mächte vorzustellen. So formten die Griechen den Priapus und so formen noch heute die Polynesier ihre Götterbilder. Ein und derselbe erotisch-religiöse Gedanke reift an verschiedenen Stellen des Erdballs und zu verschiedenen Zeiten.

Schließlich löst man das Glied vom Leib des Gottes und stellt es als heiliges Symbol der Erotik gesondert dar. Auf diese Weise entsteht der Phallus der Griechen, der Linga (Lingam) der Inder und der *Phallus-Kult,* der sich wieder über alle Erdgebiete erstreckt. (D'Hancarville hat in seinem Werk The Worship of Phallus mit Scharfsinn und Gelehrsamkeit die Spuren dieses Kultes über die ganze Welt verfolgt.) Khem und Osiris in Ägypten, Čiva in Indien, Vul in Assyrien, Pan und Priapus in Hellas, Trico und Freyr in Teutonien und Skandinavien, Hortanes in

---

* Oder fast nie (J. J. Meyer, Trilogie alt-indischer Mächte und Feste der Vegetation, 1937, S. 74, erwähnt alt-indische Gemälde mit Beischlafdarstellungen als Zierde »mustergültiger oder feinerer Stadthäuser«).

Spanien, Jarilo in Rußland sind phallische Götter. Ein hölzerner Phallus wurde aus den Pfahlbauten des Bodensees zutage gefördert. »Hervorragend charakteristische Phallusdarstellungen« aus der Cro-Magnon-Zeit fand Otto Hauser bei seinen Grabungen in der Dordogne (Urmensch und Wilder, S. 153). Ein Fresko aus der ostspanischen Höhle Cogul zeigt neun Frauen im Tanz um ein phallisches Bild. Auf einem Diorit-Block in phallischer Gestalt, 1901 an der Stätte des einstigen Susa entdeckt, sind die Gesetze des Chamurabi eingemeißelt. (Die phallische Form weist auf den göttlichen Ursprung der Gesetze.) Im alten Hellas wurde der Genius ganzer Städte, der ἀγαθὸς δαίμων, phallisch dargestellt. In Athen trugen die ehrbarsten Matronen den Phallus in feierlicher Prozession – »Periphallia« – durch die Stadt. Ähnliches geschah in Rom während des Fruchtbarkeitsfestes der Liberalia zu Ehren des altlatinischen Gottes Liber. In Indien sind Linga und Yoni (männlicher und weiblicher Geschlechtsteil) seit Urzeiten heilige Symbole. Schematisierte Bildnisse ihrer Vereinigung zieren in riesigem Ausmaß den Čiva-Tempel auf der Insel Elephanta bei Bombay, symbolische Darstellungen des Welt- und Lebensursprungs. Auch im alten Shintoismus der Japaner ist der Phalluskult bedeutsam. Weit hat sich die Frauensitte verbreitet, zum Schutz gegen Fahrnis phallische Amulette zu tragen. In Neapel soll dieser Brauch noch jetzt beobachtet werden.

Wie der Phalluskult knüpft die *Beschneidung* als Weiheakt (Pubertätsritus) oder als Mittel, die Zugehörigkeit zu einem religiösen Bunde zu bezeichnen, an die Heiligkeit des Gliedes an. Nicht nur Hebräer und Mohammedaner, sondern insgesamt 200 Millionen Menschen halten gegenwärtig die Sitte der Beschneidung (im semitischen Asien, in Afrika, Australien, Melanesien und Teilgebieten Amerikas). Wo der Phallus heilig ist, wird gern in der Form geschworen, daß der Schwörende während der Eidesformel das Glied mit den Fingern berührt. So war es im alten Judentum, im Islam und in vielen Kultverbänden des alten Orients (vgl. 1. Buch Mose 24, 2 und 47, 29; Luther übersetzt, anscheinend ohne den Sinn zu erfassen: Lege deine Hand unter meine Hüfte).

Der abendländische Mensch der Neuzeit hat es schwer, der Heiligkeit dieser Bräuche nahezukommen. Europa ist durch eine lange Epoche erotischer Ächtung hindurchgegangen. Der Phallus hat sich in das abstoßende Symbol der Verworfenheit gewandelt. In Dantes Göttlicher Komödie bildet der Geschlechtsteil Luzifers die Mitte der Hölle, das satanische Zentrum des Erdinnern: ein Phallusdienst in negativer Bewertung. Die sittlichen Überzeugungen, die das Christentum schuf, haben, wenn schon verschieden stark, alle Abendländer erfaßt oder doch berührt, auch Andersgläubige wie die Juden oder Ungläubige wie die Atheisten. Wer von ihnen hat noch das reine unbefangene Auge des dionysischen Menschen?

Die Naturreligion ist universal, örtlich und zeitlich. Sie hat sich mit ihren typischen Ausdrucksformen – den Frühlingsfesten, orgiastischen Feiern, mit Tempelbeischlaf, Hierodulentum, Phallusdienst, bildlicher Darstellung des Aktes oder des phallischen Gottes – zu den verschiedensten Zeiten und über die verschiedensten Rassen und Völker verbreitet: über Ägypter, Karthager, Etrusker, Inder, Perser, Griechen, Romanen, Germanen, Slaven, Semiten, Mongolen, Malaien. Also muß die Religion der Schöpfungswonne einer allgemeinen Anlage der menschlichen Seele entsprechen, und daraus folgt, daß sie wohl zeitweise zurückgedrängt, aber nicht völlig ausgerottet werden kann. Sie ist nicht das Anfängliche, Rohe, aus dem sich die Erlösungsreligion als die eigentliche und reine Heiligkeitspflege erst emporgeläutert habe. Es ist hier nicht statthaft, von zeitlichem, religiösem oder sittlichem Vorrang zu reden. Beide Religionstypen sind in ihrer keimhaften Anlage gleich alt und in ihren vollendeten Erscheinungsformen gleichberechtigt, wenn auch nicht gleich mächtig zu allen Zeiten. Dem heutigen Europäer ist es freilich kaum gegeben, das Merkmal der Erlösung vom Begriff der Religion zu trennen. Für ihn ist die Erlösungsreligion die Religion schlechthin. Um so mehr darf sich die Entdeckung der Naturreligion als eines eigenen, allverbreiteten und ewigen Religionstypus für die kopernikanische Tat der neueren Religionswissenschaft halten.

Das Matriarchat als gesellschaftliche Ordnung ist untergegangen, die Mutterreligion – der dazugehörige metaphysische Untergrund – ist es nicht. In stoßweise auftretenden Erschütterungen, in blassen Nachzüglern oder in grotesken Verzerrungen wirkt sie fort, und sie wird bis ans Ende der Geschichte fortwirken. Sie ist nicht ganz machtlos, auch wenn sie heute nicht mehr vorherrscht. Wer kann wissen, ob sie nicht doch einmal einen großen Teil der Macht, die sie im weiblichen Weltalter besaß, zurückgewinnt, in kommenden Jahrtausenden, wenn der kulturelle Schwerpunkt den Erdball umkreist hat und in seinen asiatischen Ursprung zurückkehrt?

Die Frühlingsfeste der Naturreligion verbinden die Trauer um den toten Liebesgott in eindringlicher Weise mit dem Jubel über seine Rückkunft. Der orgiastischen Raserei der Freude gehen Tage wildesten Jammers voraus. Der dionysische Mensch, ein mitwucherndes Stück Natur, erlebt und erleidet bis auf den Seelengrund den Wechsel vom Winter zum Lenz und gleicherweise die Mythen von der Todesqual und der Auferstehungslust des Liebesgottes. Je zerknirschter die Totenklage, in um so berauschendere Sinnlichkeit schlägt sie um. In je dunklere Abgründe sich die Seele gewagt hat, zu um so helleren Höhen kann sie sich hernach erheben. Seltsame Verschlungenheit von Qual und Lust, von Tod und Leben, von Tod und Liebe! Wenn der Priester verkündete, »Attis ist wiedergekehrt« oder »Tamuz ist auferstanden, freut euch seiner Wiedergeburt«, so stürzten die Gläubigen in einen erotischen Taumel, unfaßbar dem fühllosen Menschen der Gegenwart. Das Schauspiel, wie es sich etwa im Astarte-Tempel zu Byblos bot, setzte selbst die Schriftsteller der Alten in Erstaunen. Das Leben triumphierte, nicht das Leben an sich, nicht die Urzeugung der Natur, sondern die wiederauferstandene Natur, die Besiegerin des Todes. Die orgiastischen Liebesfeste wurden mit dem Blick auf den Tod gefeiert, vor dem sich erst die ganze sieghaft strahlende Kraft und Fülle des Lebens abhebt. Sie waren Feste der Todesüberwindung. Die Stimmung des Erlöstseins mischte sich in die Sinnenlust, und zwar um so stärker, je aufwühlender das Sterben der Natur und des Liebesgottes zuvor erlebt worden war. Damit fand ein Motiv, das der Naturreligion fremd ist, die Möglichkeit, in sie einzudringen: das *Erlösungsmotiv*. Es ist der Seelenantrieb, der im Manne zur Religion hinleitet. Zur rein weiblichen Gefühlswelt paßt es nicht. Es wurde ihr erst zugänglich, als sie sich am Ausgang des matriarchalischen Weltalters der männlichen Lebensbewertung näherte.

Für den Erlösungsdrang, wie er in den aphroditischen Frühlingsfesten angedeutet war, hatte die christliche Religion eine feine Witterung. Bald gingen der evangelische Auferstehungsgedanke mit seiner männlichen Geistigkeit und der Erneuerungsgedanke der Naturreligion eine enge Verbindung miteinander ein, die vielfachen Ausdruck fand. In den deutschen Ländern trägt das christliche Auferstehungsfest den Namen der Lenz- und Liebesgöttin Ostara. Bei den Russen ist die heidnische Frühlingssehnsucht so stark, daß sie den Ostergedanken in die Mitte der Evangelien rückte und die Osterfeier zum höchsten christlichen Fest erhob. In der Osternacht löst sich der Erlösungsdrang in den enthusiastischen Gesang auf: »Christ ist erstanden, er ist wirklich erstanden.« Dieser Augenblick ist der Höhepunkt des höchsten christlichen Festes, das gewaltigste religiöse Erlebnis der russischen Christen. Es ähnelt dem Erlebnis, das die ekstatischen Anhänger des Kybele- oder Istar-Kultes hatten, wenn der Priester nach Tagen der Trauer und Zerknirschung ausrief: Attis ist erstanden, Tamuz ist erstanden.

Das Erlösungsmotiv ist besonders auf griechischem Boden ausgebildet worden, wo sich die Elemente der dionysischen und apollinischen Religion miteinander verflochten. Im Zuge dieser Entwicklung klärten sich an manchen Orten wie in Athen die finsteren Nachtkulte des Dionysos zu hellen Lichtfesten des Tages. Es verbreitet sich der Glaube, daß Dionysos seine Anhänger nicht nur in Raserei versetze, sondern auch aus der Qual des Erdendaseins befreie. So vergeistigt sich der ekstatische Gott des Rausches und der Rebe zum Heiland, zum »Löser« und Besänftiger, zum Lysios und Meilichios. Das war nur möglich, weil nicht nur Dionysos, sondern jeder große Erotiker mit dem Erlösertypus innerlich verwandt ist. Trotz scheinbarer Gegensätzlichkeit hängen sie in unerforschlicher Tiefe doch zusammen. Der glühend Liebende ist das verschleierte Urbild und Vorbild der Heiligen, auch der Heiligen der Erlösungsreligion. Beide, Liebender und Heiliger, gehören in die Kategorie des Menschen, der sich aus überströmendem Herzen verschwendet. Geschlechtsliebe und Menschenliebe, Erotik und Ethik, Sinnliches und Übersinnliches sind ineinander verschlungen. Die Erotik selbst ist auf Erlösung angelegt. Die Erlösung ist ein Sonderfall der schenkenden Erotik. In einem ganz neuen Sinn erweist sich die Göttlichkeit des Geschlechts, die Heiligkeit seiner verborgensten Kräfte. Erstmals bei den Griechen sucht sich die Erkenntnis zu formen: Der tiefste Sinn des Eros ist Erlösung. Die reifste und erhabenste Erkenntnis, zu der die Betrachtung über Religion und Erotik aufsteigen kann.

Je stärker das Erlösungsmotiv, um so heftiger die Begierde, in den ekstatischen Visionen, zu denen der kultische Orgiasmus verhilft, den Gott zu schauen, sich ihm zu nähern und schließlich mit ihm zu verschmelzen. Überall – ob auf hellenischem oder asiatischem Boden – ist dieser Verschmelzungsdrang eine Ausstrahlung des Erlösungsmotivs. Gesucht wird die heilsame Berührung des Gottes, die Teilhabe an der Spende seiner Kräfte, die participation mystique (Lévy-Brühl). Jetzt ist die Paarung mit dem Priester oder mit der geweihten Hetäre oder das Beilager mit dem Götterbildnis, ξόανον, nicht mehr als Akt an sich, als Akt der Lebenserschaffung heilig, sondern gewinnt den Sinn einer Vereinigung mit der Gottheit. Da der dionysische Mensch nicht personhaft, sondern gleichnishaft denkt, ist es ihm gegeben, in der Person des Priesters oder der Priesterin die Gottheit selbst zu umschlingen. Dem Gläubigen steht hierbei nicht das Bild einer sterblichen Person, sondern das Bild der Gottheit selbst vor Augen.

Es gibt kaum ein fesselnderes Schauspiel als den *Weltkampf zwischen Schöpfungswonne und Erlösungsmotiv,* zwischen weiblicher und männlicher Religionsform. Er gestaltete schon das seelische und geistige Schicksal des vorchristlichen *Judentums.* Die Hebräer hatten ihr Frühlingsfest, Passah, die Feier der ersten Gerstenernte (daher die ungesäuerten Brote, die als rituelle Speise beibehalten wurden). Erst als man den dionysischen Sinn dieses Festes nicht mehr begriff, schob man ihm den Mythos vom Auszug aus Ägypten unter. Die rationale Veranlagung machte den Juden früher als andere Völker aus einem Naturgeschöpf zu einem geschichtlichen Wesen. Im Gleichklang damit versachlichte sich das Naturfest zu einer historischen Gedächtnisfeier! – Dionysischer Art ist das biblische Gebot: »Seid fruchtbar und mehret euch«, anklingend an die den Naturreligionen eigene Vergottung des unermüdlich gebärenden Muttertums. Im Buch Henoch 10, 17 freut sich der Apokalyptiker darauf, daß die Gerechten nach dem Gericht über die Gottlosen bis zu 1000 Kinder zeugen werden; man träumt davon, daß zur Zeit des Messias die Weiber täglich gebären; Erlösungsmotiv und Schöpfungswonne kreuzen sich in vitalem »Messianismus«. Der Same ist heilig (Esra 9, 2). Kinderreichtum gilt als Segen, Unfruchtbarkeit als göttliche Strafe (4. Mak. 18, 9; Henoch 96, 5). Das unfruchtbare Weib ist geächtet und wird mitleidlos verstoßen. Als es nach dem Untergang von Sodom und Gomorra bei den Töchtern Lots an Männern fehlt, machen sie den greisen Vater trunken, »um Samen von ihm zu haben«. Das blutschänderische Weib ist immer noch besser und Gott wohlgefälliger als das kinderlose. Brutaler als in dieser Erzählung kann die religiöse Pflicht zum Nachwuchs nicht hervorgekehrt werden.

Die Ehe, die zu schließen heilige Pflicht ist, hat sich von hetärischer Auffassung noch nicht allzu weit entfernt. Ihre Scheidung ist leicht durchzuführen. Es genügt ein einfacher Scheidebrief (des Mannes: 5. Mose 24, 1), vergleichbar der einseitigen Aufkündigung der Ehe (repudium) im römischen Recht. Die Vielweiberei ist gestattet (5. Mose 21, 15–17). Viele Kinder zu haben ist Pflicht, viele Frauen zu haben keine Schande. Salomo ergötzte sich an 700 Weibern und 300 Kebsen (1. Buch der Könige 11, 3). Jungvermählte werden vom Heeresdienst befreit, um sich des Geschlechtes zu freuen (5. Mose 20, 7 und 24, 5). Im Buch Judith hält es Holofernes für eine Schmach der Assyrer, ein Weib wie Judith unberührt fortzulassen (Buch Judith 12, 12). Der Verfasser dieser biblischen Erzählung weiß noch um die Wünsche der Liebesgottheit nach unermüdlicher Vermischung der Geschlechter. Im ganzen läßt sich sagen, daß sich das vorchristliche Judentum einige Vorstellungen und Gepflogenheiten der Naturreligion bewahrt hat. Nur in der Gottesfrage gilt kraß und einseitig das männliche Prinzip. Es herrscht der eine männliche Gott. Es fehlt das machtbekleidete Weib im Himmel und auf Erden, als Göttin und als Königin, als unsterbliche und als gekrönte Hetäre. Aber in der religiösen Praxis fehlt es nicht. Die Hebräer konnten sich der dionysischen Lockung nicht ganz entziehen. Auf die Dauer hielten sie es nicht aus in ihrer kalten, starren Männerreligion. Unwiderstehlichem Drang nachgebend suchten sie die warme verführerische Nähe der weiblichen Gottheit, der malkat haššamaim. Es wird zur größten Aufgabe der hebräischen Propheten, sich den orgiastischen Kulten entgegenzuwerfen, um den Richtergott Jehovah gegen das Mysterium des Muttertums zu verteidigen. Der Kampf zwischen den weiblichen und männlichen Elementen der Religion, zwischen Schöpfungswonne und Erlösungsmotiv bildet den weltbedeutsamen Hintergrund, vor dem das tragische Leben der jüdischen Propheten abläuft. Sie werden nicht müde in Anklagen gegen die »Hurerei« (wie Luther drastisch übersetzt). Damit meinen sie die orgiastischen Kulte, nicht etwa die weltliche Prostitution, nicht Sittenfäulnis und Verkommenheit. Ihr zelotischer Eifer rührt gerade daher, daß es um heilige Dinge geht. Der Anblick weltlicher Sünde kann nicht so tief erbittern. Den äußersten Grad ihrer Verbissenheit erreicht die Religion immer nur im Kampf gegen andere Religionen.

Zahlreich sind die Bibelstellen, die sich auf das Ringen Jehovahs mit dionysischen Göttern beziehen. Ich greife einige heraus: 1. Buch der Könige 11, 3–8 (gegen Salomos Begünstigung des Astarte-Dienstes), 14, 23–24; Jes. 23, 16; Jer. 7, 18 (gegen die »Himmelskönigin«), Hes. 8, 14 (gegen den Thamus-Tamuz); 16, 15–17; 30–34; 23. Hosea 4, 10–14; Nahum 3, 4; 2. Mak. 6, 4. Aus Hesekiel Kap. 23 geht hervor, daß es vor allem Weiber waren, die den orgiastischen Kult bewahrten. Ihnen droht der Prophet an, daß sie von den »Männern, die das Recht vollbringen«, bestraft würden (23, 45). Er bietet die männliche Denkweise, den juristisch-gliedernden Ordnungssinn gegen den heiligen Hetärismus auf.

Bei den Hebräern endete der Kampf zwischen Schöpfungswonne und Erlösungsmotiv mit dem völligen Sieg des männlichen Prinzips. Nicht so bei den *Griechen*. Von Haus aus lag ihnen, den Vertretern herber, maßvoller Männlichkeit, erotischer oder religiöser Orgiasmus fern. Sie beteten die Fruchtbarkeit der Natur in den gemessenen Kulten der Demeter zu Eleusis an, die später zum athenischen Staatskult erhoben wurden. Demeter war die Göttin des geordneten Feldbaus, nicht der wildwuchernden Vegetation. Ihr waren Ähre und Saatkorn, nicht die berauschende Traube geweiht. Unter ihrem Schutz stand nicht die wahlloshetärische, sondern die ehelich geregelte Liebe. Die Ehefrauen, nicht die Hetären feierten zu Ehren der Demeter die über ganz Hellas verbreiteten Thesmophorien. Das Fest begann mit dem Zug der Frauen ans Meer, nachdem sie sich die neun voraufgegangenen Tage des ehelichen Umgangs enthalten hatten, ein asketisches Moment, undenkbar in den Fruchtbarkeitskulten echter Naturreligionen. Aber Mutterfeste, Verehrungen der gebärenden weiblichen Kräfte sind auch die Eleusinien gewesen. Sie atmeten den Geist mütterlicher Friedlichkeit. Ein feierlich angesagter Gottesfriede sicherte ihren ungestörten Verlauf. Die mimische Darstellung des Götterleidens, des Raubs der Demeter-Tochter Kore und ihrer Rückkehr aus dem Hades, drückte den Auferstehungsgedanken aus, wie er zu den Feiern der wiedererwachenden Natur gehört. Der Kult zu Eleusis gipfelte in der ehrfürchtigen Berührung einer Kiste, die das Abbild eines weiblichen Schoßes barg. »Aus dem Glauben an die Muttergottheit geht das Bedürfnis des einzelnen hervor, sich das Mysterium der Kindheit zu sichern, d. h. durch sakramentalen Akt Kind dieser Mutter zu werden für ein zweites Leben. Am deutlichsten spricht das der unteritalische Mysterienspruch aus: Ich bin eingegangen in den Schoß der unterirdischen Königin.« (A. Korte, Zu den eleusinischen Mysterien.) Wieder ein Merkmal der Mutterreligion: die Heilighaltung des Ursprungs. Den eleusinischen Feiern fehlt jedoch der orgiastische Zug. Die göttlichen und menschlichen Bereiche bleiben scharf geschieden. Über den Grundgedanken der griechischen Volksreligion ἕν ἀνδρῶν ἕν θεῶν γένος (eins ist der Mensch, ein anderes der Götter Geschlecht) sind auch die Eleusinien nicht hinausgegangen.

In diese maßvolle Welt bricht nun von Samothrake her Dionysos wie ein wilder Sturmwind ein. Homer, der auf Demeter seinen Hymnus singt, zählt ihn nicht – ebensowenig wie den Eros – zu den olympischen Göttern. Nur flüchtig ist vom »rasenden Dionysos« und seinen »Wärterinnen« die Rede (Ilias 6, 132). Er greift nirgends in das Schicksal der Menschen ein. Dieses Schweigen Homers sagt es deutlich genug, daß zu jener Zeit der thrakische Gott im griechischen Leben und Glauben nur über kleine örtliche Bezirke gebot. Erst durch schwere religiöse Kämpfe und Erschütterungen schritt Dionysos zum sechsten göttlichen Weltbeherrscher empor (hinter Phanes, Nyx, Uranos, Kronos, Zeus) und erweiterte seinen Kultus am Ausgang der Antike zu einer universalen Religion. Manchen Völkern galt die dionysische Besessenheit als eine eigentümlich hellenische Form des Gottesdienstes. So urteilen beispielsweise die Skythen (Herodot IV, 79). Nietzsche schließt sich in der Götzendämmerung dieser Auffassung an: »In den dionysischen Mysterien, in der Psychologie des dionysischen Zustandes spricht sich die Grundtatsache des hellenischen Instinktes aus, sein Wille zum Leben.« Aber das ist ein Irrtum. Dionysos, der Finstere, Chaotische, ist ein Fremdkörper im Fleisch des griechisch-männlichen Wesens, das im Gleichmaß strenger und klarer Form gestaltlose Willkür zu bändigen strebt. In den dionysischen

Mysterien leistete das apollinische Griechentum seinen alljährlichen Tribut an die Naturreligion. Spiegel und Sinnbild griechischer Religiosität ist nicht Dionysos, der Gott der Weiber, sondern Athene, die mutterlos dem Haupt des Zeus entsprang, wie Eva mutterlos aus männlicher Rippe entstand. Dionysos kommt, wennschon männlichen Geschlechts, aus der Finsternis des weiblichen Schoßes, ohne den der phallische Gott nicht gedacht werden kann. Daher heißt er Bimeter, der Zweimuttrige. Athene ohne Mutter, Dionysos mit dem Mutterpaar – das ist der Gegensatz zwischen Hellas und dem Orient, zwischen der Religion des Mannes und der Religion des Weibes.

Zuerst verbindet sich der neue Gott mit Demeter, aber die Göttin des geordneten Liebeslebens paßt nicht zu seiner mänadischen Natur. Er sucht die wesensverwandte Partnerin und findet sie in Aphrodite, der Schutzgöttin hetärischer Geschlechtlichkeit. Weiber, Bacchantinnen, bilden das Gefolge des Gottes. Weiber sind es, denen er die Einführung seines Kultes und seinen Siegeszug verdankt. Er reißt sie in einen wahren Taumel der Begeisterung. Die Amazonen werden nach kurzem Widerstand seine glühendsten Bekennerinnen. Zuerst sind nur Weiber zu den Mysterien zugelassen. Später auch Männer, die Weiberkleidung tragen, um den weiblich-orgiastischen Charakter des Kultes nicht zu verletzen. Besessen stürmen die Mysten durch nachtverhülltes Gebirg. Die Nächtlichkeit des Kultes ist ein Merkmal der Mutterreligion. Schon in Urzeiten brachte sich das Weib mit der Nacht und dem Nachtgestirn in geheimnisvolle Beziehung. Die Periodik des Mondumlaufs, verglichen mit dem Blutrhythmus der Frau, ließ dunkle Zusammenhänge vermuten. – Die Eleusinien sind Feste der fruchtbaren Ackererde, die Dionysien sind Kulte entfesselter Brunst. Sie forderten die wahllose und zügellose Massenpaarung. Solange die Weiber allein waren, fielen sie liebestoll übereinander her, im Beisein des lüsternen Gottes, wie sie meinten. Seitdem Männer mittobten, vermischten sich die Weiber mit diesen. Später wurde die Umarmung durch symbolische Akte ersetzt: Den Frauen wurden Schlangen – phallische Sinnbilder – durch den Schoß gezogen. Aber der Orgiasmus blieb. Die dunklen Gemütskräfte, die der apollinische Lichtgott im form-strengen Hellas nicht duldete, rauschten in den Dionysien gewalt-sam auf, begierig, sich zu verströmen. Sie brandeten in die Nacht, weil sie sich nicht mehr an den Tag wagten. So gab es ein nächtliches Hellas und ein Hellas des Tages, ein weibliches und ein männliches. Durch das nächtliche flossen die Seelenströme Asiens mit ihrer Schöpfungswonne und hielten den griechischen Menschen gesund. Hier schlummert das Geheimnis hellenischer Einzigartigkeit.

Im Gefolge des bacchantischen Gottes brachen nun Phallus-dienst und Hierodulentum in Griechenland ein. Zu Ehren der Aphrodite halten sich geweihte Hetären bereit, besonders in Si-zilien und Korinth (es wird die Zahl 1000 genannt). In Scharen wallen die Pilger zu ihren Tempeln. Aber das männliche Prin-zip setzt sich kräftig zur Wehr. Hellas ist nun einmal das Land, das aus Staatsgründen – durch Kekrops, den ersten attischen Landeskönig, wie es heißt – die Einehe einführte und hochhielt. Die weitere Entwicklung spiegelt sich in Mythos und Drama. Hera, die Beschützerin der Einehe, haßt Dionysos, den Gott des Hetärismus. Sie stiftet Perseus an, gegen Dionysos zu kämpfen. Perseus besiegt die dionysischen Amazonen und zwingt sie, die Einehe anzunehmen. Neben ihm sind Theseus, Herakles und Achill leuchtende Streiter für die männliche Vorstellungswelt. Zwischen ihr und den Mutterreligionen tobt der Kampf in der Orestie des Aischylos. Orest rächt auf Geheiß Apolls den erschla-genen Vater und tötet Klytämnestra. Damit begeht er das Ver-brechen, das nach Auffassung der Naturreligion alle Frevel-taten übertrifft und als unsühnbar gilt: den Muttermord. Zur Strafe dafür haften sich die Erinnyen an seine Fersen, bis ihn Athene auf den Areopag rettet. Apollo und Athene, die Mächte der männlichen Lichtwelt, siegen über die Erinnyen, die finsteren Dämonen der Naturreligion.

Dem erbitterten Kampf zwischen beiden Gewalten folgt hier und dort der versöhnliche Ausgleich. Dionysos zieht in Delphi ein, im Heiligtum Apollons, und findet die Gunst der mächtigsten griechischen Priesterschaft. So vertraulich wurde die Gemeinschaft der beiden Götter, daß die Giebelbilder des delphischen Tempels vorn den Apollon, hinten den Dionysos zeigten, und zwar den Dionysos der orgiastischen, nächtlichen Feiern. Wenn Apollon gerade in Delphi, der Stätte seiner ältesten Verehrung, von der Wahrsagung aus Zeichen zur Weissagung in der Ekstase überging, so fügte er seiner Religion ein dionysisches Element, die ekstatische Mantik, ein. Aber nicht nur Apollon, auch Dionysos veränderte sich. Immer stärker wird in seinen Kulten das Erlösungsmotiv, das freilich schon im ältesten Dionysosdienst zaghaft angedeutet war. Es wird kultisches Hauptziel, durch ekstatische Erregung den Menschen seinem irdisch beschränkten Dasein zu entreißen und ihn als entkörpertes Wesen in die Gemeinschaft Gottes zu erheben. »Die Überzeugung, daß im Menschen ein Gott lebe, der frei erst wird, wenn er die Fesseln des Leibes sprengen kann, war im Dionysoskult und seinen Ekstasen tief begründet« (Rohde, Psyche). Hier ansetzend bogen die Orphiker den dionysischen Gedanken ins Asketische um. Von ihnen wird der Leib als lästige Fessel, als Grab der Seele empfunden und geächtet. Die leibliche Geburt wird nicht mehr als Schöpfungsakt vergottet, sondern als Seelentod verflucht. Sie löst nicht mehr die Lust des Entstehens, sondern den Schmerz des Sterbens aus. Sie wird nicht mehr als Mysterium des Muttertums, sondern als Beginn einer Passion erlebt. Die Schöpfungswonne ist im Erlösungsmotiv zerronnen. Demgegenüber versuchte Pythagoras die chthonisch-mütterliche Kulte zu erneuern und das Dasein auf seine einstige Grundlage zurückzuführen. Klar erkannte dieser Vorkämpfer für Frauenwert und -würde, daß der hellenisierte Mensch Gefahr lief, die Lebensquelle selbst zu verschütten, wenn er die weiblichen Kräfte mißachtete und von der Mitgestaltung des Lebens ausschloß. Immerhin: Vom apollinischen Griechentum ist der thrakische Gott nicht überwunden worden. Das blieb den *Römern* vorbehalten. In ihrer imperialen Männlichkeit erstand dem dionysischen Gedanken der Todfeind bis auf den heutigen Tag.

Die vorlatinische Bevölkerung Italiens huldigte der Naturreligion. Von den Etruskern wurde die persische Anaitis verehrt. Zahlreiche Spuren, die Bachofen in seiner »Sage von Tanaquil« verfolgt, weisen auf andere asiatische Mutterkulte. Es war die entscheidende Tat der Römer, daß sie dem orientalischen Hetärismus den matronalen Gedanken, dem Muttertum das Vaterrecht entgegenstellten. Wieviel Symbolik liegt darin: Octavian, der erste gekrönte Caesar des Westens, besiegt Kleopatra, die letzte gekrönte Hetäre des Orients, während es dem makedonischen Alexander, dem Urbild griechischer Männlichkeit, nicht gelungen war, der indischen Kandake Herr zu werden. Unter dem Drucke römischen Wesens verlief die Entwicklung der Menschheit vom Weib zum Manne, von der Natur zur Geschichte, vom Eros zum Recht, von der Religion zur Staatlichkeit. Mit dem Siege Roms schließt das weibliche Weltalter ab.

Ausgesprochen männliche Völker wie die Römer haben, der Naturanlage des Mannes entsprechend, ein schwächeres Gefühl für das Organische und für das Religiöse. Mit der staatlichen Satzung und dem historischen Bewußtsein erdrücken sie zugleich die schöpferische Erotik und die lebendige Religiosität. Das bekamen die dionysischen Gottheiten schmerzlich zu fühlen. Sie erstickten schließlich im Normenzwang des römischen Rechts. Erst Rom mit seiner mechanisierenden Sachlichkeit machte im Westen das Erlebnis der Schöpfungswonne unwahrscheinlich. Insofern es dem dionysischen Orient die Kulturleistung des Menschengeschlechts entriß, ist der Untergang Karthagos ein Wendepunkt der Geschichte. Seitdem können sich im Abendland Religion und Erotik nicht mehr mit der Unschuld des weiblichen Weltalters aneinanderschmiegen. In schwachem Nachhall verklingen die Mutterreligionen: im Worte matrimonium, das eigentlich Mutterehe bedeutet, in der Wertschätzung des fruchtbaren und in der Verstoßung des unfruchtbaren Weibes, im kultischen Dienst des flamen und der flaminica, die ursprünglich als irdisches Gegenstück zum göttlichen Liebespaar gedacht sind. Aber der flamen verwandelt sich bald in den Priester des reinen Lichtgottes, die flaminica aus der Hetäre, die der Fruchtbarkeitsgöttin geweiht ist, in die Matrone, in die ehrbare Gefährtin ihres priesterlichen Partners. Vesta und Diana sind keusche Göttinnen. Vesta ist keine Heilige der Fruchtbarkeit, sondern des reinen Herdfeuers. Die geschlechtliche Entehrung der Vestalinnen wird grausam bestraft. Der Verführer wird zu Tode gepeitscht, die schuldige Vestalin lebendig begraben.

Rom hat den Osten besiegt. Dadurch hat der Mann das Weib besiegt. Wo Rom befiehlt, gibt es kein Matriarchat, keine Mutterreligion, keine Vergottung der Natur und kein Erlebnis der Schöpfungswonne. Der römisch erzogene Mann sieht auf das Geschlechtliche nicht mit der Unbefangenheit des Weibes, sondern kritisch oder zynisch. Wenn sich in diese männlich durchgeformte Welt dionysische Kulte verirrten – und sie taten es in großer Zahl –, so mußten sie aus religiösen Feiern zu Ausbrüchen gemeiner Lust entarten. Im Banne männlicher Lebensbewertung geht der kultische Orgiasmus in Unzucht über. Dieser Begriff setzt die römische Denkart voraus: Man verachtet die weiblicherotischen Kräfte und wirft sich ihnen doch an den Hals, schamlos, lüstern, die männliche Würde opfernd. Sich dieser Wandlung anpassend verändert das Wort Orgie seinen Sinn: von Geheimkult, den es ursprünglich bedeutete, zu Ausschreitung, die es noch heute bedeutet. Die orgiastischen Feste geben den religiösen Grundgedanken preis. Was übrig bleibt, ist nichts als Frondienst der Begierde. Die Venus vulgivaga residiert im caesarischen Rom nicht als Göttin lebenspendenden Muttertums, sondern als Dämon entnervender Geilheit. So rächte sich der Osten an Rom. So rächte sich das Weib am Manne. So rächte sich Dionysos am römischen Imperium. An den verweltlichten Orgien der Naturreligion ging es entkräftet zugrunde. Zum Hohn des lateinischen Denkens wagte ein Kaiser in Person, der im Osten erzogene Heliogabal, den beleidigenden Versuch, den Mylittenkult nackt und entfesselt auf römischem Boden wiederherzustellen und die Hauptstadt dem Semiramidentum auszuliefern.

Das *Christentum* ist reine Erlösungsreligion. Die Düsternis ihrer Passionen ist dem Erlebnis der Schöpfungswonne nicht günstig. Jesus verkündigt eine harte und strenge Lehre, die dem Menschen das Äußerste zumutet. Ihrem männlichen Grundzug hat man es zuzuschreiben, daß sie sich von Judäa nach Westen statt nach Osten wandte und der Mitte des Imperiums wie der Stätte ihres Schicksals zustrebte. Die christliche Vaterreligion folgte dem römischen Vaterrecht. Wenn auch das Rechtsdenken der Römer dem Agapegedanken der Christen widersprach: in der männlichen Grundhaltung stimmen Römer und Christen überein. Gemeinsam ist ihnen der Gegensatz zu den weiblich-östlichen Naturreligionen mit ihrer blutvollen Lebenslust. Dennoch konnte sich auch die christliche Religion dem Zauber der Schöpfungswonne nicht ganz entziehen. Heidnische Vorstellungen und Kulte aus dem Bereich der Naturreligion kehrten zögernd in die christlich gewordene Welt zurück. Die heidnische Männerweihe (Pubertätsweihe) lebte in Firmung, Myronweihe, Konfirmation, das heidnische Frühlingsfest in der Osterfeier fort. Die Muttergottheit selbst aber erstand wieder in *Maria*. Noch im 4. Jahrhundert galt die Mutter Jesu als natürliche Kreatur, als ein sterbliches, mit Fehlern belastetes Wesen. Chrysostomus nannte sie eitel wie alle Frauen. Epiphanius und Nestorius widersetzten sich mit Entschiedenheit jedem Mariendienst. Und sie hatten recht: Das christliche Dogma bietet nirgends Ansätze zu ihrer Verehrung. Im Gegenteil, einige Bibelstellen entziehen dem Marienkultus jeden geschichtlichen Boden. Jesus, der von seiner Mutter nicht verstanden wird (Mark. 3, 21) und sichtlich mit ihr gebrochen hat (Matth. 12, 48; 49; Luk. 14, 26; Joh. 2, 4), lehnt ihre Seligpreisung ausdrücklich ab (Luk. 11, 27–28).

Aber die Sehnsucht nach der weiblichen Gottheit, nach Anbetung des Muttertums ist so tief in das Menschenherz eingesenkt, daß sie sich nicht ganz herausreißen läßt. Nach dem Gebot der menschlichen Seele und gegen die Gebote des Dogmas brach der Kult der Gottesmutter durch. Augustin bereitete ihn dadurch vor, daß er in der Schrift De natura et gratia Maria als einziges Wesen von der Erbsünde ausnahm. Gregor von Nazianz regte erstmals ihre Anbetung an. Auf der Synode zu Alexandrien, 430, im Sterbejahr Augustins, und auf dem Konzil zu Ephesus wird ihre göttliche Verehrung gebilligt. Daß gerade von diesem Ort die christliche Marienverehrung ausging, ist ein tiefsinniges Symbol ihres Zusammenhangs mit dem antiken Kult der Muttergöttinnen. Ephesus war eine Hochburg dieses Kultes. Hier empörte sich die Bevölkerung gegen Paulus und die christliche Lehre mit dem Ruf: Groß ist die Diana der Epheser (Aufruhr des Goldschmieds Demetrius, Kap. 19 der Apostelgeschichte). Das ephesische Volk kämpfte für dasselbe religiöse Ideal, als es im 5. Jahrhundert Kyrill gegen Nestorius aufstachelte und den Schiedsspruch der Bischöfe, der die Anbetung der Maria guthieß, geradezu erzwang und mit begeisterter Zustimmung aufnahm. Die Artemis der Epheser verwandelte sich in die »große, erhabene, ruhmreiche Gottesmutter«. Sie änderte ihren Namen, nicht ihr Wesen. So wurde die schönste Blüte der Naturreligion in die fühlbarste Lücke der Erlösungsreligion gelegt. Isis kehrt wieder als Maria, im Arm den Horusknaben, der jetzt Jesus heißt. Über Kleinasien und Ägypten gelangte der dionysische Gedanke, geläutert und geadelt, in die christliche Metropole. Durch den Marienkult dringt ein Abglanz der Schöpfungswonne in die christliche Glaubenswelt. Angebetet wird bis 1200 in erster Linie nicht die göttliche Jungfrau, die Schutzherrin der Asketen, auch nicht irgendeine weibliche Heilige, sondern die Gottesmutter, Θεοτόκος, die Gottesgebärerin und Gottesquelle, das Mutterwerden, nicht das Muttersein. Vergottet wird in Maria der Vorgang der Gottesgeburt und damit das Prinzip des Gebärens und des weiblichen Wesens schlechthin. Die Göttlichkeit des Muttertums, das Mysterium des Ursprungs steigt wieder zu Ehren. Maria wird Göttin der Fruchtbarkeit, der Liebe und Schönheit, die edelste von allen. Sie läßt sich anbeten wie eine Verwandte der Demeter, als Schutzgeist der nährenden Erde. Besonders in der russischen Orthodoxie, die den Volksglauben an die Heiligkeit des Mutterbodens in sich aufnahm, hat Maria diese Stellung inne. »Die Mutter Gottes ist die mutterfeuchte Erde.« Mit diesem Bekenntnis spricht Dostojewskij die Fühlweise östlichen Christentums aus.

Es gab Zeiten, da Maria in den Herzen der Gläubigen den eigenen Sohn zu verdrängen drohte. Ein Kranz von Legenden schlang sich um ihr Leben, um Geburt, Tempelweihe und Himmelfahrt. Für das Ave Maria kam der Rosenkranz in Übung; der Kalender nahm Marientage auf. Selbst Opfer rauchten zu ihren Ehren. Schließlich erschien am christlichen Himmel sogar das göttliche Liebespaar. Der Glaube, Gott liebe die Maria, erobert die Herzen. Bernhard von Clairvaux singt sie an: »Er selbst, der König und Herrscher aller, so sehr er Deine Zierde begehrt, so sehr harrt er auf Dein Jawort, in welchem er die Welt zu retten beschloß. Und ihm, dem Du in der Stille gefällst, wirst Du mehr noch durch Dein Wort gefallen, da er selbst Dir vom Himmel zurief: ›O Schöne unter den Weibern! Laß mich Deine Stimme vernehmen.‹ Läßt Du ihn Deine Stimme hören, so wird er Dir unser Heil zeigen.« Heinrich Seuse sagt von ihr: »Du bist Gottes und Gott ist dein, und ihr beide seid ein ewiges, unergründliches Liebesspiel, das keine Entzweiung je zu scheiden vermag.« Bruder Hans meint sogar, Gott sei, angelockt vom Rosengeruch Marias, demütig vom Himmel zu ihr herabgestiegen »in ihren maidlichen Bauch«.

Um 1200 begann sich der Marienkult zu wandeln. Von der Provence aus entfaltete sich eine erotische Bewegung, die in der Dichtkunst den Minnesang schuf und in der Religion den franziskanischen Gedanken belebte. Diese erotische Welle erfaßte auch die Marienverehrung. Sah bis dahin der Gläubige Maria, die Mutter seines Gottes, so sah er nunmehr Madonna, die Geliebte seines Herzens. Die tiefsinnige Mutteridee weicht schwärmerischem Frauenkult, der sich nicht mehr auf das Erlebnis der Schöpfungswonne gründet. Bei der Erörterung der anbetenden Liebe wird er uns wieder begegnen.

In noch einer Hinsicht, wennschon schwächer, hat die christliche Kirche die Heiligkeit des Muttergedankens bewahrt: insofern sie sich im Katholizismus als Mutter der Gläubigen fühlt und feiern läßt. Aber dieser Form des Mutterkultes fehlt die sinnenkräftige Anschaulichkeit der Marienverehrung.

Der Protestantismus zerbrach, wo er herrschte, den Madonnenkult jeglicher Art mit hartem Griff. Luther wetterte: »Die Maria hat man im Papsttum zu einem Gott gemacht und damit greuliche Abgötterei aufgerichtet.« Calvin sprach von einem Idol, das man verwerfen müsse. Für die weibliche Form der Religion hatten beide nichts übrig. Ihre herbe Natur fühlte sich zu den hebräischen Propheten hingezogen, die die Mutterkulte verfemten. Aus innerer Notwendigkeit wurde Paulus, der zweifellos jüdischste unter den Jüngern Jesu, zum Lieblingsapostel der Protestanten. Ihr Kampf gegen die kirchliche »Tradition« und ihr Ruf »Zurück zur Wurzel des Christentums!« beweist, welch engen Anschluß die nordische Männlichkeit an die hebräische suchte. Denn die Wurzel, zu der man zurück will, ist jüdisch, und unter dem Sammelwort Tradition, von der man loszukommen wünscht, verbergen sich die außerjüdischen Riten, Mysterien und Vorstellungen der alten Welt, soweit sie in die christliche Lehre eingedrungen sind. Was die Protestanten nicht haben und was sie wieder rückgängig machen wollten, war die Aufnahme östlich-weiblicher Kräfte in die urchristliche Glaubens- und Stimmungswelt. Was kirchengeschichtlich Bildung der Tradition heißt, ist religionspsychologisch die Milderung und Ergänzung der Erlösungsreligion durch Zufluß aus den Naturreligionen und kulturhistorisch die Umbildung des hebräisch getönten Urchristentums durch ägyptische, hellenistische, indische und iranische Strömungen. Die Reformation betrieb die Rejudaisierung des Christentums. Nichts anderes bedeutet der Kampf gegen die kirchliche Tradition. Und die Folge? Mit der weiblichen Gottheit verlor die Religion ihre Innigkeit und Wärme. Sie wurde kalt, sachlich, und langweilte schließlich ihre eigenen Bekenner. Wie ähneln sich calvinistisches Gotteshaus und hebräische Synagoge in ihrer spröden Schmucklosigkeit! Nüchtern wie die Lehren sind die Stätten ihrer Pflege. An Glut und Lebendigkeit des Glaubens reicht der protestantische Christ nicht entfernt an den katholischen heran. Die Inder haben recht: Wo die Shakti, die Entzückungsmacht des Weibes brach liegt, verödet der Mann – auch in göttlichen Dingen. Sollte es dem Zufall zugeschrieben werden dürfen, daß in Europa die Völker der leidenschaftlichsten Religiosität, Russen, Polen und Spanier, zugleich den inbrünstigsten Marienglauben pflegen und daß gerade sie für erotische Regungen besonders empfänglich sind? Die erotische Seite der Seele bedarf der weiblichen Gottheit, der Heiligung des schöpferischen Weibes. Wo Eros und Religion sich trennen, wird er gemein und sie erkaltet.

Neben dem Marienkult bietet die mittelalterliche Mystik Beispiele dafür, daß die Schöpfungswonne auch inmitten der christlichen Kultur hin und wieder erlebt worden ist. Nonnen träumen davon, daß sie von Gott schwanger seien und daß ihnen die Geburt des Jesusknaben bevorstehe. Andere geloben: Dir, Jesus, weihe ich meine Keuschheit. Sie wollen durch ihn unkeusch werden. Von Christina Ebner wird erzählt, daß sie von der göttlichen Gnade besessen und beschwert war »wie eine schwangere Frau von einem Kinde«. Margarete Ebner legte die Christusstatue an ihr nacktes Herz, »um Jesum zu säugen«. In der Vision erlebte sie mütterliche Umarmungen mit dem Christusknaben. Damit kommt in die Mystik eine fremde Note hinein. Denn das Wesen der Mystik erschöpft sich im Streben nach Verschmelzung von Gott und Mensch. Die Seligkeit der Befruchtung, des Gebärens, des Werdens und der mütterlichen Liebkosung gehört in den Bereich der Schöpfungswonne.

Wenn sich der dionysische Gedanke gegen männliche Denkart nicht mehr behaupten kann, rächt er sich, indem er Ausschreitungen stiftet. Wie im römischen Isistempel zu Pompeji ging es in manchen christlichen Klöstern des Mittelalters zu. Die grausamste Rache des Dionysos an einer erosfeindlichen Welt ist der *Hexenwahn* des 16. und 17. Jahrhunderts. Ihm blieb es vorbehalten, die Pornographie der Schöpfungswonne zu liefern. Er hatte, wie die Mythen der Naturreligionen, die Richtung auf das Übernatürliche, aber auf die Nachtseite des Göttlichen, auf die Satanie. Dionysos stand wieder auf als – Teufel. Der Teufel ist der Geschlechtsgott der Christenheit und die Hexen sind seine

Hetären. Sie haben – verkrüppelte Fruchtbarkeitsdämonen – mit ihm einen festen Bund auf Buhlschaft geschlossen, das unheilige Gegenstück zum Bunde Gottes mit dem »neuen Israel«. Der Besen, auf dem sie reiten, stellt den Phallus dar. Der Teufel selbst trägt Hörner, wiederum phallische Gebilde, und er hat den Leib eines Bockes wie die Satyrn, die den thrakischen Gott umgaben. Der Bock ist bei den Griechen das Sinnbild geschlechtlicher Kraft, wie bei den Ägyptern und Kretern der Stier. Schon durch seine äußere Gestalt also weist sich der Teufel als Nachfahre des Dionysos aus. Wie dieser mit seinen Bacchantinnen rast er mit seinen Hexen durch Nacht und Gebirg, beide Dämonen der Weiber und des Geschlechts. So auffällig sind die Ähnlichkeiten, daß später die Vermutung laut werden konnte, Kleriker hätten die Kenntnisse, die sie von den Dionysien aus antiken Schriftstellern besaßen, bewußt dem Hexenglauben beigemischt. Doch ein Riesenunterschied ist da: Der Teufel ist nicht der saftige, fruchtspendende Gott der Antike, sondern ein geächteter Unhold, hinabgestoßen in Schmutz und Sumpf, durch den sich der Liebesgott im christlichen Zeitalter der Geschichte hatte ziehen lassen müssen. Jetzt ist alle Geschlechtlichkeit in den Dunst des Ekels getaucht, zur Sünde gestempelt und dennoch von unwiderstehlicher Gewalt. Jetzt heißt die Schöpfungswonne Hexerei. Dasselbe Erlebnis, das nach Heiligung verlangt, wird entgegengesetzt bewertet, und seine Betätigung wird als Satansdienst verfemt. Der Hexenspuk ist Dionysoskult mit negativem Vorzeichen und eingeschlossen in die Traumwelt überhitzter Gehirne, keine freie, rauschhafte Lebensbejahung, sondern Geschlechtskrampf, Eros mit schlechtem Gewissen, lüsternes Pflücken verbotener Gedankenfrüchte. Wenn Chronisten berichten, man habe auf offenem Feld 6000 Teufel und Hexen miteinander Unzucht treiben sehen, so wird man an die Massenpaarungen erinnert, in die der Orgiasmus natürlicher Fruchtbarkeitsfeste tatsächlich auslief. Diese Kulte lebten in der Zeit des Hexenwahns als äußeres Geschehnis nicht wieder auf, wohl aber als Mythos, als innere Begebenheit, als Tatsache in der Welt der Vorstellung, den gleichen Seelenzustand enthüllend wie die Tatsachen in der Welt der Erfahrung.

Durch die Betonung des Geschlechtlichen unterschieden sich die Hexen von den heidnischen Geistern, mit denen sie der Volksglaube in Beziehung setzte, indem er die Treffplätze der Hexen und die alten Kultstätten der Vorzeit zusammenlegte. In der Tiefe hing der Hexenwahn mit den Eigenheiten der weiblichen Natur zusammen. Nur die Frau stand im Verdacht, mit übernatürlichen Wesen geschlechtlichen Umgang zu pflegen, und nur sie schien in Versuchung zu sein, diesen Umgang zu suchen. Etwas in ihr erteilte dem martervollen Wahnsinn das heimlich-unheimliche Placet. Etwas Unwiderstehliches trieb sie an, den Hexen nachzueifern und ihresgleichen zu werden. Nur so ist es zu erklären, daß Frauen selbst an ihre Buhlschaft mit dem Teufel glaubten. Von Männern angeklagt gestanden sie, nicht nur in der Folter, die lustvollen Einzelheiten ihrer Schande ein. Sie bezichtigten sich einer Schuld, um sich die Erfüllung ihrer brennendsten Wünsche vorzutäuschen. Nach dem Hexenhammer hat eine von ihnen behauptet, die Lust der Teufelsliebe sei so groß wie von tausend Männern zusammen! Der Hexenglaube genügte den Weibern nicht mehr, sie wollten den dionysischen Kultus selbst, und sei es verzerrt und gebrochen. Weil sie ihn nicht hatten, logen sie ihn sich und ihren Richtern vor, bereit, die Steigerung des Geschlechtlichen ins Übernatürliche, die sie nicht missen konnten, mit der Qual des Feuertodes zu erkaufen. Hier öffnen sich unterste Schichten der weiblichen Seele: So eng verknüpft das Weib den sinnlichen Akt mit den übersinnlichen Mächten, daß es Religion und Erotik, falls sie sich nicht in göttlichem Lichte verschmelzen dürfen, lieber noch im Zeichen Satans zusammenbindet, als eine Trennung zuzulassen. Der Eros darf sich nicht vom transzendenten Weltgrunde lösen – dies ist die Überzeugung der Frau. Deshalb kämpft sie erbittert um ihr Mysterium der Schöpfungswonne, um die ihr eigene Form der Religion. Während des 16. und 17. Jahrhunderts wird dieses Mysterium von den Hexen verteidigt, aber nicht im Himmel, sondern im Nachtbereich der Hölle. Den Himmel hatte der christliche Mensch jener Zeit dem erotischen Weibe versperrt. Weil es sich nicht als Heilige der Naturreligion ausleben durfte, wurde es Hexe!

Inmitten der christlichen Vorstellungswelt wirken die Naturreligionen bis auf den heutigen Tag in manchen *Volkssitten* und *Volksanschauungen* fort, deren religiöser Ursprung sich meist in das Dunkel der Vergessenheit verlor. In der Heimat des Dionysos, in Thrakien, werden dionysische Riten mit Phallus und Männern in Ziegenfellen gefeiert. In anderen Gegenden besteht der Erntebrauch, daß Kornbinderinnen der Puppe des »Alten«, der den Korndämon vorstellt, einen groß aufgerichteten Phallus mit einer roten Aster ansetzen und ihm Kartoffeln als Hoden anfügen; oder sie machen die Garbenpuppe, die »Alte«, besonders dick zum Ausdruck der Gebärkraft oder sie nennen die letzte Garbe, die die Kornmutter verkörpert, die Hure, weil diese das Urbild fesselloser Geschlechtlichkeit und üppigen Pflanzenwachstums ist. Anderwärts fertigen Bräute vor der Hochzeit aus Ähren den »Alten« an, eine Puppe mit stark hervorgehobenem Glied, die wie ein Heiliger geküßt, mit an den Festtisch gesetzt und bewirtet wird. Bezeichnenderweise sind es Frauen (Binderinnen, Bräute), die diese Sitten bewahren. Aus der weiblichen Anlage schießt das naturreligiöse Bedürfnis hervor, die Fruchtbarkeit der Natur und des eigenen Schoßes mit übersinnlichen Mächten zu verknüpfen. Um reichen Getreidesegen zu erlangen bildete sich die Sitte des Brautlagers auf dem Acker, heute meist abgeschwächt zu dem Brauch, einen Mann und ein Weib umschlungen auf dem Felde sich wälzen zu lassen. Dieser Sitte liegt die Vorstellung zugrunde, daß die Befruchtung des Weibes und der mütterlichen Erde ein und denselben untrennbaren Vorgang bilde. Die menschliche Begattung hat dann den Sinn eines Bittopfers an die dionysische Gottheit, um deren Willen und Kraft zur Befruchtung anzuregen. Hetärische Anschauungen aus der Naturreligion brachten den Volksglauben auf, einer öffentlichen Dirne zu begegnen bedeute Glück, einem Priester, einem Mönch oder einer Nonne zu begegnen Unglück. (So in Altindien, im klassischen Altertum, in Deutschland, England, Frankreich,

Schweden.) Diese Volksmeinung wertet mit den Maßstäben der Mutterreligion und setzt sich der Ethik der Erlösungsreligionen schroff entgegen. Wer die Geschlechtlichkeit rückhaltlos bejaht wie die Dirne, verheißt Glück; wer sie asketisch verneint, verheißt Unglück. Beide Male wird das Verhältnis, in dem die angetroffene Person zum Geschlechtlichen steht, in Beziehung gesetzt zu den Ereignissen der Zukunft, mittelbar also zur Gottheit, welche die Menschenschicksale formt. – In der Barockzeit maßten sich die Landesfürsten das jus primae noctis an; die Braut mußte sich ihnen hingeben, bevor sie sich dem Gatten überließ. Dieser landesherrliche Anspruch hätte sich nirgends, auch nicht zeitweise, durchsetzen lassen, wenn er nicht auf heimliche Zustimmung der weiblichen Natur gestoßen wäre, auf dumpfe Erinnerungen an die Pflicht, die dem heiratslustigen Weibe in den Naturreligionen obliegt. Das Bürgermädchen der Barockzeit muß ein unbestimmtes Gefühl dafür gehabt haben, daß der Eintritt in die Ehe durch das Keuschheitsopfer zu erkaufen sei. Nur war es jetzt nicht mehr der Priester, sondern der Landesfürst, der das Opfer entgegennahm.

Es ist wenig bekannt, daß es *christliche Phallusheilige* gibt, auch heute noch, und nicht einmal in geringer Zahl. In Triani, im Königreich Neapel, wurde im Karnevalszug eine alte Holzfigur mitgeführt, den Priapus darstellend, mit so gewaltigem Glied, daß es bis zum Kinn reichte. Il Santo membro hieß die Statue im Volksmund. Als zu Anfang des 18. Jahrhunderts der Erzbischof Joseph Davanzati den alten Brauch aufhob, murrte das Volk, am meisten die Weiber, die sich das letzte Erbstück der Mutterreligion nicht rauben lassen wollten (Dulaure, Divinités génératrices, S. 219). In Osternaria wurden Wachsphalli der Heiligen Kosmas und Damianus sogar von Geistlichen verkauft. Frankreich und Belgien beherbergen noch heute eine stattliche Zahl christlicher Heiliger mit starkem, wundertätigem Phallus, St. Fautin, St. Gréluchon, St. Guignolé usw. Diese Heiligen – glaubt das Volk – machen Frauen fruchtbar, feuern nachlässige Gatten und Liebhaber an und heilen verunglückte Liebesritter von Geschlechtskrankheiten. Frauen, die sich Kinder wünschen, schaben sich vom Holzphallus der heiligen Statue gern etwas ab und schlürfen es in Getränken ein. In Rocadour gab es einen phallisch wirksamen Türriegel, auf den die Frauen ihre Liebeswünsche küßten. Auch hier sind es wieder Frauen, die sich von den aus der Naturreligion stammenden Gebräuchen am stärksten angezogen fühlen.

An die orgiastischen Kulte erinnert im christlichen Europa das Narrenbischofsfest und ähnliche Tollheiten, die unter Führung der Geistlichkeit, zum Teil sogar in den Kirchen, ausgerast wurden. Das größte dieser dionysischen Feste ist der *Karneval*. Kein Zufall, daß man ihn gerade in katholischen Städten – Nizza, Venedig, Köln, München – am ausgelassensten feiert. Die katholische Kirche hat die Bedürfnisse, die der Schöpfungswonne entquellen, nie so brüsk und endgültig abgewiesen wie der Protestantismus mit seiner strengen Sachlichkeit und seinem männlichen Ernst. – Zum Karneval gehört die Freigabe der Geschlechtslust.* Aubanus erwähnt Personen, die beim Fasching nackt umherliefen und mit Weibern ihren Schalk trieben, gleich den römischen Jünglingen bei den Luperkalien. Wie allen dionysischen Feiern, so ist auch dem Karneval die Forderung der allgemeinen Gleichheit eigen, vor der die künstlichen Schranken zwischen den Festteilnehmern stürzen. Kulte der Schöpfungswonne sind immer Feste der Verbrüderung. Den religiösen Ursprung des Karnevals verraten auch Maskierung und Kleidertausch. Masken wurden schon bei den Dionysien getragen wie heute bei den Totentänzen der Indianer. Die Maske stellt den Fruchtbarkeitsdämon dar, zu dessen Ehren die Feier verrauscht, und der Maskentanz ist das Mittel, ihn günstig zu stimmen. Auch die Sitte, sich in das Gewand des anderen Geschlechts zu verkleiden – sie war namentlich früher vom Faschingstreiben nicht

* Über die große geschlechtliche Unzucht beim Fastnachtstreiben, besonders in Deutschland und in der Schweiz, gibt Hoffmann-Krayer im Schweizer Archiv für Volkskunde I, 131 einen Überblick.

wegzudenken – reicht weit zurück in religiöse Vorstellungen. Bei manchen Aphroditefesten war Kleidertausch üblich. Das Fest der bärtigen Aphrodite von Cypern wurde von den Frauen in Männerkleidung und von den Männern in Frauentracht gefeiert. Plutarch schildert das ausgelassene Fest der Hybristika, wobei Weiber Männerkleidung und Mantel, die Männer Frauengewand und Schleier tragen. Die Priester der Kybele amtierten in Frauenkleidung. Gemeinsamer Sinn dieser Bräuche ist, einer androgyn gedachten Gottheit ähnlich zu werden. Der religiöse Transvestitismus mit seiner Vereinigung weiblicher und männlicher Elemente deutet die Doppelgeschlechtlichkeit an, die nur übersinnlichen Mächten als Vorzug und Merkmal ihrer Fülle zukommt. – Wie der Karneval ist die Rauhnacht, die man in Gebirgsgegenden feiert, ein Fest der Naturreligion. Der erotische und religiöse Schauer berühren sich in ihr; die Nächtlichkeit des Treibens ist ein dionysisches Element und wendet sich vertraulich wieder an die weibliche Natur.

Besonders merkwürdige Anklänge an die Naturreligion bietet die Sekte der *Mormonen* und die nordrussische Sekte der *Chlysten*. Die Mormonen glauben, daß die Götter in Vielehe leben, Gott mit Eva und Maria, Christus mit Martha und Maria von Bethanien. (Hierbei wird die Bibelstelle Joh. 11, 5 mißverstanden oder mißbraucht.) Die von den Göttern massenweise gezeugten Geister suchen irdische Behausung in der Menschengestalt. Daraus wird die religiöse Pflicht zur möglichsten Emsigkeit im Geschlechtlichen abgeleitet, die die Einehe ausschließt und die Vielehe fordert. Hinter dieser verschrobenen Beweisführung verbirgt sich nichts anderes als das erotisch-religiöse Urerlebnis der Naturreligion, das sich christlich zu legitimieren sucht.

Die Sekte der Chlysten (= Geißler, vom russischen chlyst = Peitsche), gegründet von Danila Philipow, war anfänglich streng asketisch. Unter ihren zwölf Geboten stand an sechster Stelle die Vorschrift: »Heiratet nicht; wer aber verheiratet ist, lebe mit dem Weib wie mit einer Schwester.« Sie geißelten sich, um das sündige Fleisch zu schwächen (daher der Name). Sie fasteten, Auserwählte bis zu vierzig Tagen, und sie brandmarkten den geschlechtlichen Umgang und das Kindergebären als größte Sünde, die den Zugang zum Himmelreich versperre. Von zwei Chlysten erzählt I. Aiwašow (Miss. Rundschau 1901, S. 197), sie hätten sich geweigert, an der Beerdigung ihres Vaters teilzunehmen; er sei ihr Feind, denn er habe sie gezeugt. Mit der Zeit entwickelte sich die Sekte aus Gründen, die nicht aufzuklären sind, in ihr striktes Gegenteil. Es kam die Sitte auf, beim Gottesdienst paarweise nackt zu tanzen. Ferner bildete sich der Brauch, daß die Männer eine geistliche Schwester, die Frauen einen geistlichen Bruder nahmen. Diese Beziehungen verließen ihren platonischen Ausgangspunkt und wurden schließlich erotisch. Durchaus unasketisch ist das spätere Dogma der Chlysten, der Geschlechtsverkehr sei erlaubt, er sei Liebe, nicht Sünde, aber unter Eheleuten sei er die abscheulichste Verfehlung. »Wenn jeder Mensch, welcher in solcher fleischlichen Liebe verharrt, nicht heiratet, so ist es keine Sünde; wenn er aber in solcher fleischlichen Liebe lebend heiratet, so ist es eine überaus schwere Sünde.« (Aus einer Zeugenaussage des großen Moskauer Chlystenprozesses von 1748, der das meiste urkundliche Material über die Sekte lieferte.)

Diese merkwürdige Lehre schien den wenigen Forschern, die sich mit den russischen Sekten befaßten, unlösbare Rätsel aufzugeben. Sie wird nur verständlich, wenn man sie als elementaren Durchbruch hetärischer Religionsüberzeugungen ansieht: der Eintritt in die Ehe als Sünde, weil er die wahllose Vermischung der Geschlechter beschränkt, an der sich die Liebesgötter erfreuen und stärken. Von dieser Grundauffassung aus ist auch der chlystische »Ritus der Liebe Christi« zu erklären. Wenn der Gottesdienst der Chlysten in der radenje, im ekstatischen Tanz, seinen Höhepunkt erreicht, löschen sie – so heißt es – die Lichter aus und ergeben sich wahlloser Massenpaarung. Da hierbei die Vorstellung waltet, der Geist Christi selbst verkuppele die Paare, wird der Orgiasmus »Ritus der Liebe Christi« genannt. Außenstehende, besonders die orthodoxe Kirche, tauften ihn swalnij grech, gemeinsame Sünde (eigentlich Sünde des Beisammenliegens, von swaljiwatsja – zusammengewalkt werden, sich zusammen hinlegen). Der Glaube, die Gottheit selbst treibe zur Wollust an, und die unausgesprochene Erwartung, daß sie sich daran erfreue, liegen ganz im Sinn der Naturreligion. Religiöse und erotische Erregung fallen zusammen: das Übersinnliche wird im Aufruhr der Sinne gefühlt; Gott offenbart sich in Eros.

Zu dieser Stimmung paßt der Kultus, den die Chlysten mit ihren »Gottesmüttern« treiben. Ein fünfzehnjähriges Mädchen wird zur Gottesmutter gewählt und genießt göttliche Verehrung. »Von dir wird Christus geboren werden« singen die Sektierer. Nackt thront sie während des Kults auf erhöhtem Platz unter Heiligenbildern. Die Gläubigen verneigen sich vor ihr bis zur Erde, bekreuzigen sich, küssen ihr Fuß, Hand und Brust. Sobald sie – nach einem swalnij grech – schwanger ist, wird ein grausamer Blutritus an ihr vollzogen. Ihr wird die linke Brust abgeschnitten und die Wunde mit glühendem Eisen ausgebrannt. Das abgeschnittene Fleisch wird in feine Scheiben zerlegt, mit denen die Sektierer das Abendmahl begehen. »Laß uns mit deinem heiligen Leibe kommunizieren« lautet der Kultgesang. Die Feier schließt wieder mit dem swalnij grech. Gebiert die Gottesmutter ein Mädchen, so wird es ihr überlassen, damit sie es zur Gottesmutter erziehe. Gebiert sie einen Knaben, so wird er Christus'chen genannt, am achten Tag mit einer Abendmahlslanze an der linken Seite geschlachtet, und mit seinem warmen Blute wird kommuniziert.

Diese Dinge sind umstritten. Wo verläuft die Grenze zwischen Tatsache und Gerücht, zwischen Kultus und Mythus? Nur das eine ist sicher: Der Kultus mit der Gottesmutter, die Anbetung der weiblichen Nacktheit und des gebärenden Leibes ist bis zum Rande mit Erotik geladen, die der chlystischen Sekte in ihrer späteren, vielleicht nicht allgemeinen Gestalt die Merkmale der Naturreligion aufprägt. Deshalb hat der Gottesdienst der Chlysten die Frauen in besonderem Maße angezogen. Ihr zahlenmäßiges Übergewicht über die männlichen Mitglieder der Sekte fällt auf und erreichte in den neu entstehenden Chlystennestern das Verhältnis von 10 : 1 (nach P. Jakobi, Religiös-psychische Epidemien, 1903). Eine besondere Seite der chlystischen Lehre war, daß sie den Mönchsrang nicht anerkannte. Dadurch machte sie auf Nonnen Eindruck und lockte nicht wenige von ihnen aus der Askese in die Erotik zurück. In dem schon erwähnten Moskauer Chlystenprozeß sind auffallend viel Nonnen verwickelt, die eingestanden, mit ihrem geistlichen Bruder den Ritus der Liebe Christi, allerdings abseits vom swalnij grech, in der Stille der Klosterzelle vollzogen zu haben.

Man wird der chlystischen Sekte nicht gerecht, wenn man in ihren geistlichen Übungen nur Sittenfäulnis und Verkommenheit vermutet. Das Merkwürdige ist ja gerade, daß bei den Chlysten religiöse und erotische Erregung aneinander wachsen, daß der kultische Tanz die geschlechtliche Begierde erst entzündet und sie immer heftiger anbläst, bis sich die religiöse Ekstase zuletzt in den Orgiasmus des swalnij grech entlädt. Der in den kultischen Wirbel hineingerissene Sektierer muß die geschlechtliche und religiöse Aufwallung als gleichartig, mehr noch: er muß sie als untrennbare Einheit empfunden haben. Aus geheimnisvollen Tiefen, verdeckt von christlich-asketischen Vorstellungen, brechen Erlebnisse der Naturreligion hervor und stürzen in eine Welt, von der sie nicht mehr verstanden werden.*

Außerhalb des christlichen Kulturkreises haben sich *Kulte der Schöpfungswonne* an einigen Stellen Asiens und bei einigen Naturvölkern Amerikas, Afrikas, Australiens und Polynesiens erhalten. In Japan haben die öffentlichen Dirnen in den Umzügen, die am Geburtstag des Kaisers stattfinden, den ehrenvollen Vorantritt. In Yoshiwara veranstalten sie alljährlich eine feierliche Prozession. So wird die Erinnerung an das Tempeldirnentum gehütet. Auch der Phalluskult soll in Japan noch nicht ganz

* Was aus der Sekte seit 1917 geworden ist, habe ich nicht ermitteln können.

ausgerottet sein. Schließlich weist die Bezeichnung »Mutterland« für Heimat auf naturreligiöse Vorstellungen. In *Indien* ist die brahmanisch-vedische und die hinduistische Religion durch und durch mit Geschlechtlichkeit getränkt. Seit den Tagen der ältesten Upanishads werden die Wonne der Begattung und des Versinkens im göttlichen Urgrund oder im Nirwana einander gleichgestellt. Das Seelen- und Fruchtbarkeitsfest Dīpāvali verläuft dann der Vorschrift gemäß und bringt dann Segen und Glück über das Volk und den einzelnen, wenn »es dadurch herzentzückend ist, daß Männer und Frauen in toller Ausgelassenheit dem Würfelspiel, dem Rauschtrank und der Umarmung obliegen« (Bhavishyottarapur. 140, 18). Die Purānas verherrlichen Krishna als unersättlichen, ehebrecherischen Wollustsucher; einige von ihnen stellen für das Fest des Bali die zügellose Paarung ausdrücklich als Vorbild und Muster hin. Die großen Gottheiten Čiva und Pārvati schwelgen nach indischer Auffassung ganze Äonen hindurch in einer einzigen Begattung – wie die Urgottheit australischer Stämme. Mit diesen religiösen Vorstellungen hat Indien noch nicht ganz gebrochen. Das Holifest zu Ehren des Liebesgottes Kama ist in seiner orgiastischen Natur geblieben. »Die strengen Bürgersfrauen«, heißt es in einem Bericht, »dürfen sich in jener Zeit nicht aus dem Hause wagen, denn jedes Weib ist Freiwild.« Gewisse Sekten der Čivaisten versammeln sich, Mann und Weib, ledig und verheiratet, im Tempel, und nach vollbrachtem Priesteropfer geben sie sich einer wilden Orgie hin. Die englische Regierung hat viele der alten Bräuche verboten, aber trotzdem halten sie sich noch an manchen Orten. Die Tantrasekten preisen das trunkene Untergehen in Wein und Weib als Verschmelzung mit der Gottheit. Bei den Oraon, einem Bergstamm in Bengalen, wird im Mai die Vermählung des Sonnengottes mit der Erdgöttin gefeiert. Das Fest ist dazu da, daß die beiden Gottheiten fruchtbar seien und gute Ernte gäben. Diesem Zweck dient besonders die Orgie, in der die Feier gipfelt. Die Religion selbst verlangt von den Gläubigen, daß sie sich wenigstens zu diesen Festzeiten so viel wie möglich und mit so vielen wie möglich begatten. Noch vor hundert Jahren fehlten die Frauen kaum bei den saturnalischen Tollheiten des vierzigtägigen Frühlingsfestes in Mewar. In Indonesien hat sich die religiöse Sitte erhalten, durch öffentlichen Geschlechtsakt die Befruchtung der Erde mimisch darzustellen. In den Tempeln des indischen Südens gibt es noch Hierodulen. Lingam und Yoni sind nach wie vor heilige Symbole, vor denen sich Männer und Frauen in Ehrfurcht verneigen ohne die unzüchtigen Gedanken, die ihnen der europäische Beobachter unterschiebt. Im Inder lebt immer noch etwas von den Bekennern der Naturreligion, die glauben, durch geschlechtliche Anspannung die Mächte des Wachstums und des Ackersegens zu erfreuen und zu beleben und die sich, wenn sie ihre Geschlechts- und Zeugungskraft frei entfalten, der Gottheit verwandt oder ebenbürtig fühlen.

Unter den *Naturvölkern* sind erotisch-religiöse Kulte noch weit verbreitet. 300 Kilometer aufwärts des Augustaflusses (Neu-Guinea) sah Neuhaus auf dem Uferfelsen eine in Lehm modellierte Frauenfigur mit auffallend herausgearbeiteter Vulva. Von den brasilianischen Kauna-Indianern schreibt Koch-Grünberg: »Wohl der interessanteste Tanz ist der Phallustanz, bei dem der Akt der Begattung und Befruchtung mimisch dargestellt wird. Trotz der grotesken Bewegungen wird er sowohl von den Tänzern selbst wie von den Zuschauern durchaus ernst aufgefaßt. Er soll im ganzen Dorf, bei Menschen, Tieren und Pflanzen Fruchtbarkeit bewirken. Diese nackten Indianer sind so anständig wie es Menschen sein können; ihre Sittlichkeit steht auf hoher Stufe.« Denselben Tanz vollführen die Feuerlandindianer mit einem vorgebundenen Graswulst als Phallus. Zum Sonnentanz, einem Fruchtbarkeitsritus der Arapaho-Indianer, gehört die geschlechtliche Vermischung des ganzen Lagers. Hochzeiten bei den Baganda in Afrika sind meetings of hell with promiscuous intermingling of the sexes (Anthropos VI, 371). Eine unbeschreibliche Orgie begleitet die Beschneidung bei den Fidschi. Der Zentralaustralier glaubt sich seiner Urgottheit um

so mehr zu nähern, je stärker er sich in seinem Kult geschlechtlich ausgibt; aus religiöser Inbrunst häuft er die sexuellen Akte.
Noch viele Beispiele ließen sich anreihen.

Dem Blick, der den Erdball und die Menschengeschichte umkreist, bieten sich – wie es scheint, zerstreut und ohne Zusammenhang – die Formen und Trümmer religiöser Erotik dar. Sie
sind jedoch nicht die launischen Erzeugnisse des Zufalls, nicht
Merkmale des Rückstands oder Entartung, nicht Irrtümer und
Absonderlichkeiten der menschlichen Natur, sondern sie um-
schließen die eine der beiden großen religiösen Möglichkeiten,
die Religion der Schöpfungswonne, der glutvollen Bejahung des
Lebens, deren matter Ableger die »Lebensphilosophie« der Moderne ist. Diese Religion strahlt um so stärkere Wirkungen aus,
je zutraulicher sich der Mensch der Natur anschmiegt und ihren
Kräften überläßt. Wo er sich die Erde untertan zu machen sucht,
gibt er mit den natürlichen Bedingungen seines Lebens auch die
Anwartschaft auf die Schöpfungswonne hin – für das Trugbild
der Macht. Die Naturreligion wird fast nur noch von den Stäm-
men und Völkern gepflegt, die wir geringschätzig die Primitiven
nennen. Dort gibt es noch Menschen, die sich dem Gotte nah und
verwandt fühlen, wenn sie dieses irdische Leben lieben, das
er ihnen gegeben hat, wenn sie es durch ihn erneuern und an
künftige Geschlechter weiterreichen. Überall weicht die Naturreligion zurück, wo sie mit den Europäern zusammenstößt. Ihre
Bekenner beginnen die rein gewesenen Kulte mit dem zynischen
Lächeln des Abendländers zu betrachten. Sie sehen nun – wie
die ersten Menschen nach dem Sündenfall – die Nacktheit von
Leib und Liebe mit bösen, schuldigen Augen. In Indien läßt sich
deutlich verfolgen, wie die alten dionysischen Kulte von der
besseren Gesellschaft abgelehnt und auf die niederen Klassen
verwiesen werden. Die Schöpfungswonne erstickt am schlechten
Gewissen, mit dem der Europäer die Welt vergiftet. Unter modernen Abendländern gibt es Menschen mit dem Erlebnis der
Schöpfungswonne wohl nur noch vor dem Forum der Psychiatrie. Dort landen manchmal maniakalische Weiber, die sich

für Gottesmütter und Gottesgebärerinnen halten. Ihre seelische Krankheit streift die Kulturwirkung von Jahrtausenden ab und zeigt das Weib im nackten Urstand seines Fühlens. Im heutigen Europäer sind Geschlecht und Gottheit unheilvoll auseinandergerissen, und wohin er tritt, reißt er sie auseinander. Er läßt die Religion der Schöpfungswonne neben dem Erlösungsgedanken nicht als die andere große, gleichberechtigte Offenbarung des Heiligen gelten. Er hat die weiblich-schöpferischen Kräfte sträflich unterdrückt. Nun leidet er an der Unnatur seines selbst gezimmerten Daseins, an seiner Einseitigkeit und an seinen Gefahren. Die Krise der modernen Kultur ist eine Krise des Mannes. Sie ist der Fluch und die späte Folge des römischen Sieges. Vielleicht hält der Osten, dem Rom die Leitung der Menschheit entwand, unter den unschätzbaren Reichtümern seines Geistes auch die Heilmittel bereit, an denen der Westen genesen kann.

Goethe in seiner Aufgeschlossenheit für weibliche Art ahnte das Verhängnis des neuzeitlichen Menschen. Er läßt den alternden Faust, den Bahnbrecher moderner Technokratie, tastend, seiner seelischen Lücke innewerdend, hinab zu den Müttern steigen. Sie sind nichts anderes als die ewigen Bewahrerinnen der Naturreligion. Bei ihnen sucht Faust die verlorene Religion der Schöpfungswonne. Umraunt von Geheimnissen sinkt er in den weiblichen Urgrund der Welt, um sich aus der Lebensquelle zu erneuern. Vom Gipfel der Zivilisation steigt er in den mütterlichen Ursprung zurück. Wird ihm der Mensch des 20. Jahrhunderts folgen?

III

VERSCHLINGUNGSTRIEB UND MAGIE

Vom Urschauder erholt sich die weibliche Natur früher und schneller als die männliche. Wenn sie ihn überwindet, bildet sie die Religion der Schöpfungswonne aus. Die männliche Natur geht einen anderen Weg: Sobald sie über das dämonische Erschauern des erotischen und religiösen Anfangs hinausgelangt, ergibt sie sich im Erotischen dem Verschlingungstrieb und entwickelt sie im Religiösen die Magie. Verschlingungstrieb oder Begierde nenne ich den Trieb, erotisch zu herrschen und zu besitzen. Der Verschlingungstrieb ist keine echte Geschlechterliebe, so wenig wie die Magie echte Religion. Beiden fehlt das Merkmal der Hingabe, ohne das sich wahre Erotik und Religion nicht denken lassen. Auch in der Naturreligion herrscht die Stimmung der Hingabe vor; sie ist dankbar überströmende Bewegung der Lebensfülle, rauschhafte Preisgabe an die Urmächte der Zeugung und Schöpfung – das Gegenstück zu aller Begierde, zu Machtwillen und Besitztrieb. Der Mensch, der sterbliche, als Herr und Nutznießer der Götter, der unsterblichen – das ist der Sinn der Magie. Der Mann, der nur Säende, als Herr und Genießer des Weibes, des fruchttragenden – das ist der Sinn des geschlechtlichen Verschlingungstriebs. Solange die männliche Natur nicht vom Erlösungsmotiv ergriffen wird, zeigt sie sich nicht bereit, sich an ein anderes Wesen – Weib oder Gottheit – entwerdend zu verschwinden. Der Mann will nicht das eigene Ich hingeben, sondern ein fremdes Ich hinnehmen. Er ist der Eroberer in der Erotik. Er will nicht anbeten, sondern angebetet werden. Er will nicht mit fremder Wesenheit zu Neuem und Höherem verschmelzen, sondern sie in sich hineinschlingen.

Der Verschlingungstrieb unterscheidet sich vom mystischen Verschmelzungsdrang dadurch, daß der Verschlingende das eigene Selbst nicht aufgibt, sondern es festhält und es um das fremde Ich zu erweitern und zu bereichern strebt. Er will immer nur das eigene Selbst, vermehrt und gesteigert, aber er sucht nicht die höhere Einheit in der Vereinigung mit einem anderen Wesen. Er bleibt immer die Mitte seiner Welt und seiner Erlebnisse, nicht gewillt, in die Welt eines anderen hinauszuwandern. Wenn der Mann anbetet und sich anbetend der Geliebten oder der Gottheit hingibt oder sich hingebend mit ihr vereinigen möchte, folgt er den weiblichen Antrieben seiner Seele und verleugnet er das Eigentümlich-Männliche, das immer auf Besitz, auf Herrschaft und Unterwerfung gerichtet ist, sei es von Weibern, Göttern oder Dämonen. Der Begehrliche und der magische Mensch stimmen darin überein, daß sie der Frau und der Gottheit in der gleichen Seelenhaltung entgegentreten, nämlich mit dem Willen zur Macht. Dadurch töten sie die erotische und die religiöse Empfindung. Wo die Begierde wütet, kann sich keine Geschlechterliebe, wo der magische Unterwerfungswille wirkt, keine religiöse Demut entfalten. Das Begehrliche und das Magische sind Elemente der männlichen Natur. Sie ist im Grunde auf das Lieblose und auf das Gottlose angelegt, bis in ihr das Erlösungsmotiv aufkeimt und sie umgestaltet.

Kennzeichnend für den Verschlingungstrieb und den magischen Zauberwillen ist die Richtung auf den *Zweck*. Der Begehrliche macht das Weib, der Magier die Gottheit zum Mittel für persönliche Zwecke, das Weib zum Mittel des Genusses, die Gottheit zum Mittel der Macht. Ihr gemeinsamer Herrschaftswille versachlicht. Er entmenscht und entseelt. Er erniedrigt die Person zur Sache, das Weib zur genießbaren Ware, die Gottheit zum lenkbaren Mechanismus. Begehrender und Magier fassen ihr Gegenüber als Objekt auf, als Lust- und als Machtobjekt. Darum kennen sie nicht den eigensinnigen, unerbittlichen Kampf um eine bestimmte geliebte Person und nicht das innige persönliche Verhältnis zu einer als Person gedachten Gottheit. Der

Begehrende kann seine Lustobjekte leicht miteinander vertauschen – bis zur zynischen Wahllosigkeit. Da er nur die Lust sucht, ist ihm daran gelegen, möglichst viele Quellen der Sinnenlust springen zu lassen. Ihm kommt es auf die Zahl an, ein Beweis, wie tief er sich in die Stoffwelt verstrickt. Denn die Zahl, das nur Quantitative, ist das Gesetz des niederen Reiches.

Auch der Magier kommt, wie der Begehrliche, zur Vielzahl statt zur Einheit, zu einem Götterpantheon. Der Polygamie des Begehrlichen entspricht der Polytheismus des magischen Menschen. Zwischen Magie und Vielgötterei besteht Zusammenhang. Nicht jede Vielgötterei ist magischen Ursprungs. Aber das Magische führt mit Notwendigkeit zur Vielgötterei. Da der Magier der Losung aller Machtbegierigen »divide et impera« folgt, zieht er einem allmächtigen Gotte die Vielheit von Göttern vor, die sich gegenseitig in Schranken halten. Aus Machtgier sprengt er den Begriff der göttlichen Einheit und Allheit. Besser viele mittlere und kleine, möglichst menschlich gedachte Feinde als ein einziger, überweltlicher, überwältigender Feind! Mit den vielen kann man einzeln paktieren und sie nacheinander überlisten. Der eine allmächtige dagegen ist schwer zu fassen.

Der Liebende und der Fromme sehen zu einem übergeordneten Wert empor und beten ihn an. Sind sie mystisch gestimmt, so fühlen sie in der Geliebten und in der Gottheit das Gleichartige und Ebenbürtige, mit dem sie eins zu werden wünschen. Der verschlingende und der magische Mensch aber sehen herab. Während der Anbetende immer die Neigung hat, sich zunichte zu machen vor den Angebeteten, will der Begehrende das Begehrte zunichte machen um des eigenen Genusses willen. Die letzte Folgerichtigkeit des Verschlingungstriebes ist der sadistische Lustmord, und das letzte Ziel der Magie ist die zynische Gottesleugnung – beides ein Töten und Vernichten. Bei den Zentralaustraliern haben die Männer vor einem großen Kriegszug schrankenlosen Geschlechtsverkehr, auch mit ihren Schwestern und anderen Frauen, die ihnen sonst versagt sind, »damit ihr Bauch entbrenne«. Das bedeutet: Sie bereiten sich in der Wollust auf das Töten vor. Die rasende Geschlechtswut entflammt ihre kriegerischen Begierden. Der echten Liebe jedoch, der Geschlechter- wie der Gottesliebe, ist es eigen, daß sie das Leben sucht, die Erneuerung und Erhöhung des Daseins. Wo Triebe die Richtung auf den Tod haben, sind sie nicht nur der Liebe bar, sondern dem Wesen der Liebe entgegengesetzt.

Die Liebe will das Geliebte im Glanze des Absoluten sehen. Sie will das Geliebte erhöhen. Der Verschlingungstrieb will es erniedrigen. Das hat schon Platon klar erkannt. Er stellt im Phaedros Sätze über die Liebe auf, die dem, was er im Gastmahl über die Liebe sagt, unvereinbar widersprechen. Im Phaedros hat Platon eine andere Art Liebe im Auge als im Gastmahl. Der Eros des Gastmahls ist jene Liebe, die zur Idee des Schönen, zu der im Welthintergrund schlummernden Harmonie, also zu den Göttern emporführt. Die Liebe des Phaedros dagegen ist nichts anderes als der Verschlingungstrieb. Der Verschlingende will sich das Begehrte unterwerfen. Je machtloser es ist, desto leichter kann er sich seiner bemächtigen. Darum kann Platon von diesem »Liebenden« sagen: »Der Verliebte verträgt es nicht, daß der Geliebte ihm ebenbürtig oder gar überlegen sei... Ja, er wird mit allen Kräften daran arbeiten, daß der Geliebte ihm unterliege und recht hilflos werde... An Mängeln des Geliebten wird der Verliebte sein Vergnügen haben. Er wird kein Mittel scheuen, auf daß der Geliebte recht dumm und gedankenlos bleibe und in allem nur auf ihn blicke, denn so und nur so wird er der Wollust des Verliebten bequem sein. ... Nun, das weiß wohl ein jeder, daß der Verliebte den Geliebten am liebsten ganz bar und beraubt alles dessen wünscht, was wahrhaft kostbar, sinnreich, ja göttlich in unserem Leben ist. Ohne Vater, ohne Mutter, ohne Verwandte überhaupt, so nimmt er ihn gern. Der Liebende wird dem Geliebten jeden Besitz neiden und über jeden Verlust, den er erfährt, strahlen ... Gerade im Verkehr mit dem Verliebten spricht sich so recht der Zwang aus.« Jeder einzelne dieser Sätze mutet wie eine herausfordernde Verhöhnung der echten Liebe an. Aber auf den Verschlingungstrieb treffen sie zu. Denn er selbst ist ja eine Verhöhnung der Geschlechterliebe, ein schlechthin liebloses und kaltes Verhalten, das nur auf den eigenen Genuß erpicht ist, ohne auf die Mitbeglückung des Geliebten die geringste Rücksicht zu nehmen. Das Weib als Beute des männlichen Raubtiers, das sich auf sein Opfer stürzt und es in sich hineinschlingt, das ist der Gegensatz zu aller wahren Erotik.

Der liebende Mensch bemerkt die Grenzen seiner Person und bemerkt sie mit Schmerzen. Der Verschlingende, in sich selbst versponnen, bemerkt sie nicht und will sie nicht bemerken. Was im Objekt seiner Begierde vor sich geht, ist ihm gleich. Daher ist er außerstande, zur Frau eine mehr als sinnliche, eine übersinnliche Beziehung herzustellen. Weil der Verschlingungstrieb nicht Liebe, sondern geschlechtlicher Besitz- und Machttrieb ist, kennt der Begehrliche nicht den Begriff des Liebespartners, sondern nur des Liebesopfers, das er sich tatsächlich, wie Platon so scharf gesehen hat, macht- und hilflos wünscht. Deshalb wird bei niederen Völkern die Liebeswerbung dadurch ersetzt, daß der Werbende die Umworbene durch Keulenschläge wehrlos macht. Ebenso folgerichtig ist es, daß Graf Rambaut von Orange als wirksamstes Mittel, Frauen zu gewinnen, empfiehlt: »Schlagt ihnen mit der Faust die Nase ein!« Für den Verschlingungstrieb und nur für ihn gilt Weiningers Anklage: »Liebe ist Mord.« Eine von Strabon erhaltene arabische Tradition drückt dieselbe Erfahrung in dem Satze aus: »Die Lust des Mannes ermüdet das Weib zu Tode.« Sordel singt von seiner Freude *aucia* domnas, Frauen zu töten; ebenso spielt das englische Wort ladykiller, matter der deutsche Ausdruck »Herzensbrecher« auf die grausame Seite der Liebe an, der »Genußliebe«, des amour-goût Stendhals. Der ihr Verfallene will sich das Begehrte aneignen, um es auszukosten. Er saugt Lustkörper aus, um sie nach dem Genusse fortzuwerfen. Gegenliebe erwartet und braucht er nicht. Im Phaedros läßt Platon sogar die Meinung vortragen, es sei richtiger, den zu begehren, der nicht wiederliebt. – Die Genußliebe ist die magische Liebesart. Auch das

Wesen des Magischen besteht darin, sich fremde, meist übernatürliche Kräfte nutzbar zu machen und äußerstens: sie sich einzuverleiben. Wenn der Wilde von der Leiche des erschlagenen Feindes ißt, so tut er es, um der Kräfte des Toten teilhaftig zu werden. Der Kannibalismus ist magischer Natur. Daher kann die Genußliebe, in der sich der Genießende zu seiner Lust und Lebenssteigerung an fremdem Wesen vergreift, auch als kannibalische Liebe bezeichnet werden.

Auch im Kinde will der Mensch des Verschlingungstriebes immer nur sich selbst. Er liebt in ihm nicht das Sinnbild für das höhere Dritte, zu dem er sich gemeinsam mit dem Liebespartner emporzuläutern strebt, sondern immer nur das eigene Ich. Er will seine eigene Person im Kinde wiederholt und erneuert sehen. Fortpflanzung ist für ihn eine Seite der Selbsterhaltung. Das eigene Wesen vererben – das ist für ihn der Sinn der Zeugung.

Die aus dem Verschlingungstrieb aufschießende Genußliebe ist die Liebesform des reinen Machtmenschen. Er hält sich an den Satz Nietzsches: »Der Mann ist ein Krieger, und das Weib ist die Lust des Kriegers.« Wer überall die Macht und den Genuß der Macht sucht, sucht ihn auch beim Weibe. Die Verachtung des Weibes teilt der Machtmensch mit dem Asketen. Aber es ist nicht dieselbe Art des Verachtens. Der Machtmensch verachtet das Weib unter dem Gesichtspunkt der Kraft, der asketische unter dem Gesichtspunkt der Erlösung. Der erstere verachtet die unterlegene, zum Dienen geborene Magd; der andere verachtet die große Versucherin, die sündige Bundesgenossin des Teufels. Obwohl beide das Weib mißachten, stellen sie sich verschieden zu ihm ein. Der Machtmensch sieht die Frau an mit dem Blick des Eroberers. Er verachtet sie und begehrt sie doch. Der Asket sieht an ihr vorüber. Er meidet, was er verachtet.

Möglich ist, daß auch in der Genußliebe beide Teile auf ihre Kosten kommen. Aber auch dann bleibt die Tatsache bestehen, daß jeder mit seinem Willen zur Lust und nicht in einer Stimmung der Hingabe liebt. Jeder sucht das Seine und findet es. Das ist égoisme à deux und hat nichts mit der tiefen, metaphysischen Sehnsucht zu tun, die zwei Wesen zueinander treibt, damit sie ein Ganzes werden. – Die Genußliebe beruht auf dem selbstherrlichen Willen des Menschen. Oft erregt sie künstlich – als Genußquelle – die ruhende geschlechtliche Kraft. Nur dem Menschen ist dieser Mißbrauch seiner Sinne möglich und nur er leidet an der chronischen Überreiztheit, dieser Folge des eigenmächtigen Spiels mit dem Triebe. Durch ihre Willkür unterscheidet sich die Genußliebe von der Notdurft, von der Getriebenheit des Tieres, dessen geschlechtliche Drangsale an bestimmte Brunstzeiten gebunden und dem freien Willen entzogen sind. Notdurft und Genußliebe verhalten sich zueinander wie Hunger und Feinschmeckerei. Der tierischen Triebnot fehlt das Lukullische.

Die Genußliebe tritt auch in feineren Formen auf, ohne dadurch ihr Wesen zu verändern. Der Begehrende sucht dann den anderen nicht um des leiblichen Genusses willen, sondern in anderer, stets aber eigensüchtiger Absicht. Er braucht einen Hörer der eigenen Selbstgespräche, einen Genossen der äußeren Einsamkeit. Er bedarf fremden Umgangs, um der Betäubung, der Zerstreuung, der Tröstung und der Belehrung willen. Es lassen sich viele Spielarten denken. Gemeinsam ist ihnen, daß jemand in seine Welt, von der er nichts aufgeben will, einen anderen hineinzieht, um dadurch zu wachsen und zu gewinnen. Hier fehlt das Hinausstreben aus der eigenen Welt in höhere Zustände des Lebens, wie es der echten Liebe eigen ist. Deshalb zieht den Liebenden im Gegensatz zum Begehrlichen nicht das Macht- und Hilflose, sondern das Überlegene, das Vollkommene oder vollkommen Scheinende an.

Wo der Verschlingungstrieb am Werke ist, wird das Weib aufgefaßt als einzuschließender Besitz des Mannes. Frauen werden dann in die Ehe geraubt als Beute oder gekauft als Ware. Sie werden dem Gastfreund als Geschenk überlassen wie in Hellas. Witwen folgen dem Gatten in den Tod wie in Indien, weil sie sich als sein Eigentum betrachten, auf das er im Jenseits nicht verzichten soll. Mitunter maßt sich der Mann das unbeschränkte Recht über Leib und Leben des Weibes an. So gewährte das altrömische Recht dem pater familias das jus vitae ac necis an der eigenen Frau. Unter Fidschi-Insulanern ist es statthaft, daß Männer ihre Frauen töten und aufessen. Viele Naturvölker sehen nur den Ehebruch der Frau als anstößig an, während sie dem Mann volle Liebesfreiheit gewähren, eine Unterscheidung, die in unserer doppelten Geschlechtsmoral wiederkehrt. Im Geltungsbereich des Islam endlich ist die Frau nichts als eine feile Ware der Lust (Koran, Sure II, 223). Das Paradies wird als Bordell gedacht, die Engel (Huris) als hörige Geschlechtswesen, die als Jenseitsbelohnung auf den Mann warten wie die Haremsfrau auf den Wink ihres Gebieters. Überall, wo die Frau in eine derart unwürdige Stellung herabgedrückt wird, bestimmt der männliche Verschlingungstrieb das Geschlechtsverhältnis und gibt er der Gesellschaft das Gepräge. Seltsam ist es, daß die Genußliebe als die eigentümlich männliche Ausdrucksform des Geschlechtlichen heute am krassesten gerade die Gebiete beherrscht, in denen einstmals die Mutterreligion gediehen, die blutvollen Kundgebungen weiblichen Fühlens. So hat sich der Mann gerächt für seine matriarchalischen Demütigungen. Aber auch außerhalb des Orients ist die Genußliebe, oft verschleiert und sich verbergend unter einer verlogenen Romantik, die meist verbreitete, die eigentlich vulgäre Liebesart.

Diese Tatsache hat bis in die Wissenschaft hineingewirkt und zu einseitigen Beurteilungen der Erotik Anlaß gegeben. Man dachte vielfach nur an den Verschlingungstrieb, wenn man von Geschlechterliebe sprach. So konnte sich die Meinung bilden, der selbst ein Denker vom Range E. v. Hartmanns beitrat: Liebe sei Erweiterung und Verfeinerung der Selbstsucht, Aufnahme des anderen in das eigene Selbst. Alle Theorien, die den Altruismus aus dem Egoismus erklären, haben hier ihre Wurzel. Die Geschlechterliebe aber ist nicht nur gesteigerter Selbsterhaltungstrieb. Auf derselben Linie egozentrischer Verengung liegt die Kantsche Ehedefinition: Ehe als »Vertrag auf gegenseitige Benutzung der Geschlechtseigenschaften«, wohl das liebloseste Wort, das jemals über die Ehe gefallen ist. Wenn jeder der Ehegatten nur an sich selbst und an seine Beglückung denkt, den anderen zum Mittel macht und nur den leiblichen Gebrauchswert an ihm schätzt, steht die Ehe völlig im Bann des Verschlingungstriebes und unterscheidet sich von den ehelosen Arten der Genußliebe in nichts. Auch die Art, wie der Amerikaner I. G. Kiernan den biologischen Vorgang der Konjugation würdigt – Konjugation als Verschlingung eines Lebewesens durch ein anderes, als Hunger, als Kannibalismus –, ist darauf zurückzuführen, daß er sich nur des Verschlingungstriebes bewußt ist. Er zieht das, was er als geschlechtliche Selbstverständlichkeit an den Menschen seiner Zeit wahrnimmt, in das niedere Leben hinein. So kommt er dazu, die einheitliche Wurzel von Hunger und Geschlechtstrieb zu vermuten, eine Annahme, die auf die Geschlechterliebe niemals zutrifft. Diese stammt aus ganz anderen Bezirken und kann nicht aus Egoismus abgeleitet werden. Ihr Wesen ist Hingabe und Entselbstung, nicht Hinnahme und Selbstbehauptung.

Schließlich hat das Vorherrschen des geschlechtlichen Verschlingungstriebes und die Seltenheit echter Erotik in der christlichen Kirche schwere Verwirrungen angerichtet und Irrtümer von welthistorischer Bedeutung geweckt. Mit Recht wollte die christliche Theologie die Genußliebe diffamieren. Deshalb lehrte sie, die innere Absicht derer, die den ehelichen Geschlechtsakt vollziehen, dürfe nicht auf Lust, sondern nur auf Zeugung gerichtet sein, ein Satz, den schon die mosaische Religion anerkannte, den Augustin betonte und Luther beibehielt. Die christliche Kirche läßt also nur die natürlichen Funktionen des geschlechtlichen Umgangs gelten und trennt sie ab von allen höheren Zwecken und Sinnzusammenhängen. Damit aber trifft sie nicht nur den Verschlingungstrieb, sondern auch die echte Erotik. Sie entgöttlicht die Geschlechterliebe, verwechselt den Genuß, dem der Verschlingungstrieb nachjagt, mit der Seligkeit, die der Eros gewährt. Um die Lust und die Sucht nach Lust anzuprangern, trübte sie den Quell der erotischen Erlösung. Das wäre nicht möglich gewesen, wenn den Verkündern dieser Lehre das wahre Wesen der Geschlechterliebe und nicht bloß die häßliche Wucherung der Genußliebe vor Augen gestanden hätte. Die asketischen Richtungen anderer Religionen sind in den gleichen Fehler verfallen. Darum ist es von größter Wichtigkeit, Erotik und Genußliebe ebenso scharf gegeneinander abzugrenzen wie Religion und Magie.

Dem magischen Menschen liegt nichts daran, die Götter umzustimmen oder zu gewinnen, sondern er will sie *zwingen*. Das ist die grundlegende und wichtige Erkenntnis, die wir Frazer verdanken (The Golden Bough, I, S. 224 ff.). *Das Wesen der Religion ist Hingabe, das Wesen der Magie ist Zwang.* Dasselbe, was den Verschlingungstrieb von der Geschlechterliebe abhebt, unterscheidet die Magie von der Religion: Der selbstherrliche Wille, der die Hingegebenheit der Seele ausschließt. Der magische Mensch verhält sich zum religiösen wie der begehrliche zum liebenden. Freilich, was sich gedanklich scharf trennen läßt, berührt und vermischt sich in der Wirklichkeit nicht selten. Wie viel ist in der Erotik nicht Liebe, sondern Verschlingungstrieb, Wollust des Vergewaltigens, und wie viel ist in der Religion nicht Frömmigkeit, sondern Magie!

Als der Mensch zum ersten Mal mit den übernatürlichen Mächten zusammenstieß, wich er erschauernd vor ihnen zurück. Auf dem Wege, dieses erschreckende Urerlebnis zu verwinden, haben sich fortan zwei Seelentypen herausgebildet, die in ihrer Gegensätzlichkeit heute wie immer die Geistesgeschichte bestimmen: der Magier und der Priester, der Machttypus und der Typus der Erlösung. Der Magier* will das Übernatürliche zuerst vertrei-

---

* Das Wort Magier bezeichnet ursprünglich einen medischen Stamm (Herodot I, 101), der anscheinend mit priesterlichen Verrichtungen betraut war wie in Israel die Leviten. Gleichgesetzt werden Magier und Zauberer im astrologischen Schrifttum der hellenistischen Zeit (Ostanes).

ben, sodann sich dienstbar machen; zuletzt versucht er, es in Formeln und Praktiken aufzulösen und als Wirklichkeit zu leugnen oder zu entwerten. Der Priester dagegen beugt sich vor den überweltlichen Mächten, und zugleich fühlt er sich mit ihnen verwandt. Er spürt eine Art Seele in ihnen, an die er sich in Gebet und Opfer wendet, darauf bauend, daß sie ihn erhören. Das Verhältnis des Magiers zu den Göttern ist Feindschaft, das des Priesters Vertrauen, welches der Liebe zur Gottheit den Boden bereitet. Im Urschauder wird der Mensch seiner Grenzen inne. Daraus ziehen Magier und Priester entgegengesetzte Folgerungen. Der Magier stemmt sich in trotzigem Selbstbehauptungswillen den übernatürlichen Gewalten entgegen und meint, er vermöge seine menschliche Macht über sie zu erstrecken. Der Priester hält diesen Versuch nicht nur für verfehlt, sondern für die größte sittliche Verfehlung. Er fügt sich den übersinnlichen Mächten und gewinnt gerade aus dieser demütigen Unterwerfung seine dauerhaftesten Kräfte. Der Magier sucht persönliche Macht, der Priester göttliche Gnade und Erbarmen. Ewig und unversöhnlich ist die Spannung zwischen Magier und Priester wie zwischen Begehrendem und Liebendem. Die Magie tötet die Religion wie der Verschlingungstrieb den Eros. Daher bekämpft der Priester seit Urzeiten im Magier seinen erbittertsten Feind.

Die Magie ist jünger als die Religion. Sie setzt voraus, daß der Mensch das Urerlebnis des religiösen Erschauerns hinter sich hat. Erst nachdem er sich davon zu erholen begann, konnte in ihm der überhebliche Gedanke aufblitzen, es sei dem magischen Herrenwillen des Menschen gegeben, das All zu lenken. Die älteste Magie ist noch auf *Abwehr* von Dämonen und Geistern gerichtet. In ihr zittert noch die Erschütterung des religiösen Anfangs nach. Sie berührt sich noch mit der Religion in der Furcht. Erst in einem späteren Stande der Entwicklung setzte der magische Mensch seinen Ehrgeiz darein, die Götter nicht in die Flucht, sondern in seinen Dienst zu zwingen, sei es, um sich fremde Kräfte anzueignen oder um sich die eigenen Kräfte zu erhalten und sie zu vermehren. Je sicherer er sich fortan fühlte, desto weiter entfernte er sich von der Religion. Die Magie hat sich also nicht aus der Religion, sondern gegen sie gebildet. Sie ist weder Wurzel noch Frucht der Religion. Sie ist der ewige Widersacher der Religion, aus dem Herrschaftserlebnis des Mannes hervorgegangen, wie der Kult der Schöpfungswonne aus dem Muttererlebnis des Weibes.

Durch seinen Lenkungswillen unterscheidet sich der Magier vom Seher. Der Seher schaut das unabänderliche Schicksal voraus und fügt sich tatenlos darein. Der Magier aber sieht nicht nur künftige Möglichkeiten, sondern er verfügt auch nach seiner Meinung über die Mittel, sie zu gestalten. Der Seher ist ergeben in den Willen der Götter, der Magier kennt nur seinen eigenen Willen.

Zur Magie gehört der Determinismus. Nur in einer einförmigen, mechanisch ablaufenden Welt ist der magische Mensch dessen sicher, daß sein Zauber unfehlbar wirkt, ungefährdet durch die Gegenwirkung eines Gottes. Dabei denkt er sich selbst außerhalb des Kausalverlaufs, ihn bestimmend und nutzend, aber nicht ihm unterworfen. Der magische Mensch fühlt sich nicht von der Natur abhängig, sondern sieht die Natur in Abhängigkeit vom Menschen. Der religiöse Mensch dagegen wendet sich an einen überlegenen, göttlichen Willen, auf den er einzuwirken sucht; wie sich die Gottheit entscheidet, steht bei ihr und nicht beim Menschen. Der Religion fehlen die Mechanik und Automatik der magischen Zauberhandlung. Die Magie ist nicht mit der Religion, sondern mit der Wissenschaft verwandt, und zwar mit der auf Naturbeherrschung gerichteten »exakten« Wissenschaft, die ja auch im mechanischen Weltbild gipfelt und wie die Magie ein System der Ausbeutung anstrebt. Wichtig für den Magier ist das Wissen um den Zauber, um das Geheimnis der Naturbeherrschung. Er ist intellektualistisch orientiert, er will durch Wissen herrschen. Für ihn gilt: Wissen ist Macht – ein typisch magischer Glaubenssatz. Er enthält das wichtigste Dogma der Magie. So gesehen offenbart sich die magische Natur der modernen Naturwissenschaft, die uralte Absichten des magischen Menschen verfolgt. Mit Notwendigkeit landet die machtbetonte Wissenschaft bei der Gottesleugnung. Gott zergeht in den Naturgesetzen, die sich berechnen und nutzen lassen. Der Begriff des Naturgesetzes ist demnach eine magische Zauberformel wie einstmals das brahman der Inder. Durch sie wird Gott zum Sklaven der Menschen.

Der wissenschaftliche Atheismus ist magischer Natur, der Abschluß magischen Denkens, die Vollendung magischer Zauberei, deren fernes Ziel von Anfang an war, die Welt so lange umzudenken und durchzudenken, bis von den Göttern nichts mehr übrig war. Der Atheist teilt den Grundirrtum aller Magie: er verwischt die Grenze zwischen der Welt der Vorstellung und der Realität. Er überschätzt die menschliche Wunschkraft. Aus seiner Herrschaft über die Gedanken schließt er auf seine Herrschaft über das Gedachte, über die Welt.

Der begehrliche Mensch ist aktiver als der erotische, dessen Sehnsüchten oft schon die phantasievolle Beschaulichkeit Genüge leistet. Ebenso übertrifft der magische Mensch an Tatkraft den religiösen. Die magische Weltanschauung ist dynamistisch. Sie treibt zum Eingriff in den Lauf der Welt. In ihr sieht der Magier eine Walstatt für Willen und Macht, auf der Zufall und Wunder nicht geduldet werden. Der Kern aller Religiosität dagegen ist das Gebet, und das Wesen des Gebetes ist nicht Tat, sondern Sammlung und Besinnung. In der Magie wird nicht gebetet oder gebeten, sondern geboten. In der Magie wird »praktiziert«.

Wie der Begehrliche faßt der magische Mensch sein Gegenüber als Sache auf. Er zwingt das Göttliche in tote Gegenstände (Fetisch). Er geht mit Göttern und Geistern – soweit er sie nicht gänzlich leugnet – wie mit körperhaften Dingen und lenkbaren Kräften um, die sich mechanisch handhaben lassen. Er macht die Götter zu Zaubermitteln, Zauberdingen (Amulett), deren er sich frei und willkürlich bedient. In dem magischen Versachlichungsdrang liegt die eine der beiden Wurzeln des religiösen Fetischismus; die andere, echt religiöse steckt im Idealisierungsdrang, der zum absoluten Wesen der Religionen gehört.

Die magische Potenz ist untermenschlich, unterorganisch, leb-

los, sinnlich-dinglich. Bei seiner Thronbesteigung tritt der mada-
gassische Häuptling auf einen mit Macht (hasina) geladenen
Stein und ruft: »Habe ich Macht?«, worauf das Volk antwortet:
»Die Macht ist dein!« Die in dem Stein wirkend gedachte Kraft
ist auf den Häuptling übergegangen. In dieser Weise verschlingt
der magische Mensch die göttliche Potenz. – Dem magischen
Machtwillen wohnt die Neigung inne, sich auszudehnen. Er
sucht das Reich des Begreiflichen zu vergrößern und das Reich
des Übernatürlichen einzuschränken bis zu dessen völliger Strei-
chung. Das Magische also hat die Richtung auf den Atheismus,
auf die rationale Erfassung der Welt. Zugleich strebt es danach,
den Kreis des Lebendigen, Persönlichen, Beseelten zu verengen
und den der (lenkbaren) Sachen zu erweitern, und das bedeutet:
Die Magie hat – wie der Verschlingungstrieb – die Richtung auf
den Tod. Sie entgöttlicht und sie versachlicht: Damit enthüllt sie
zweimal ihre verneinende, nihilistische Natur.

Wie die Begierde in die Erotik, so drängt sich das Magische
in die Religionen. Dabei kommt es zu merkwürdigen Misch-
und Kreuzungsformen. Bis in die höheren Religionen ist der
offizielle Kult und mehr noch das private Frömmigkeitsleben mit
magischen Eigenheiten durchsetzt. Wenn sich ein Mensch von
Gott lossagt, weil sein Gebet nicht erhört wird, bewegt er sich
bereit in magischen Vorstellungen. Er behandelt Gott wie einen
Fetisch, dessen Unwirksamkeit sich erweist und den er gegen
einen tauglichen Fetisch eintauscht. Wo religiöse Ehrfurcht und
Liebe fehlen, wo der Mensch seine Bitte zur Forderung verschärft, wo gute Werke Ansprüche gegen Gott begründen, geht
das Religiöse in das Magische über. Auf eine magische Haltung
deutet stets die juristische Auffassung des gottmenschlichen Verhältnisses, wie sie sich bei Römern und Hebräern findet. Der
Römer handhabe die Religion als Jurisprudenz. Die gott-
menschliche Beziehung glich einem Vertrag mit genau geregelten
Rechten und Pflichten. Erfüllte der Mensch das Seine, so hatte
die Gottheit das Ihre zu gewähren. Do ut des. Alles kam darauf
an, die religiöse Handlung – wie das gerichtliche Prozessieren –

zur rechten Zeit, in der rechten Form und Formel vorzunehmen. Eine Religion der rechtlichen Korrektheit, die sich innig-mystischen Regungen verschloß. Ihr Grundgedanke: Durch Erfüllung des sakralen Vertrages kann der Mensch die Götter zwingen. Das ist magisch gedacht.

Einen magischen Einschlag zeigt die hebräische Religion, soweit sie lehrt, Jahwe sei bis in alle Ewigkeit an den Vertrag gebunden, den er mit Israel, dem auserwählten Volke, schloß, und selbst der Abfall des Volkes von ihm – juristisch gesprochen: der Vertragsbruch – hebe die Tatsache der Erwählung nicht auf. Es ist ein anerkannter Satz der entwickelten Rechtsordnungen, daß jede Vertragspartei den Vertrag kündigen kann, den der andere Teil verletzt hat. Dieses Recht wird dem Gotte Jehovah versagt. Er bleibt einseitig der Sklave des Vertrages. Solche Überzeugungen nähern die Religion der Magie.

Selbst das Opfer, die Askese und die Ekstase können als magische Mittel dienen. Entscheidend ist immer das Grundgefühl, mit dem der Mensch bei diesen Akten vor die Gottheit tritt. Es gibt ekstatische Tänze, durch die sich der Mensch nicht in die mystische Verschmelzung mit der Gottheit hineintanzt, sondern Macht über die Götter zu ertanzen sucht. Dann ist die Ekstase nicht – wie in der Mystik – Verschmelzungsrausch, sondern Machtrausch, Bezwingungstaumel, Mittel zum Machtgewinn. Wenn der Inder, wie es nicht selten vorkommt, im Opfer eine die Götter zwingende Praktik sieht, so faßt er es nicht religiös, sondern magisch auf. Es gibt asketische Übungen zur Steigerung der persönlichen Macht. Ihrem Gotte Rudra sagen die Inder nach, daß er durch Selbstkasteiung magische Kräfte erwarb. Damit schreiben sie ihm eine magische Bewertung der Askese zu. Magischen Einschlag haben das Handauflegen bei der Erteilung des Segens (Gen. 48, 14) und mitunter die Handhaltung der Betenden. Den Islamforscher Goldziher erinnert das Emporheben der Hände beim mohammedanischen Gebet an uralte Zaubergesten, an Fluchgebärden zur Abwehr böser Geister. In der griechisch-römischen Welt hatte das Händefalten die Bedeutung des Bindens: man wollte die Dämonen an ihrem Ort zurückhalten oder sonstwie zwingen, den Betenden zu willfahren. Das Umfassen des Altars und das Streicheln des Idols geht wahrscheinlich auf den Glauben zurück, durch Berührung könne man die Götter zur Dienstleistung zwingen. Das kultische Barfußgehen und die kultische Nacktheit wird von einigen Forschern aus der Vorstellung abgeleitet, Schuh und Gewand behinderten die magische Kraftübertragung. Schon diese wenigen Beispiele zeigen, wie sehr das Magische dazu neigt, sich als Fremdling in den Religionen einzunisten.

Weil Genußliebe und Magie eigensüchtigen Wünschen entspringen, können sie für Moral und Gesellschaft nichts leisten. Denn beide, Sittlichkeit und Gemeinschaft, beruhen auf der Überwindung, mindestens auf der Beschränkung der Selbstsucht. Begierde und Magie sind im besten Fall amoralisch und asozial, im schlimmsten Fall unsittlich und gesellschaftsschädlich. Der Verschlingungstrieb treibt in Gegensätze zur Umwelt, in Haß, Neid und Wettbewerb wie jeder Besitz- und Eroberungstrieb. Er kennt nicht das, was ich den Gnadenstand der Liebe nenne, jenen Zustand erotischer Seligkeit, der von der Geschlechtsliebe zur Nächstenliebe und schließlich zur Gottesliebe überleitet. Wo der Verschlingungstrieb die geschlechtliche Sphäre vergiftet, führt von der Erotik zur Ethik keine Brücke. Ebensowenig kann sich um die Genußliebe als sozialen Kern die Familie bilden, jene Friedensinsel der Solidarität, auf der erstmals eine Mehrheit von Menschen ihre Selbstsucht in gegenseitiger Verbundenheit und Hilfe ausgleicht. Der Verschlingungstrieb will von Aufopferung und Gemeinschaft nichts wissen. Er frönt nur der Lust; er vereinzelt, trennt und tötet zuletzt, wie es Kierkegaard in seinem Tagebuch des Verführers beschrieben hat.

Auch das Magische ist darauf angelegt, zu spalten anstatt zu vereinigen, weil es aus dem teilenden Machtwillen kommt und weil es mit seinem Zuge zur Verdinglichung in die niedere Sachwelt hinabstrebt, in der das Gesetz der Zersplitterung waltet. Deshalb kann auch das Magische die Sittlichkeit und die Gemeinschaft nicht fördern, wohl aber in Frage stellen. Im alten Ägypten wuchs sich die Magie, als sie sich in das tägliche Leben einzuzwängen begann, zu einer regelrechten Gefahr für Moral und öffentliche Ordnung aus. Wie sehr magische Praktiken das moralische Empfinden abstumpfen können, zeigt der Brauch, Toten Zaubermittel mitzugeben, durch die sie sich vor dem Richterstuhl der Unterwelt gegen ungünstige Richtersprüche schützen sollen. Die Totensitte will den Lauf der Gerechtigkeit stören.*

Geschlechtlicher Verschlingungstrieb und magischer Zauberwille stimmen in ihrem Wesen überein. Sie sind entsprechende Seelenregungen, die eine Unzahl von Parallelphänomenen zeitigen. Es ist beide Male derselbe innere Antrieb, nur je in einem anderen Bezirk des menschlichen Lebens wirksam, hier vom Mann gegen das Weib, dort vom Menschen gegen die Gottheit gerichtet. Aber mit dieser Feststellung sind die Beziehungen zwischen dem Geschlechtlichen und dem Magischen noch nicht erschöpfend aufgedeckt. Beide können sich in viel innigerer Weise miteinander verbinden: indem geschlechtliche Kräfte für magische Zwecke und magische Mittel für geschlechtliche Wünsche eingesetzt werden. Je nachdem kann man von einer magischen Bedeutung des Geschlechtlichen und von einer geschlechtlichen Bedeutung des Magischen sprechen. In den Naturreligionen ist die symbolische Umarmung des Frommen mit dem Stellvertreter der Gottheit mitunter magisch aufgefaßt worden.** Der Mensch glaubt dann, vom priesterlichen Liebespartner sprängen magische Kräfte auf ihn über; der Geschlechtsakt findet in eigensüchtiger Berechnung statt, um sich dieser Kräfte zu bemächtigen. Der magische Zauberwille bedient sich vorsätzlich des Geschlechts, so daß geschlechtlicher Verschlingungstrieb und magische Aneig-

* Die asoziale Natur der Magie hat vor allem Durkheim hervorgehoben. Diese Seite überbetonend gelangte er zu einer soziologischen Theorie des Magischen. Danach wäre der Magier ein Unterfall des Eigenbrötlers aus der Familie gesellschaftsscheuer Sonderlinge.

** Ursprünglich immer, meint Dieterich, Eine Mithrasliturgie, S. 121 ff.

nungssucht zu einem einheitlichen Begehr zusammenfließen. Das ist ein Beispiel für die *magische Bedeutung des Geschlechtlichen*. Ein anderes liefert Japan. Dort dient der Phallus bisweilen als Fetisch zur Abwehr von Dämonen. Phallusförmige Fetische sind auch vielen Negerstämmen bekannt. Umgekehrt liegen folgende Fälle: In Japan nehmen Schwangere vom Heiligtum Erde mit heim, um eine leichte Geburt zu haben. Anderwärts berühren Frauen, um fruchtbar zu werden, magische Steine oder sie lagern sich auf der Haut eines Stieres oder sie setzen sich ein Kind auf den Schoß oder sie lassen sich mit Reiskörnern beschütten oder mit der Lebensrute schlagen (magische Kasteiung). In Babylonien wurde ein ganzes System von magischen Beschwörungen ausgebildet, um die Geschlechtskraft zu erhalten und zu erhöhen. Zum gleichen Zwecke pflegte man norwegischen Jungbauern zur Zeit König Olafs des Heiligen ein gesalzenes Pferdeglied in den Schoß zu legen. Hier werden durchweg magische Mittel für geschlechtliche Zwecke verwendet. Sie beleuchten die *geschlechtliche Bedeutung des Magischen*. – Wie in den Gläubigen der Naturreligion spielen auch in der Seele des magischen Menschen das Geschlechliche und das Übernatürliche seltsam ineinander. Immer wieder ziehen sich an, durchdringen und verflechten sich die verwandten Regungen: zum geschlechtlich-religiösen Muttererlebnis in den Kulten der Schöpfungswonne, zum geschlechtlich-zauberischen Machterlebnis in den Praktiken der Magie.

Aber es gibt auch die andere Möglichkeit: Daß die verwandten Regungen nicht als verwandt empfunden werden und sich nicht suchen, daß sich ein und derselbe Mensch, ein und derselbe religiöse Typus gegen Frau und Gottheit verschieden verhält – lieblos gebietend gegen die eine, unterwürfig gegen die andere. Geschlechtlicher Verschlingungstrieb und magischer Machtwille brauchen in der gleichen Seele nicht gemeinsam aufzutreten. Es läßt sich keine Regel bilden. Einheitlich gegen Weiber und Götter benahmen sich die Römer, nämlich herrisch. Im Geschlechtlichen pflegten sie den Verschlingungstrieb, im Religiösen die Magie. Dasselbe trifft auf die modernen Abendländer zu, wie er sich seit der Renaissance folgerichtig entwickelt hat. Er ist – im allgemeinen – gottlos und stolz auf seine Gottlosigkeit; sein Höchstes ist seine magisch gewendete Wissenschaft; seine Beziehung zur Frau erschöpft sich in Animalität. Er ist Zweck- und Sachmensch, ohne Liebe zum Weibe und ohne Glauben an die Gottheit. Nach Ludwig Feuerbach ist Gott ein »eingebildetes Wesen«. Nach der erotischen Theorie Stendhals (mit der sich Schopenhauers Metaphysik der Geschlechtsliebe deckt) sind die scheinbaren Werte der Geliebten nur Kristallisationen rings um den geschlechtlichen Kern, also ebenfalls Einbildungen. Das sind zwei typische, sich entsprechende Kundgebungen des modernen europäischen Geistes. Er entthront Gott und entzaubert die Geliebte. Er streicht die Religion und die Erotik aus dem Buch der Wirklichkeit. Er leugnet das Absolute im Himmel und auf Erden.

Die althebräische Kultur weist diese Einheitlichkeit des Verhaltens nicht auf. Der klassische Hebräer trat vor das Weib als vor das religiös und sittlich minderwertige Geschöpf mit dem Verschlingungstrieb, verächtlich befehlend, vor die Gottheit aber demütig, teils sogar mit Furcht und Zittern. Nur soweit er Jahwe rechtliche Bindungen auferlegte, trug er ein magisches Element in das gott-menschliche Verhältnis. Ganz unmagisch dagegen sind der straffe Monotheismus, der die Allgewalt Jehovahs herausarbeitet, und das ehrliche Lob der Gottesknechtschaft (Buch Hiob, Psalm 143, 12). Zahlreiche Vorschriften des Alten Testaments wenden sich ausdrücklich gegen die magische »Zauberei«. (Gen. 44, 15; Deut. 18, 10; 2. Reg. 17, 17; 21, 6; 2. Chron. 33, 6; Jes. 2, 6; Micha 5, 11; Jer. 27, 9; Nahum 3, 4; Mal. 3, 5 u. a.) Andrerseits ist die jüdische Frauenverachtung in Sprüche Sal. 12, 4 und 14,1, in Gen. 2,24 und im 4. Gebot durchbrochen. Dort wird die Mutter neben dem Vater als gleich verehrungswürdig genannt. Das ist ein Schlag gegen die Geschlechtsauffassungen, die außerhalb der Mutterreligionen den alten Orient beherrschten. Die Stellung der hebräischen Kultur ist demnach uneinheitlich.

Am krassesten treten religiöse und erotische Empfindung im Islam auseinander. Der Mohamedaner leistet an Frauenverachtung das Äußerste, im Einklang mit dem Koran, der dem Weib die Seele abspricht und den Zutritt zum Paradies verwehrt. Diese Religion schreibt dem Manne geradezu vor, der Frau nur mit Begierde zu nahen. Aber dem Gotte Allah begegnet der Gläubige in Demut willenlos sich duckend vor der Grausamkeit des himmlischen Despoten. Der islamische Mensch verhält sich zu Gott wie das Weib zum Manne und nicht wie der Mann zur Frau. Verschlingungstrieb im Geschlechtlichen, Ergebenheit in der Religion, in ein und derselben Seele! Dieser Widerspruch läßt darauf schließen, daß innigere Beziehungen zwischen der geschlechtlichen und religiösen Sphäre nicht mehr gefühlt werden. Beide werden als weit auseinanderliegende Zonen betrachtet. Der Mensch teilt sich auf in ein Verhalten zum Weibe und eines zu Gott. Er lebt im Geschlechtlichen und im Religiösen gegensätzliche Regungen aus. So sich zu zergliedern und zergliedern zu können ist eine männlich Eigenheit. Sie birgt eine schwere Gefahr: daß die Seele sich völlig spaltet und ihre Geschlossenheit einbüßt.

IV

DAS ERLÖSUNGSMOTIV

Im Anfang war die Ganzheit. Das Absolute ist das Ganze. Das Heilige ist das Heile, Ungeteilte. Sich selbst genügend ruhte Gott in der geschlossenen Fülle seines absoluten Seins, bis sich aus freiem Wille die Weltseele von ihm schied und in die zersplitternde Stoffwelt stürtzte, die unter dem Gesetz der Spaltung seufzt. Diesen vormenschlichen Sündenfall – so lehrt die Mystik – ließ Gott zu, weil er weiß, daß die All-Einheit des göttlichen Lebens in einer von ihm abgefallenen und freiwillig zu ihm zurückgekehrten Welt vollkommener verwirklicht wird als in einer Welt, die von Anbeginn und für immer mit ihm verschmolzen bleibt. »Gott will, daß außer ihm noch eine andere Natur da sei, die stufenweise das werde, was er von Ewigkeit her ist, das absolut All-Eine« (Solowjoff). Er sehnt sich danach, ein Wesen zu erzeugen, das er lieben und das ihn wiederlieben kann. Er schuf qualvolle Spannungen, weil ihn die Lust der Entspannung lockte. Er wollte einsam werden, um die Einsamkeit in der Gegenliebe seines eigenen Geschöpfes zu überwinden. Seitdem durchflutet Gottes erotischer Wille das All und alles Werden.

> Stumm war alles, still und öde,
> Einsam Gott zum erstenmal.
> Da erschuf er Morgenröte,
> Die erbarmte sich der Qual.
> Sie entwickelte dem Trüben
> Ein erklingend Farbenspiel,
> Und nun konnte wieder lieben,
> Was erst auseinanderfiel.
>
> Goethe.

Im Menschen kommt die Weltseele zum Bewußtsein oder doch zur Ahnung ihres Abfalls von der Ganzheit. Mit dem Menschen beginnt die *Urtragödie der Vereinzelung* – der Inbegriff seiner Leiden und Sünden. Aller Schmerz ist Trennungsschmerz. Alle Sünde ist Besonderung. Aller Erlösungsdrang ist Ergänzungsdrang, Sehnsucht des Teils nach dem Ganzen, nach der Überwindung des Urleides der Vereinzelung. Diese Sehnsucht nenne ich *das Erlösungsmotiv*. Es wurzelt im Gefühl der metaphysischen Einsamkeit und wirkt als erlösende Liebe. Wenn es die Geschlechterbeziehung ergreift, wird der erlösende Eros geboren. Wenn es auf die gott-menschliche Beziehung trifft, entfaltet sich die Erlösungsreligion. Zwei verschiedene Formen, in denen der vereinsamte Mensch dasselbe sucht, die verlorene göttliche Heimat.

Frühzeitig ist die Erinnerung an sie in den Menschen erwacht, in den Träumen vom Garten Eden und vom Paradies Sukhavati, von der Insel der Seligen und dem goldenen Zeitalter – alles mythologische Umschreibungen für das Grunderlebnis des Ursprungsverlustes. Es liegt der ältesten Geschichtsforschung im Blute, soweit sie nicht einfach das Sammeln betreibt. Daher das geheimnisreiche Raunen um Atlantis, das Platon gefangennahm und noch Kolumbus bezauberte (er glaubte, das Land vor der Sintflut entdeckt zu haben). Schon den Denkern des Altertums drängte sich die schmerzliche Überzeugung auf, daß der Mensch nur durch seine Schuld oder zur Verbüßung eines vorweltlichen Verbrechens in die Welt der Zerklüftung gelangt sein konnte, daß er zum mindesten durch den Eintritt in die Individuation die Urschuld auf sich lud. Anaximenes vermutete ein Urverbrechen, das die Einheit der Welt zertrümmerte. Nach orphischer, platonischer, neuplatonischer und gnostischer Lehre ist die menschliche Seele durch eine Art Sündenfall aus ihrer göttlichen Heimat in das irdische Sein herabgestürzt. Eingeschlossen in das Grab des Leibes sehnt sie sich nach Rückkehr in ihren göttlichen Ursprung; sie strebt heraus aus dem »Rad der Geburten« (κύκλος τῆς γενέσεως) wie das buddhistische atta (Selbst) aus dem Kreislauf des Werdens (samsara). Vielgestaltig ist bei den Orphikern der Mythos abgewandelt: Die Urgottheit, durch tragische Untat zerstückt, habe sich auf die Welt verteilt, um aus der Zersplitterung schließlich neu zu erstehen. Die Sage vom zerrissenen und wiedergeborenen Dionysos-Zagreus drückt dasselbe aus. Das christliche Wort renatus in aeternum deutet durch die Vorsilbe »re« die Wiedergeburt als Rückgewinn der Ewigkeit. Platon faßt in seiner Erkenntnistheorie, wie er sie im Menon entwickelt, die Erkenntnis als Erinnerung auf, als ein Zürückfinden des Denkens in den menschlichen Ursprung.

Das Christentum verschob den Schwerpunkt, indem es den tragischen Entzweiungsakt nicht in die Stunde der Weltschöpfung, sondern in die (spätere) freie Tat des Menschen legte. Dadurch verdunkelte es den Tiefsinn der Heimwehmythen, aber bei den Gnostikern, bei Origenes und Augustin tritt er wieder deutlicher hervor. Origenes betrachtet das Weltgeschehen als Rückweg der von Gott abgefallenen Geister zur verlorenen Einheit. Augustin stellt die erstaunte Frage: »Ist das nicht das selige Leben, welches alle haben wollen? Woher kennen sie es, daß sie so danach trachten? Wo haben sie es gesehen, daß sie es so lieben? Ich weiß nicht, wie sie die Seligkeit kennen gelernt haben, aber sie würden sie nicht lieben, wenn es keine Kunde davon in ihrem Gedächtnis gäbe.« Daraus folgert Augustin, daß wir schon einmal glücklich waren und daß noch ein schwaches Licht in den Menschen sei, welches ihre Erinnerung an die verlorene Seligkeit des Einsseins mit Gott erhelle (Confessiones X, 20; X, 23).

Die letzte Bemerkung lehnt sich an die Bibelstellen Ev. Joh. 12, 35 an, die den Leitgedanken einer tief pessimistischen Weltansicht entwickelt: Je tiefer die Menschheit in die Geschichte hineinschreitet, um so weiter entfernt sie sich von ihrem göttlichen Ursprung, um so schwächer wird das Licht, um so undurchdringlicher die Finsternis, aus der der Mensch nicht mehr zurückfindet. Hier wird das Heimwehmotiv ins Hoffnungslose gewendet. Innerhalb des späteren Christentums hat vor allem die russische Religionsphilosophie in ihrer Sophialehre den Heimkehrgedanken festgehalten: Die Sophia, die göttliche Allweisheit, teilt sich der Weltseele mit und frischt in ihr die Erinnerung an den göttlichen Ursprung auf, um das Menschengeschlecht zur Gottheit heimzuholen.

Dieselbe Sehnsucht nach dem Entschwundenen, aber entchristlicht, glüht in Klages' Schwärmereien für den pelasgischen Menschen. Sie erneuern die Sage vom goldenen Zeitalter in veränderter Gestalt. Noch eigenartiger wandelte das vorige Jahrhundert das Heimkehrmotiv. Da damals der Mensch von Gott und dem göttlichen Urgrund nichts wissen wolllte, nahm er einen jähen Richtungswechsel seiner Sehnsucht vor, indem er sie in die Zukunft projizierte. Er wollte nicht daran erinnert sein, daß er sein Dasein nicht sich selbst verdankt. Er sprach nicht mehr von dem, was immer und von Anfang an gewesen war, sondern von dem, was nie war, aber werden sollte – durch den Menschen. Er wandte seinen Blick von den Ahnen zu den Kindern. Er mißverstand seine Erinnerungen als Hoffnungen, von Condorcets Fortschrittsträumen bis zu Nietzsches Züchtungsphantasien. Das war das unvermeidliche Schicksal eines entgötterten Geschlechts: Ihm konnte sein metaphysisches Heimweh nur noch als Fortschrittsglaube ins Bewußtsein treten. Damit verlor der Mensch seinen Weg und den Sinn seines Lebens. Denn von Gott aus gesehen gibt es keinen Fortschritt, sondern nur Rückkehr. Alles Fortschreiten ist ein Weggehen von Gott, Abfall von ihm, Vergessen der göttlichen Heimat.

Weil wir eine – klare oder blasse – Erinnerung an die Ganzheit haben, fühlen wir, daß wir Teile sind. Um sich einsam zu fühlen, muß man das Ganze ahnen. Denn erst vor dem Ganzen hebt sich der Teil in seiner Beschränkung ab. Der Schmerz der Einsamkeit und die Sehnsucht nach der Fülle des Ganzen setzt das Erlebnis des Ganzen voraus. Das Heimweh beweist, daß es die Heimat gibt, von der wir träumen. Wir könnten nicht vor dem Tod erschauern, wenn uns keine Ahnung von der Unsterblichkeit unseres wahren Wesens gegeben wäre. Dem Tier, das kein Organ für die Unendlichkeit hat, fällt die Vergänglichkeit der Dinge nicht auf. Es kennt nur eine Welt, die mit ihm untergeht; ihm fehlt das Vorgefühl eines den Teil überdauernden Ganzen, und darum ist ihm auch die erlösende Liebe verschlossen. Diese ist immer Sehnsucht des Teils nach dem Ganzen, als Geschlechterliebe in der Erotik, als Menschenliebe in der Ethik, als Liebe zu Gott in der Religion. Die geheime Absicht der erlösenden Liebe ist stets, vom Sündenfall in die Individualität zu erlösen, den in der Besonderung schmachtenden Wesen die Einheit zurückzuerstatten und dadurch die Urtragödie der Vereinzelung zu schließen. Dieser Liebesgedanke ist der eigentliche Sinn jeder kulturellen Bemühung. Wo ihm die Kultur untreu wird, fällt sie ab von ihrer wahren Bestimmung: Die metaphysische Einsamkeit zu überwinden, die in ihrer äußersten Zuspitzung Sünde heißt. »Die Sünde ist jener wurzelhafte Trieb des Ich, durch welchen es sich in seiner Besonderheit und Abgeschiedenheit behauptet und aus sich selbst den einzigen Punkt der Realität macht« (Florenskij).

Stets ist die erlösende Liebe Ausgleich der Gegensätzlichkeit, die das Grundgesetz der Stoffwelt bildet. Je nachdem, ob sie die Beziehung zwischen den Geschlechtern, die allgemeine Beziehung zwischen den Menschen oder die Beziehung zwischen Gott und Mensch ergreift, begründet sie die drei Grundformen der Kultur: Erotik, Ethik, Religion. Alles andere Menschenwerk gruppiert sich entweder um diese Grundformen, sie erweiternd, ergänzend und verfeinernd, oder es hat mit dem ewigen Sinn des menschlichen Dasein nichts zu tun. Nie hätte der Mensch vergessen sollen, daß immer, wo Liebe sich entfaltet – zum Weibe, zum Nächsten, zu Gott – dieselbe Kraft am Werke ist, daß die drei Liebesarten miteinander zusammenhängen und sich gegenseitig befruchten, daß also das Wachstum der einen auch den beiden anderen zugute kommen kann. Klarer als das Bewußtsein hat die menschliche Sprache die Einheit der Liebe – ihre wesensmäßige, empirisch mögliche Einheit – festgehalten. Die Worte Liebe, amor, ἔρως, bakti (Sanskrit), mahabba (persisch) u. a. bezeichnen vieldeutig zugleich die geschlechtliche, die ethische und die metaphysische Liebe. Der Sprachinstinkt hat sich nicht beirren lassen. Er hat das Gedächtnis an die innere Liebeseinheit bewahrt, die der Mensch später Kulturen seinen Liebeserlebnissen raubte.

Schon in ältesten Zeiten wurde die Geschlechterliebe mit der Idee des Ursprungs, mit dem Mysterium der Schöpfung verknüpft. Nun gilt es den entschlossenen *Versuch, die Geschlechterliebe mit der Idee des Ziels, mit dem Mysterium der Erlösung zu verknüpfen.* Daß die erotische Liebe Sehnsucht nach verlorener Einheit, Drang nach erlösender Ergänzung ist, dafür hat uns Platon die Augen geöffnet. Im Gastmahl, Kap. 16, läßt er Aristophanes den bekannten Mythos von den kugelförmigen Urwesen vortragen, der sich wahrscheinlich an eine ältere, nicht mehr bekannte griechische Sage anlehnt und an einen alten Mythos im Yadschur-Veda anklingt. Auch in der platonischen Eroslehre taucht wie in der religiösen Erbsündelehre der Schuldgedanke auf. »Für unser Unrecht von Gott auseinander getrieben, verloren wir die ursprüngliche Einheit.« Im anfänglichen Zustand waren je ein Geschlechterpaar oder je zwei sich liebende Männer oder je zwei sich liebende Frauen eines, πρὸ τοῦ ἕν ἦμεν. »Dies ist die Ursache der Liebe, daß unsere Natur in ihrem ursprünglichen Zustand unzerteilt war. Dem Streben und Trachten nach jener unzerteilten Ganzheit geben wir den Namen Liebe.«

In seiner dunklen Symbolik bezeichnet Platon πόρος und πενία, Reichtum und Armut, als Eltern des Eros. Damit kann er nur gemeint haben, daß der Eros vom Ausgleich des Gegensatzes lebt, der sich zwischen der Fülle der Ganzheit (πόρος) und der Not der Vereinzelung (πενία) spannt. Über den Tiefsinn der platonischen Erotik sind wir kaum hinausgekommen. C. G. Jung sagt auch nichts anderes als Platon, nur in unpoetischer Sprache, wenn er schreibt: »So setzt das ganze Wesen des Mannes die Frau voraus, körperlich sowohl wie geistig. Sein System ist a priori auf die Frau eingestellt, ebenso wie es auf eine ganz bestimmte Welt, wo es Wasser, Licht, Luft, Salz, Kohlenhydrate usw. gibt, vorbereitet ist. ... Es besteht ein ererbtes virtuelles Kollektivbild der Frau im Bewußtsein des Mannes, mit dessen Hilfe er das Wesen der Frau erfaßt.« (Die Beziehungen zwischen dem Ich und dem Unbewußten, S. 120 ff.) Dasselbe gilt von der Frau, die in ihrer inneren Natur auf den Mann angelegt ist und von ihm, wie der Mond von der Sonne, das wärmende Licht empfängt.

Der *erlösenden Erotik* und der *Erlösungsreligion* liegt nicht die Schöpfungswonne, sondern der Schöpfungsschmerz zugrunde, nicht die Lust des in seiner Unversieglichkeit schwelgenden Lebensurquells, sondern die Qual des Abschieds, den das Geschöpf in der Stunde seiner Erschaffung vom Schöpfer nimmt. Dasselbe Ereignis der Welt- und Lebensentstehung wird beide Male verschieden erlebt und bewertet. Hier als lustvolle Verwirklichung von Möglichkeiten, dort als schmerzlicher Akt der Selbstentzweiung Gottes. Daraus ergibt sich der tief einschneidende *Gegensatz zwischen Naturreligion und Erlösungsreligion* und entsprechend *zwischen weltzeugendem und welterlösendem Eros.* Dem vom Erlösungsmotiv überwältigten Menschen wird an der Grenzscheide zwischen göttlichem Allwesen und irdischer Sondergestalt der Verlust der All-Einheit fühlbar in jenem Augenblick, da »das All mit Machtgebärde in die Wirklichkeiten brach« (Goethe). Weltschöpfung ist hier der Vorgang, der die Ureinheit in zwei Einsamkeiten auseinanderriß, in die göttliche und die menschliche Einsamkeit, Beginn der Spannung zwischen Gott und Welt, ewige Qual des Schöpfungsschmerzes, der in jedem neuen Schöpfungsakte wieder aufbricht bis hinein in das geistige Schaffen. Jeder Gestaltende weiß um die Wehen der geistigen Geburt, unter denen sich die greifbare Gestalt aus dem zerfließenden Ganzen der Visionen loslöst. Liegt nicht eine tiefe Symbolik darin, daß das neugeborene Kind sein Erdengeschick mit einem Schmerzensschrei beginnt? Ist der Schmerz, dem er entfährt, Trennungsschmerz, Qual der Absonderung vom göttlichen Urgrund des Seins? Weil die Einzelgeburt die Tragik der Urschöpfung wiederholt, sind Erlösungslehren von jeher versucht, das Geschlechtliche zu verdammen. Sie glauben den Menschen nicht *durch* den Eros, sondern *vom* Eros erlösen zu müssen. Die Entzweiung des Eros mit den Göttern setzt hier ein, und eine verhängnisvolle Entwicklung nimmt ihren Anfang.

Die Naturreligion ist die Religion des gebärenden Muttertums. Die Erlösungsreligion ist die Religion der vom Mutterschoß getrennten Geschöpfe. In der ersteren spricht sich der schaffende absolute Weltgrund heilig; mit der zweiten tastet sich das erschaffene Einzelwesen in seinen absoluten Ursprung zurück. Jene erfüllt sich in ewiger Zeugung, diese verzehrt sich in Sehnsucht nach dem Ewigen. Die Frömmigkeit der Naturreligion ist Schöpfertum. Die Frömmigkeit der Erlösungsreligion ist Heimweh. Es stehen sich gegenüber die Religionen des Ursprungs und des Ziels, der Lebensbestätigung und der Lebensüberwindung, und entsprechend der schöpferische und der erlösende Eros. Beide Religionen und beide Liebesarten sind göttliche Offenbarungen. Darum sind sie gleichberechtigt und gleich ehrwürdig, aber dem späten Kulturbewußtsein erscheinen sie nicht mehr gleich annehmbar. Wir können in der creatio perennis, die sich in der Betätigung und Bestätigung des Seienden ausgibt, das Heilige kaum noch fühlen. Wir sind nicht mehr Menschen eines uranfänglichen, elementaren, grundlosen und unbegründbaren Glücksgefühls, die sich mit Entschiedenheit weigern, vom Leben schlecht zu denken. Wir wollen nicht nur Fortdauer des Vorhandenen, sondern jagen darüber hinaus. Wir leiden zu tief an der Schöpfung, um sie bis zur Gottsichtbarkeit zu lieben. Nicht Wiedererzeugung des immer schon Gewesenen, sondern Neuzeugung des noch nie Gewesenen ist unser Verlangen. Wir vertreten die düstere, nicht die heitere Religiosität; wird sind nicht Gläubige einer natürlichen Harmonie, sondern Bekehrungsnaturen, twice born, nicht once born (W. James). Ohne Wiedergeburt, ohne »zweite Geburt«, ohne umstürzende Sinneswandlung können wir uns keine Heiligkeit denken. Wir stehen unwiderruflich im Bann des Erlösungsmotivs oder wir leugnen Gott überhaupt. Der Mensch der Naturreligion sucht weder religiös noch erotisch die erlösende Liebe, weil er nirgends die Erlösung sucht. Der moderne Mensch jedoch, dieser Fleisch gewordene Schrei der Einsamkeit, bedarf der Erlösung, aber er sucht sie, falls er nicht an der Erlösbarkeit gänzlich verzweifelt, in der Religion oder in wortreichen Lehren, in Träumen und Grübeleien, während er in der Erotik vielleicht noch manchmal die schöpferische Lust, sonst nur den Verschlingungstrieb oder die Stillung der Notdurft kennt. Der erlösende Eros ist fast vergessen. Nur selten werden seine Dienste in Anspruch genommen. So stehen wir vor der *doppelten Aufgabe:* Zugleich den Erlösungscharakter des Eros und die Religiosität des geschlechtlichen Zeugens aufzudecken, damit die zweifache Parallelität von Religion und Erotik wieder sichtbar wird; der Zusammenhang zwischen zeugendem Eros und Religion der Schöpfungswonne und die Beziehung zwischen dem erlösenden Eros und der Erlösungsreligion.

Werden Erotik und Religiosität vom Erlösungsmotiv bestimmt, so stehen sie zueinander im Verhältnis der Teilspannung zur Gesamtspannung. Beide begehren Erlösung durch Ergänzung, aber der Eros betreibt die Aufrundung zu einer engeren Einheit als die Religion. Die Erotik ist gleichsam nur ein Ausschnitt aus dem Religiösen, auf eine Teilpolarität – den Geschlechtergegensatz – gegründet, nicht auf die allumfassende Spannung Mensch-Unendlichkeit. Das Wesen des Alls in seiner Gegensätzlichkeit kehrt im Geschlechterverhältnis zusammengezogen und verdichtet wieder. Der erlösende Eros ist ebenso auf den Geist der Ganzheit angelegt wie die Erlösungsreligion. Daher haben wahrhaft tiefblickende Weise immer geahnt, daß die Einheit, die durch Entspannung des Geschlechtergegensatzes erreicht wird, ihrer Natur nach dieselbe ist, nach der auch die Jünger der Erlösungsreligion suchen und der sie den Namen Gott beilegen.

> In unsres Busens Reine wogt ein Streben,
> Sich einem Höhern, Reinern, Unbekannten
> Aus Dankbarkeit freiwillig hinzugeben,

Enträtselnd sich den ewig Ungenannten.
Wir heißen's fromm sein! – Solcher sel'gen Höhe
Fühl ich mich teilhaft, wenn ich vor ihr stehe.

In diesen Versen der Elegie spricht Goethe aus, wie sehr sich die erotische und religiöse Empfindung gleichen und wie die eine die andere herbeizieht; die Hingabe an die Geliebte enträtselt ihm das Wesen Gottes. »Die irdische Liebe ist nur der Durchgang zur himmlischen« lautet ein Tagebucheintrag Hebbels. Nach Schleiermacher muß man von der echten Liebe sagen können: »Der Geist Christi hat die Neigung erzeugt.« Max Scheler hält jede Liebe für eine »noch unvollendete, oft einschlafende oder sich vergaffende, auf ihrem Wege gleichsam rastende Liebe zu Gott«. Ein alter Weiser des Judentums lehrt: »Der Mensch, das Ebenbild des Ewigen, das ist Mann und Frau, nicht der Mann ohne die Frau, nicht die Frau ohne den Mann, auch nicht beide zusammen, wenn nicht Gott wohnt, wo sie wohnen.« Verwässert und verweltlicht gaben die St. Simonisten den gleichen Gedanken wieder, als sie verkündeten: »Das wahre menschliche Individuum ist das Paar aus Mann und Weib.« Nach katholischer Auffassung ist die Ehe Sakrament als Gleichnis der gott-menschlichen Gemeinschaft. Sie ist das irdische Abbild für die Verbindung Christi mit seiner Kirche (Ephes. 5, 23, 25); im Kleinen kehrt das Große wieder, dessen Abglanz es ist. Dieser Ansicht nahe schreibt Solowjoff: »Die wahre Liebe, die den leiblichen Besitz nur unter der unmöglichen Bedingung des mystischen und moralischen Zusammenhangs zwischen den Liebenden zuläßt, ist die konzentrierteste und daher auch die tiefste und stärkste Einigung und stellt die wahre Basis und den allgemeinen Typus jeder anderen Einigung dar. Das Sakrament der Ehe macht aus der aufrichtigen Liebe der Geschlechter die erste positive Grundlage der gott-menschlichen Wiedervereinigung und führt auf diese Weise zur völligen Inkarnation der Weisheit Gottes in menschlichen Beziehungen.« Eines der Urworte Christi – nach dem Zeugnis des Kirchenvaters Clemens zu

Salome gesprochen – lautet: »Nicht eher wird die Wahrheit geschaut werden, als bis aus zweien eins, aus Mann und Weib ein Drittes Selbes, weder Mann noch Weib, wird geboren sein.« Erst aus dem Geiste der Einheit, der die erotische Beziehung als fügende und zusammenbildende Macht überschwebt, wird der vollkommene gottschauende Mensch empfangen. Dieser Geist der Einheit aber ist der Geist Gottes. Er ist die höchste Einheit, in der alle Widersprüche aufgehoben und ausgeglichen sind. Er wählt den Eros zur Stelle seines Einbruchs in die Welt. Die göttliche Einheit bedient sich der menschlichen Zweiheit, um durch sie sichtbar zu werden. Daher hat die Geschlechterliebe ihre Macht und ihre Berufung: aus dem Entspannen polarer Gegensätze den Geist der Einheit lebendig zu machen und zu formen. Sie ist auf Gott angelegt. Geadelt durch diese Bestimmung ist sie immer bereit, sich von höheren Mächten ergreifen zu lassen. Jeder Liebesakt, den das Erlösungsmotiv beherrscht, ist ein Anlauf zur Vollkommenheit, ein Vorspiel der Wiederverschmelzung von Gott und Welt. Der wahrhaft Liebende sucht mehr als sich und seine Lust. Er sucht selbst mehr als die Geliebte. Er sucht die höhere Einheit aus beiden, die sich im Kinde verbildlicht. Im Eros gab Gott den Menschen ein Mittel der Erlösung und sich selbst ein Mittel der Offenbarung an die Hand. Er ist in der Stunde der Umarmung zugegen, nicht nur als absoluter Schöpfungswille – so faßt ihn die Naturreligion auf –, sondern als Geist der absoluten Einheit. Schon bei seinem geistigen Erwachen hatte der Mensch eine dunkle Ahnung von der Gegenwart Gottes in der Stunde der Liebe. Er erbebte im Gedanken, daß bei Zeugung und Geburt dämonische Mächte im Spiel seien. Zumeist war er sich darüber klar, daß die Geburt den Geschlechtsakt voraussetzt, aber er konnte nicht glauben, daß sich das Geheimnis der Lebenswerdung in menschlichem Tun erschöpfe. Er brachte sein erotisches Erschauern, seine trunkene Hingerissenheit, sein lustvolles Bezaubert- und Zermalmtsein mit übernatürlichen Gewalten in Verbindung. Diese Annahme einer Mitwirkung von Göttern und Dämonen am geschlechtlichen Vorgang beweist keine biologische Unkenntnis, die verspottet zu werden verdient, sondern umschreibt die Ahnung feinster erotisch-religiöser Zusammenhänge, auf die sich auch noch die Eheauffassung der Quäker stützt: Ehe als seelische Gemeinschaft der Gatten miteinander und mit Gott als Drittem im Bunde.

Das Wesen der erlösenden Liebe ist Aufbruch aus der Einsamkeit, Heimkehr in die göttliche Ganzheit. Auch die Geschlechterliebe will nicht etwa nur durchbrechen zu einem bestimmten anderen Menschen, sondern sie sucht in ihm oder mit ihm zusammen die absolute Einheit. Der geliebte Mensch verkörpert dem Liebenden diese Einheit oder er bietet sich ihm als Medium und Führer zu dieser Einheit an. Wenn sich zwei Liebende finden, so schließt sich an einer Stelle des Kosmos die Wunde der Vereinzelung. – Der Eros zwingt uns in die Nähe eines fremden, in eigenen Gesetzen kreisenden Wesens. Er legt uns diese Eigenwelt in liebereicher Nacht an die Seite. Wir spüren den Atem und das Lächeln des Fremden. Die ganze außerpersönliche Welt hat Gestalt gewonnen und ist in der Person der Geliebten umarmbar geworden. Nicht nur ein Mensch liegt neben uns, ein vergänglicher sinnengetriebener Körper, sondern in ihm schlummert das Gleichnis der Ewigkeit. In den Küssen der Geliebten brennt das himmlische Feuer, das in uns den Willen zur großen Verwandlung entfacht, den Willen, aus der Enge der Person hinaus ins Freie zu kommen. Wie in der Muschel die ferne Riesenmacht des Meeres, so rauscht aus dem Atem der Geliebten die ganze Natur. Du sollst aus deiner Einsamkeit erlöst werden, sagt dieses Rauschen; Du sollst hinausgehen und deinem Du begegnen, der Gehilfin zu Gott. Zuletzt treibt die Geschlechterliebe den Menschen der Gottheit in die Arme und löscht den Trennungsstrich aus zwischen Ich und Du, Ich und Welt, Welt und Gottheit. Die echte Geschlechterliebe ist ein testimonium spiritus sancti. Sie entzündet sich am Göttlichen, empfängt von dort ihren Adel und weist schließlich auf das Göttliche zurück. Sie ermöglicht den Kreislauf der himmlischen Kräfte mitten durch die Welt hindurch. In der Liebestätigkeit spüren die Liebenden den Zusammenhang zwischen ihrem Bunde und dem göttlichen Atem des Alls. Der Liebende umschlingt in der Geliebten mehr als den Leib; er umschlingt in ihr das Eine, von dem alles umschlungen ist. So wird sie ihm zur Bürgschaft eines liebenden Weltgrundes; so wird sie ihm zur Gehilfin und Zeugin Gottes. Weil der Eros zu den Göttern hinführt, haben ihn die Griechen mit Recht zu den Göttern gerechnet. Ein besonders feines Gefühl für den metaphysischen Hintergrund der Erotik haben von jeher die Inder bewiesen: »Nie haben sie der Überzeugung entrinnen können, daß die Geschlechtsliebe eine tiefe geistige Bedeutung hat; nach indischer Auffassung sind zwei Wesen ein Fleisch, weil sie sich ihrer metaphysischen Einheit erinnern« (A. Coomaraswamy, La danse de Čiva).

Da die erotische und religiöse Liebe wesentlich dasselbe sind, Suche nach der absoluten Einheit, können beide Gefühle aneinander wachsen. Mönche machen oft die für sie erschreckende Entdeckung, daß ihre geschlechtliche Begierde um so heftiger brennt, je rücksichtsloser sie vor ihr in die religiöse Inbrunst flüchten. Luther litt tief unter dieser Erfahrung. Die Insassen von Klöstern sind sexuellen Versuchungen besonders ausgesetzt, nicht, weil sie einsam hausen, sondern weil sie ihre religiösen Stimmungen mit Vorbedacht pflegen, weil sie mit dem mystischen Verschmelzungsdrang den erotischen miterregen. Jenseits der religiösen Übung ist einsame geistige Tätigkeit geeignet, zu beruhigen, anstatt zu erregen. Die stille Studierstube des Gelehrten atmet den unbedrohten Frieden seiner geistigen Sammlung.

Aus der Wesensverwandtschaft der erotischen und religiösen Liebe ist der *Wortaustausch* zu erklären, den sie miteinander pflegen. Wir beten die Geliebte an oder flehen sie an, wir knien vor ihr nieder, nennen sie göttlich oder Göttin. Damit werden sakrale Wendungen in den erotischen Sprachschatz aufgenommen. Häufiger ist das Umgekehrte: das Eindringen erotischer Ausdrücke in die Sprache der Religion. Das Wort Brunst (von brennen) kehrt in Inbrunst wieder. Mystiker feiern die Minne ihrer Seele, der Gottesbraut, zum himmlischen Bräutigam. Die keuschen, gottgeweihten Jungfrauen der alten Kirche hießen νύμφαι Χριστοῦ, sponsae Dei oder Christi, dem sie ihr Fleisch weihten (tam carne quam mente se vovēre). Origenes nennt die Seele die Braut (νύμφη) des Logos, von dem sie bald gesucht, bald verlassen werde. Hieronymus mahnt: »Laßt uns Christus lieben und stets seine Umarmung suchen.« »Gesegnet«, schreibt Macarius, »ist eine Seele, welche, erobert von der geistigen Liebe, sich Gott verlobt hat.« Bernhard von Clairvaux gibt dem Hohen Lied des Alten Testaments eine religiöse Deutung, indem er den Liebenden dieses Liedes mit Gott, die Geliebte mit der menschlichen Seele gleichsetzt. Dadurch macht er es zum klassischen Hochgesang der mittelalterlichen Mystik. So nah nebeneinander liegen erotische und sakrale Dichtung. Die indischen Krishnalieder sind ebenso erotisch wie religiös. Ramakrishna lehrt: »Die höchste Stufe der Liebe ist erreicht, wenn die Menschenseele Gott lieben kann wie ein Weib seinen Gatten liebt... Die Erkenntnis Gottes kann einem Mann, die Liebe Gottes einem Weibe verglichen werden.« Simeon, der neue Theologe (um 1000), dichtete Liebesgesänge an Gott. Ruysbroeck schrieb eine »Zierde der geistlichen Hochzeit«. Christine Ebner kommt zu Christus »mit der Begierde wie ein Gemahl zu seinem Brautbett«. Anna Vetter sieht in ihren Visionen Christus als hochzeitlichen Tänzer. Die Mystikerin Gertrud bekennt: »Jesus, Geliebter, Geliebter, Geliebter über alles, was je geliebt worden ist, nach Dir, lebender, blühender Frühlingstag seufzt und schmachtet meines Herzens Liebe... Mein Herz brennt nach dem Kuß Deiner Liebe. Meine Seele dürstet nach der Umarmung in der innigsten Einigung mit Dir.« Margarete Ebner fleht: »Ich bitte Dich, mein Herr, daß Du Dich minniglich und barmherzig allen unseren Begierden gebest.« Endlich Mechthild von Magdeburg: »Herr, minne mich sehr und minne mich oft und lange. Ich rufe Dich mit großer Gier, ich brenne unverlöscht in Deiner heißen Minne... Nun bin ich eine nackte Seele und Du in ihr selber ein wohlgezierter Gast.« Auch die brahmanische, hinduistische und sufitische Mystik strömt von erotischen Wortbildungen über.

Immer wieder bitten die Mystiker aller Religionen um die fruitio Dei, um den Genuß der Gottesliebe. Erotische Gebetsanreden sind in den mystischen Ergüssen häufig, Ausdrücke wie Viellieber Buhle, mein Geliebter, mein Bräutigam, mein trauter, allersüßester Jesus, Herzliebster, Herzensknabe usw. Der Untertitel einer Gebetsfibel, die in Neu-England weit verbreitet war, lautete drastisch: »Geistliche Milch für amerikanische Säuglinge aus den Brüsten der beiden Testamente.« Selbst bei den Hebräern, deren Religion neben der römischen die am wenigsten mystische ist, mischen sich religiöse Wendungen in den heiligen Sprachgebrauch. Die Propheten Hosea (1, 3) und Hesekiel (16, 27) nennen den Bund Israels mit Gott Ehebund, den Abfall von Gott Ehebruch. Ein Weiser der Chassidim, einer um 1750 entstandenen ostjüdischen Sekte, verkündet, der Fromme schaue Gott unverhüllt wie der Liebende die geliebte Frau. – Der erotisch-religiöse Wortaustausch ist demnach ein geistiges Vorkommnis, das sich weder auf eine bestimmte Rasse noch auf eine bestimmte Religion beschränkt.

Mit wie unzureichenden *Erklärungsversuchen* ist man an diese Erscheinung herangegangen! Die Historiker sehen in ihr unbewußte Nachwirkungen der frühzeitlichen Sexualriten. Selbst wenn man darüber hinwegsieht, daß diese Riten zumeist auf der Schöpfungswonne und nicht – wie die Mystik – auf dem Erlösungsmotiv beruhen, was ist gewonnen, wenn man das Spätere auf das Frühere zurückführt? Wenn wir wissen, daß das, was heute ist, schon einmal gewesen war, so wissen wir immer noch nicht, was das, was schon einmal gewesen war, seinem Wesen nach denn nun eigentlich ist! Die Aufhellung der geschichtlichen Zusammenhänge, womit allein sich die historische Wissenschaft befaßt, bringt uns ontologisch keinen Schritt voran.

Die Philologen verweisen daraus, daß sich der Mystiker der erotischen Wendungen nur bediene, um das Überwältigende seines Erlebnisses in einem Gleichnis auszusprechen. Das ist sicher richtig. Aber jedes sinnvolle Gleichnis setzt eine innere Beziehung zwischen den verglichenen Sachverhalten voraus. Die erotisch-religiöse Wortvertauschung als sprachliche Symbolik deuten, heißt, das Gleichnis auf die innere Gleichung zurückzuführen, ohne die letztere zu erklären.

Ebenso unbefriedigend wie gefährlich ist der Deutungsversuch der Psychoanalytiker. Sie lassen in der erotisch-religiösen Symbiose als Wirklichkeit nur das Geschlechtliche gelten und halten das Religiöse für verdrängte Sexualität. Als materialistische Monisten sprechen sie den Kundgebungen des Absoluten die Realität ab und sehen darin nur eine verfeinerte Abart des allzu Menschlichen. Sie deuten das Große als Aufblähung des Kleinen, nicht das Kleine als Abglanz des Großen! Sie fangen mit dem Kleinen an, weil sie selbst kleinen Geistes sind. Wir halten es für eine modische Unart, das Religiöse (und die ganze Geisteskultur) aus dem Geschlechtlichen abzuleiten. Aus Sexualität kann man nicht Religiosität machen. Die Religion ist nicht die Folge einer Flucht vor dem Geschlecht. Zugegeben, daß eingeengte Triebe, zumal unter der Herrschaft asketischer Vorstellungen, geneigt sind, auf andere Seelengebiete zu entweichen. Dann drängen sie sich störend und sogar zerstörend in Empfindungen und Gedankenreihen ein, die nicht zu ihnen passen. So könnte es auch geschehen, daß geschlechtlicher Wunsch und religiöse Inbrunst aneinanderstoßen. Das Eigentümliche des erotisch-religiösen Wortaustausches ist nun aber, daß er nicht feindlichen Zusammenstoß, sondern Wahlverwandtschaft zwischen Religion und Erotik aufdeckt. Das Seltsame ist, daß sich die Sprache der Geschlechterliebe als besonders tauglich erweist, religiöse Erlebnisse wiederzugeben, daß der Fromme, wenn er von Gott reden will, unwillkürlich in die Sprache der Erotik verfällt, daß ihm gerade während des Gebetes, während des Aufblicks zur Gottheit, Bilder der Liebeswelt vor das innere Auge treten. Damit, daß es sich dabei um verdrängte Geschlechtskräfte unbefriedigter Mönche und Nonnen handle, ist gar nichts gesagt. Es bleibt die Frage offen, warum sich diese Kräfte gerade die Religion als

Wirkungsstätte wählen und warum sie dort wirken können, ohne als störend empfunden zu werden. Damit Empfindungen aus einer Seelenschicht in eine andere abgeschoben werden können, bedarf es nicht nur einer Kraft, die verdrängt, sondern auch der Bereitschaft und Fähigkeit, das Verdrängte aufzunehmen, und diese Bereitschaft setzt eine innere Beziehung zwischen Aufnehmendem und Aufzunehmendem voraus. Die Tatsache einer Verwandtschaft zwischen Religion und Erotik, die zu erklären meine Aufgabe ist, wird durch die naturalistische Deutung nicht aufgehoben, sondern von ihr vorausgesetzt. – Ein zweiter Einwand gegen die psychoanalytische Deutung ist dieser: Wie kommt es, daß sich in den Naturreligionen, in denen es keine Askese gibt, in denen sich der Eros nicht verdrängen läßt, sondern er es ist, der alles verdrängt, wie kommt es, daß sich auch hier das Geschlechtliche mit der Religion, und zwar zum Erlebnis des absoluten Schöpfungswillens, verbindet? Vor dieser Frage muß die psychoanalytische Theorie die Waffen strecken, und wenn sie es bisher nicht getan hat, dann nur, weil sie die gestellte Frage nicht kennt oder nicht beachtet.

Einseitig wie die psychoanalytische Erklärung ist auch die spirituelle Gegenansicht. Sie legt in ihrem Urteil über die erotisch-religiöse Beziehung den Akzent auf die religiöse Seite und schiebt das Erotische an den Rand; vorherrschend sei der rein geistige Wertungsakt, an den sich die sexuelle Empfindung nur beiläufig ansetzt. Wieder müssen wir betonen: Der Vorgang des Ansetzens verlangt innere Homogenität zwischen dem, was sich ansetzt, und dem, woran es sich ansetzt. Auch mit spiritualistischer Überspitzung ist nichts gewonnen.

Und doch enthält diese Auffassung etwas Richtiges. Sie hat den rechten Ausgangspunkt, den Ansatz zur richtigen Machtverteilung zwischen religiösen und erotischen Faktoren. Von ihm aus gelangt man zur entscheidenden Erkenntnis: Die Religion ist nicht sublimierte Erotik, sondern der Eros ist ein auf die Geschlechterspannung zusammengezogenes religiöses Erlebnis. Wieviel tiefer als viele Moderne hat Plotin gesehen, wenn er die gott-menschliche Vereinigung als das Entscheidende ansprach und hinzufügte: »Diese Vereinigung ahmen hier auf Erden die Liebenden nach, die miteinander zu einem Wesen verschmelzen wollen« (Ennead. VI, 7, 34). Denn das Ganze kann sich auf einen Teil beschränken, aber der Teil kann sich nicht zum Ganzen erweitern. Der Teil läßt sich aus dem Ganzen, aber das Ganze läßt sich nicht aus dem Teil erklären. »Das Ganze ist vor den Teilen da«, wie Platon im Theaitet mit Recht hervorhebt. Die Geschlechterliebe freilich, von der wir reden, wenn wir sie in die Nähe der Religion rücken, erschöpft sich nicht im Sexus. Sie schließt ihn nicht aus, aber sie fügt sich ihm auch nicht. Sie strebt zu ihm hin, um sich in ihm – der denkbar innigsten Gemeinschaft der Lebewesen – zu vollenden, aber nach ihrem eigenen, nicht nach seinem Gesetz. Sie nimmt den Sexus in ihren Dienst, und dadurch formt und veredelt sie ihn. Die geschlechtliche Notdurft (biologisch gesprochen: die zwischen Keimzelle und Eizelle bestehende Anziehung) begründet nur die Bedingungen, unter denen das Erlösungsmotiv mit seinem Zuge zur Einheit wirksam hervortreten kann. Es lauert darauf, in die Welt der Erscheinungen einzudringen. Und nur dann, wenn das Erlösungsmotiv den Sexus berührt, geht die große Verzauberung vor sich, die allein den Namen Geschlechterliebe verdient. Der erlösende Eros wächst nicht, sich verfeinernd, von unten nach oben, sondern er kommt in Gnaden von oben, tastet den Menschen an und zieht ihn nach oben. Auf diesem Grundgedanken ruht die ganze platonische Eroslehre. Nur darum ist Eros ein Gott. In der echten Liebe ist das Erlösungsmotiv, das tiefe schweifende Heimweh, früher da als die leibliche Begierde. Werther sagt von Lotte: »Sie ist mir heilig, alle Begierde schweigt in ihrer Gegenwart.« Erst allmählich pflegt das Erlösungsmotiv aus seiner ihm eigenen geistigen Zone in die Sinnlichkeit herabzusteigen. Am Erlösungsmotiv entzündet sich der leibliche Drang. Der umgekehrte Fall ist selten. Wo die Geschlechterneigung von der Begierde ausgeht, bleibt sie am liebsten bei der Begierde, und als Begierde kann sie nicht lange bleiben.

Der Trennungsschnitt geht nicht zwischen Religion und Erotik hindurch, sondern er verläuft so, daß die vom Absoluten getragenen Regungen, also die auf dem Erlösungsmotiv oder auf der Schöpfungswonne beruhende Religiosität und die von gleichen Antrieben geleitete Geschlechtsliebe auf die eine Seite zu stehen kommen, auf die andere dagegen die triebhaft-körperliche Leidenschaft, die der niederen Schicht der Empfindungen zugehört.

Die echte Erotik verhält sich zur Religion immer wie der Teil zum Ganzen. Das gilt auch dann, wenn nicht das Erlösungsmotiv, sondern die Schöpfungswonne das tragende Element ist. In der Naturreligion ist die geschlechtliche Umarmung heilig, weil sich in ihr – zusammengedrängt, im Kleinen – der Akt der Urschöpfung wiederholt. In der Erlösungsreligion ist sie heilig, weil in ihr eine überpersönliche Einheit fühlbar wird, die zu der größeren, allumfassenden Einheit hinleitet, die wir Gott nennen. Im ersten Fall wird der Nachhall des Weltursprungs, im zweiten die Vorwegnahme des Weltziels geheiligt.

Das *Weib* ist in sich geschlossener als der *Mann* und entfernt sich vom Ganzen der Natur nie so weit und so rücksichtslos wie er. Der Mann sucht das Ganze zu teilen, um es zu beherrschen. Das Weib sucht das Getrennte zu verknüpfen, um es zu bewahren. Er ist eine Macht der Spaltung, die Frau ist die Hüterin der Ganzheit. Der Mann fühlt sich als Teil, während die Frau mehr in der Gattung lebt, aus der sie nie ganz heraustritt. Aus der weiblichen Natur ist die Religion der Gattung, aus der männlichen die Religion der Persönlichkeit hervorgegangen. Die beiden Gegentypen – Naturreligion und Erlösungsreligion – bilden sich je nachdem, ob das Erlebnis des Absoluten auf den Gattungstrieb oder auf den Ichtrieb trifft. Die Naturreligion wendet sich an das ewig sich erneuernde Ganze der Welt, die Erlösungsreligion nimmt sich der verlassenen Einzelwesen an.

Selten liebt die Frau mit den Sinnen allein, während es dem Mann möglich und heute sogar geläufig ist, sein Herz in getrennte Empfindungsgebiete aufzuteilen, in Sexualität und Erotik, in Geschlechterliebe und Liebe zu Gott. Die Frau wirft in ihr Liebesleben ihr ganzes Wesen ein oder sie nimmt so wenig daran teil, daß sie ein Gewerbe daraus machen kann. Fremd ist ihr die Zerrissenheit, die im Mann oft genug schmerzhafte Grade erreicht. Darum ist es des Weibes Bestimmung, die Problematik des Mannes, an der es keinen Anteil hat und die es nicht begreift, zu lösen, seine fragmentarische und zerstückte Natur zu sammeln, sein tödliches Wesen zu besänftigen und ihm die Ruhe zu schenken, die er auf den Irrfahrten seines erlösungshungrigen Geistes vergebens sucht. Das Weib ruht näher an der Quellmitte des Lebens, der Mann jagt die Ränder des Daseins ab, immer bemüht, es zu überwinden, und das heißt in letzter Folgerichtigkeit, es zu töten. Das Weib ist mit dem Prinzip des ewigen Lebens, der Mann mit dem Prinzip des Todes im heimlichen Bunde. Die Frau will die Gegensätze der Welt umarmen und in der Umschlingung versöhnen. Der Mann dagegen löst die Spannung zwischen Gegensätzen, indem er die eine Seite, die ihm ungenehme, vernichtet. Er sucht die Lösung nicht in Liebe und Versöhnung, sondern in Überwindung und Vernichtung. Er hat eine kriegerische, keine erotische Art. Das männliche Prinzip, aus der Vereinzelung geboren, verewigt die Vereinzelung, sucht das Für-sich-sein und stört das Leben im Ganzen. Sein Wesen ist Kampf und Eigennutz, sein Lebenswille geht auf Behauptung der eigenen oder auf Überwältigung einer fremden Person, bis sich in ihm das Erlösungsmotiv entzündet. Bis dahin ist die Frau das moralischere Wesen. Durch sie ist die Liebe, der Opfersinn und der Ausgleichsgedanke in die Welt gekommen. Von der Mutterschaft her ist sie opferwillig und der Hingabe fähig. Die Keimzelle aller Moral ist die Mutterliebe zum Kinde. Sie ist die Urzelle der Gemeinschaft und der Selbstüberwindung. Als erstes Wesen gibt das Muttertier sein Leben für ein anderes preis, für das Junge. Es war ein schöner Brauch echt weiblichen Mitfühlens, daß die Römerinnen zur großen Muttergottheit nicht für die eigenen Kinder, sondern für die der Schwester flehten.

Das Weib ist aber nicht nur das moralischere, sondern auch das glücklichere Geschöpf. Der Mann ist der unglücklichere, weil ihn der Differenzierungsprozeß, der alles Lebendige vom Ganzen trennt und in der Isolierung festhält, unvergleichlich heftiger erfaßt als die Frau. Er ist das stärker durchindividualisierte Wesen. Er ist der eigentliche tragische Held der individuatio. Darum leidet er tiefer an der Welt der Zersplitterung als das in die Natur eingebettete Weib, und darum brennt die Begierde nach Erlösung heißer in ihm als im Weibe. Das pessimistische, verdüsterte Geschlecht ist das männliche. Das Erlösungsmotiv ist ein männliches Motiv. Die Frau in ihrer erhaltenden Anlage ist mit dem Weltgrund einig und im Einklang. Der Mann aber will die Welt ändern, vorwärtsbringen, überwinden. Seine typische Religionsform strebt nach Erlösung vom Leben oder doch nach Umformung des Lebens, nicht, wie die weibliche Naturreligion, nach Bekräftigung des Lebens.

Weil das Weib im Grunde nicht nach Erlösung dürstet und ihrer nicht bedarf, verehrt das weibliche Weltalter den Tatsachensinn, die Körperlichkeit, das Sinnliche als Gefäß des Übersinnlichen, während es den reinen Geist bis zum Hasse ablehnt. Unter der Herrschaft der weiblichen Werte kann sich der Gedanke einer unkörperlichen Seele und eines leiblosen göttlichen Logos nicht behaupten. Vor der Heiligkeit des gebärenden Leibes, nicht vor den Ahnungen des forschenden Geistes beugt sich in Ehrfurcht der Mensch der Naturreligion. Solange nicht der Mann die Rangordnung der Werte bestimmt, gibt es keine Fragwürdigkeit des Lebens. Dem Weib ist das Leben kein Rätsel, an dessen Lösung der Mensch seine besten Kräfte verschwendet. Das Weib folgt dem innersten Antrieb seiner Natur, wenn es die Problematik ausschaltet und die Denkarbeit verbannt. Das weibliche Weltalter ist eine Zeit der Erfüllung, nicht der Sehnsucht. Was es in ihm an geistigen Bedürfnissen und Vorrichtungen gibt, wird den Schultern des Mannes aufgebürdet. Er hat die Gespenster und Geister zu beschwören, die Toten zu bestatten und die ungreifbaren Mächte fernzuhalten. Die Bestattungspflicht zeigt ihn erneut in seiner Beziehung zum Tode, die Beschwörungspflicht in seiner Beziehung zum Geiste.

In der Naturreligion wird die Gottheit als Weib, die fromme Menschenseele als Mann gedacht. Mit der Heraufkunft der männlichen Werte kehrt sich das Verhältnis um. Die menschliche Seele nimmt die Stelle der Frau, Gott die des Mannes ein, denn nun verkörpert der Mann das herrschende Prinzip. Die Muttergottheit wird durch den männlichen Gott, den Vater-Gott verdrängt. War einst das ehelose Muttertum der oberste göttliche Wert, so ist es nunmehr das Weiblos-Männliche, christlich verklärt im heiligen Geist, dem von aller Körperschwere entlasteten. In der Naturreligion thront die weibliche, in der Erlösungsreligion die männliche Gottheit. Die weibliche Göttin ist kreißende Schaffensfülle, der männliche Gott ist Erlösergott. So tief hinab in das Wesen der Religion reicht der Unterschied der Geschlechter. Man hat es bisher noch kaum begriffen, daß es nicht nur den religiösen Gegensatz der Geschlechter, sondern auch den Geschlechtergegensatz der Religionen gibt. Er nötigt uns, die geschlechtliche Polarität in den Welturgrund selbst zu legen – als Spannung zwischen Weltschöpfung und Welterlösung. Der Mythos von der androgynen Urgottheit leuchtet nun auf einmal in einem ganz neuen Lichte auf, als Inbegriff tiefgründiger Weisheit, die Richtung zeigend, in der die Erlösung der Menschen gesucht werden muß: Im Versuch, die polare Spannung zwischen Weltschöpfungs- und Welterlösungsgedanken in einer höheren Einheit auszugleichen. In der Erschaffung der Welt tritt nur die eine Seite des göttlichen Wesens hervor, in der aber schon die andere keimhaft ruht, als Wille, das Erschaffene in seinen Ursprung zurückzunehmen. Das will besagen: Die Schöpfung ist auf Erlösung angelegt. Mit dieser Betrachtung geben wir mehr als eine Sexualtheorie der Religion. Wir behaupten die erotische Natur des göttlichen Wesens und des ganzen Weltverlaufs, an das tiefste Geheimnis rührend, das sich um Religion und Erotik und ihr gegenseitiges Verhältnis bereitet.

Wenn man die Entwicklung der letzten drei Jahrtausende betrachtet, so scheint es, daß der Übergang vom Weib zum Manne das Thema der Menschengeschichte bildet. Vital gesehen ist sie die Geschichte eines fortschreitenden Verfalls. Daß der Mann in stärkerem Maße der Erlösung bedarf, beweist seine Schwäche, und gibt ihm zugleich eine Chance in die Hand, seine Geistigkeit, das Mittel seines Sieges über Weib und Natur. Es ist ein psychischer Defekt, der im Manne als heilsames Gegenmittel das Erlösungsmotiv erweckt, diese Quelle der Erlösungsreligion und allen grüblerischen Denkens, Erfindens und Träumens. Der Mann wird zum eigentlichen Schöpfer der Geisteskultur, weil ihm die Natur nicht mehr genügt, und sie genügt ihm nicht, weil er ihr nicht genügt. Im Verhältnis zwischen Mann und Weib wiederholt sich das Schauspiel, das der gesamte Naturverlauf bietet: Das vital schwächere Wesen siegt, indem es sich auf die geistige Seite verlegt. Es ruft aus einer anderen Daseinsordnung einen unüberwindbaren Bundesgenossen herbei: das Geistige. So siegte der Mensch, das vital erschöpfteste Geschöpf, der Krankheitsfall der Natur, über das Tier, über die schöne, vollkommene, ungebrochene Kreatur. Der Mensch, außerstande, seine Organe fortzubilden und sich durch sie zu wehren, erfand Werkzeuge, wo Zähne, Klauen und Krallen versagten. Er ist nicht nur das leidenste, sondern auch das genialste Tier, und gerade seiner unbegrenzten Fähigkeit, an der Welt zu leiden, verdankt es seine Genialität.

Ebenso wie der Mensch über das Tier siegte der Mann über die Frau. Sie ist das natürlichere, gesündere, besser geratene Geschöpf. In seiner Urwüchsigkeit nimmt es an den Kulturleistungen des Mannes geringeren Anteil, weil es sie weniger nötig hat. Die von Männern erschaffene Kultur ist die Folge eines natürlichen Mangels. Sie ist ein Ausweg, von der Natur her gesehen, ein Akt der Verlegenheit. Aber von höherer Warte betrachtet ist sie sinnvolle Bestimmung. Die Natur mußte bis zum Menschen und im Menschen bis zum Manne verfallen, damit sie durchlässig ward für die Einstrahlung eines höheren Reiches. Dem Menschen mußte das Genügen an der Welt verleidet werden; er mußte sich unglücklich und einsam fühlen, damit ihm die Erinnerung an die verlorene göttliche Heimat wiederkam. Das

Weib hält an der Natur fest und möchte, hingestreckt auf ihre frischen Wiesengründe, das Leben ewig, ewig neu erschaffen. Der Mann aber will über das Leben hinaus und steigert diesen Wikingerwunsch bis zu Welthaß und Weltverneinung. Das Weib fühlt vom Sinnenerlebnis her und verfeinert es bis zum religiösen Erlebnis. Der Mann dagegen, sobald er vom Erlösungsmotiv getroffen ist, geht vom religiösen Drang nach Erlösung aus und schließt diesem Antrieb die Geschlechterliebe als Erlösungsmittel an. Im Weibe kann die Erotik religiös, im Manne die Religiosität erotisch werden. Seinem Wesen nach ist das weibliche Ursprungserlebnis erotisch, das männliche Erlösungsbedürfnis religiös.

Dieser grundlegende Unterschied zwischen den Geschlechtern ist heute stark verwischt, denn das Weib ist nicht unverändert und nicht ohne Schaden in das männliche Weltalter eingetreten. Es hat sich bis zu einem gewissen Grade mitverwandelt und die allgemeine Umstellung vom Weltschöpfungs- zum Welterlösungsgedanken wider seine Natur teilweise vollzogen. Die Frau sucht heute in der Religion und in der Erotik nicht die schöpferische, sondern die erlösende Liebe. Das Erlösungsmotiv hat sich auch der Frauenseele bemächtigt, während ihr das volle Auskosten der Schöpfungswonne von der geltenden Männermoral versagt wird, der sich die Frau unterwarf.

Das Erlösungsmotiv ist Erlösungsdrang, der sich durch Hingabe zu befriedigen sucht. Männlich daran ist das Erlösungs*bedürfnis,* weiblich die Hingabe als Erlösungs*mittel.* Die auf dem Erlösungsmotiv beruhende Religion und Erotik suchen in einer weiblichen Haltung die Erlösung aus einer männlichen Not, und zwar entweder in Form der Anbetung als der Hingabe an einen übergeordneten Wert, oder in Form der Verschmelzung als der Hingabe an einen gleichgeordneten Wert. Weil die Erlösungsreligion aus einer männlichen Drangsal, aus dem Weltleiden, geboren wird, sind immer Männer ihre Stifter, Propheten und Apostel. Aber weil sie sich an die Fähigkeit zur Hingabe wendet, vermag sie – wie etwa das junge Christentum – auch viele Frauen für sich zu gewinnen.

Wenn sich das Erlösungsbedürfnis des Mannes statt mit der Hingabe mit dem (echt männlichen) Besitztrieb verbindet, macht es den Mann zum rücksichtslos-unersättlichen Eroberer. Aus Sehnsucht nach der Ganzheit will er dann zu sich selbst immer neue Teilwelten hinzuerwerben. Er will sein Ich zum Weltganzen erweitern. Nach Harmonie verlangend, will er vom Teil aus die Einheit der Welt wiederherstellen. Die großen Eroberer der Weltgeschichte, Napoleon vor allem, sind in ihrem universalen Drängen ohne diesen transzendenten Hintergrund gar nicht verständlich. Aber ihr Weg führt nicht in die Mitte der Welt, sondern auf der Peripherie um die Welt herum. Er führt aus dem Zeitlichen mit seiner Zersplitterung nicht hinaus. Das Ganze läßt sich eben nur durch Hingabe der menschlichen Person, nicht durch Eroberungen von ihr aus gewinnen. Darin liegt die Tragik der Eroberer und überhaupt die Tragik des einseitig männlichen Menschen. Dadurch, daß der Einsame in seine Isolierung andere hineinzieht, kann zwar die äußere Einsamkeit behoben werden, aber die innere Einsamkeit läßt sich nur durch Hingabe überwinden. Diese Erkenntnis ist in das Christuswort eingeschlossen: »Wer seine Seele nicht verliert, der wird sie nicht gewinnen.« Im Erlösungsmotiv ist die Bereitschaft zur Hingabe das Erlösende.

In Religion und Erotik, diesen Reichen der Gewaltlosigkeit, läßt sich nichts erzwingen. Niemand kann sich verlieben, wenn er will und in wen er will, und niemand kann Gott schauen, wenn Gott es nicht will. Wir können nur in einer hingegebenen Haltung auf Liebe oder Gegenliebe warten und uns für sie empfänglich machen. Wir können uns im Zustand der Aufgeschlossenheit üben, mehr nicht! Wir können nur die frisch gebrochene Ackererde sein, die des Samens harrt, nicht der Sämann selbst, der den Samen in die Furchen streut. Nur dem Hingegebenen offenbart sich Eros, offenbaren sich die Götter. Hat aber einmal die erlösende Liebe – die erotische oder die religiöse – vom Menschen Besitz ergriffen, so zeigt sie ihren Charakter der Selbstentäußerung in dem unwiderstehlichen Drang, das Geliebte – sei es Gott oder einen Menschen – mit Gaben der Liebe zu überschütten und sich selbst wegzuschenken bis zur Opferung des eigenen Lebens. Die echte Liebe dürstet danach, sich in Opfer und Opferseligkeit zu vollenden. Sie mißt sich an den Leiden, deren sie fähig ist. Sie nötigt zu Handlungen, die sinnlos und zwecklos erscheinen, wenn wir sie mit gewohnten Maßen messen. Dieses Überfließen der »schenkenden Tugend« ist mehr als nur ein Wohl-wollen (das sich als Folge der Liebe einstellen kann), mehr als ritueller Opferdienst (vor dem der gottliebende Mensch nicht ausweicht). Hier wirkt der unerbittliche Zwang, sich im Schenken aus der Enge der Person zu befreien. Der Liebende lebt, fühlt, denkt, wünscht und handelt nicht vom eigenen Selbst, sondern vom anderen her. Er befreit sich von der Bürde seiner Person, indem er den Schwerpunkt seiner Existenz in den anderen (Gott oder den Geliebten) hineinverlegt.

Auch sein Schenken und Opfern ist ein Selbsterlösungsakt und ein spontaner Akt, kein bloß reaktives Verhalten. Die Opferbewegung nimmt – wie die erlösende Liebe selbst – im Schenker ihren Anfang, nicht im Geliebten oder in der Gottheit, die beschenkt werden soll. Dadurch unterscheidet sie sich vom Altruismus. Liebe ist Selbstheilung durch Selbstpreisgabe. Sie will in Religion und Erotik die Einsamkeit durch das Opfer überwinden. Daher ist der Schenk- und Opferdrang das Kriterium echter Liebe, so daß Kierkegaard sagen konnte: »Gerade indem sie gar kein Mein hatte, gewann die selbstverleugnende Liebe Gott und gewann alles.« Nur durch opferwillige Hingabe des eigenen Selbst erfassen wir das Vollkommene. Hingabe ist Suche nach dem Vollkommenen. Die echte Liebe »sucht nicht das Ihre« (1. Kor. 13, 5). Hingabe bricht den Eigennutz. Sie lehrt das Leben für einen anderen, das Hinüberlauschen und Hinüberfühlen in ein fremdes Leben. Sie sprengt die Grenzen der eigenen Person und der Einsamkeit, in der sie sich verfangen hatte. Das ist das Erlösende und Befreiende in der Liebe. Ohne sie kann niemand erfahren, was Freiheit ist. Der Wille zur Macht bestärkt uns in unserer zeitlichen Individualität; dadurch legt er uns lebenslänglich an die Kette dieser Welt und schiebt der echten Freiheit, die nur aus einer liebegetragenen Entselbstung hervorgehen kann, den Schein einer falschen Freiheit unter.

Schon in den niedersten Lebewesen regt sich unbewußt der erotische Opfertrieb. Sie pflanzen sich fort indem sie sich teilen. Das Wesen, das sich fortpflanzt, verzichtet auf seine Existenz. Dieses unbewußte Opfer dient der Erhaltung der Art, wie das höhere Liebesopfer der Teilhabe am Göttlichen dient. Also ist schon der einfachste Geschlechtsvorgang in geheimnisvoller Weise mit dem Entselbstungsdrang verbunden, und Lebenserschaffung und Lebenserlösung spielen schon in der dunkelsten Tiefe der Natur ineinander – eine neue Bestätigung der bereits gefundenen Erkenntnis, daß die Welt von Anbeginn auf ihre Erlösung angelegt ist, deren Möglichkeiten sie stufenweise entfaltet.

Die erlösende Liebe ist – als Gottesliebe und als Geschlechterliebe – ein unaufhörliches Hinauswandern aus dem eigenen Ich in fremde Wesenheit. Durch sie macht die Natur den herrlichsten Versuch, den einzelnen aus sich herauszuführen und ihm das Erlebnis der absoluten Einheit zu vermitteln. Wo der Mensch von der erlösenden Liebe ergriffen wird, faßt ihn das Absolute an. Daher rührt die ihr eigene Kraft der Verzauberung. Wir finden die Geliebte »bezaubernd« und rühmen ihren »Charme«, ohne zu wissen, daß wir auch damit einen religiösen Ausdruck in die Erotik verpflanzen, denn charme kommt von carmen, das ursprünglich, wie das indische brahman, den religiösen Zaubergesang bedeutet, mit dem der Priester die Götter anruft. Der von Gottesliebe Ergriffene ist ἔνθεος, vom Gotte besessen, und gebärdet sich »enthusiastisch«. Auch dieses Wort hat sich der erotische Sprachschatz einverleibt. (Manche Denker wie G. Bruno stellen Enthusiasmus und Liebe einander gleich.) Die erlösende Liebe beginnt damit, daß sie den Menschen in eine bohrende Unruhe stürzt, die er sich nicht erklären kann. Alles scheint verwandelt, weil er sich selbst zu verwandeln beginnt. Umwandlung des Menschen ist der Sinn der erlösenden Liebe. Es ist in Wesen und Wirkung dasselbe, ob das Absolute in Gestalt des Gottgefühls oder der Geschlechterliebe in die Seele einbricht.

Immer ist die Folge ein Zustand der Verzauberung. Der Mensch will seinem zeitlichen Ich entweichen. Unter Lust und Schmerz wächst er über das Vergängliche hinaus. In dieser Entselbstung liegt die unbeschreibliche Schmerz-Seligkeit der erlösenden Liebe. Wenn sie wieder vom Menschen weicht, sinkt er mit einem Gefühl der Öde, Verlassenheit und Armut in den schalen Alltag zurück. Ernüchtert klagen die Mystiker über die siccitas, über den Zustand der Gefühlsstarre, der sich auch in der Erotik einstellt, wenn die Liebe stirbt. Mit ihr verschwindet gerade das, was dem Leben seinen Wert verlieh. Dahin ist die glühende, rauschhafte Beschwingtheit, die selbst den Nüchternsten bis zur dichterischen Rede beflügelt. Wie eine Wüste dehnt sich vor uns die Welt, wenn sie nicht mehr im Glanz des Absoluten leuchtet. Erloschen ist der vollkommene Wert, den wir unserer Liebe verdankten. Wir starren auf einen sonnenlosen Himmel. Wer die verzaubernde Wirkung der erlösenden Liebe und die entzaubernde ihres Sterbens an sich erfahren hat, will lieber unglücklich lieben als gar nicht lieben. Er begreift, was die portugiesische Nonne Mariana Alcaforado dem Mann ihres Herzens schrieb: »Ich danke euch von Grund meiner Seele für die Verzweiflung, in die ihr mich stürztet, und verabscheue die Ruhe, in der ich lebte, bevor ich euch kannte.« Der wahrhaft Liebende will lieber die Pein, die ihm die Gottheit oder die Geliebte bereitet, die Gottesqual und die Liebesqual, als die schmerzlose Gleichgültigkeit im Zustand irdischen Behagens. – Weil es nicht nur in der Gottesliebe, sondern auch in der Geschlechterliebe ein Überpersönliches ist, das vom Menschen Besitz ergreift, empfindet er diese Zustände nicht als seine Tat, sondern als Erleidnis und spricht von πάϑος, passio, Affekt, Leidenschaft. Es geschieht ihm etwas, worunter er leidet. Eine unheimliche Macht, gegen die er sich wehrlos fühlt, stürzt in seine Zeitlichkeit herein.

Die erlösende Liebe geht vom absoluten Ganzen aus und strebt zu ihm zurück. Daher ist sie enthusiastisch. »In allem Enthusiasmus ist der Einheitssinn, das Merkmal, daß alles ans Ganze gesetzt wird, das Bewußtsein der Gemeinsamkeit mit etwas Unbedingtem, ein Hingerissensein zu einem unnennbaren Ziele« (K. Jaspers, Psychologie der Weltanschauungen, S. 118 ff.). Enthusiasmus ist die Seelenbewegtheit, die das Erlebnis der Einheit und schon das Hinstreben zu ihr begleitet. Dem enthusiastisch erregten Menschen ist es möglich und eigentümlich, außerirdische Werte in den irdischen zu schauen und handelnd zu erfassen. Davon überwältigt kommt er »außer sich«. Der Liebesenthusiasmus ist eine Form jenes Wahnsinns, den Platon (im Phaedros) ein Geschenk der Götter nennt, den ungriechischen Satz prägend: »Edler ist der Wahnsinn als die Besonnenheit, denn diese ist stets nur im Menschen, der Wahnsinn aber kommt von den Göttern.« – Wie hebt sich dieser Zustand rauschhafter Entselbstung vom bloßen Mitleid ab, das nie persönliche Fesseln sprengt und nie ein überweltliches Erlebnis einschließt. Der Liebende sieht das endliche Wesen im Glanze des Unendlichen. Er ergreift in ihm die Ewigkeit, das Sinnbild der Gottheit. Nur aus diesem Grunde gibt es auch in der Erotik (nicht nur in der Religion) die anbetende Liebe. Nie verfährt der Mitleidige mit dem, was er bemitleidet, in ähnlicher Weise.

Als enthusiastisches Gefühl ist die erlösende Liebe universal. Sie versöhnt den Liebenden nicht nur mit Gott und der Welt, sondern auch mit sich selbst. Sie entreißt ihn seiner inneren Zersplitterung, indem sie in einer einzigen, übermächtigen Empfindung alle anderen Gefühle sammelt und gleichsam ertränkt. Sie heilt durch ihre einigende, zusammenfügende Gewalt. Dem Ganzen zugewendet wird der Mensch selbst ein Ganzes.

Weil es sich in der erlösenden Liebe um alles handelt, ist der Liebende zu allem, bis zur Selbstverwundung und zur Selbstvernichtung bereit. So stirbt der Märtyrer für seinen Gott. So tötet sich der unglücklich Liebende, der Märtyrer des Eros. Das Phänomen der unglücklichen Liebe mit ihren erschreckenden Folgen ist nur aus dem Absolutheitscharakter der Geschlechterliebe abzuleiten. Dem Liebenden geht es dabei nicht, wie Nietzsche höhnte, »um ein kleines Mädchen«, sondern um den Sinn seines Lebens, um sein Symbol und Gleichnis der Göttlichkeit.

Das Grauen der unglücklichen Liebe ist dem Nihilismus verwandt, der schauerlichen Leere, die sich auftut, wenn uns Gott entschwindet. Es ist nicht so, daß sich der Mensch in der Erotik mit törichten Illusionen selbst betrügt (Stendhal) oder daß die Natur ihn betrügt (so Schopenhauer). Nicht aus Unverstand oder wegen vermeintlicher Zwecke der Gattung nehmen wir die Geschlechterliebe so ernst. Wir tun es, weil wir dabei, ohne es immer zu wissen, um einen absoluten Wert und um unsere Erlösung ringen. Der Eros ist uns heilig, weil er dem Heiligen dient. Daher rührt auch sein Drang zur Dauer und Verewigung. Er will das Vergängliche festhalten und unvergänglich machen. Der Liebende schwört »ewige Liebe«, und tatsächlich ist die Liebe unzerstörbar, solange sie sich mit dem Ewigen verklammert. Die Genußliebe hat keinen Bestand. Der Leib kann den Leib nicht lange bezaubern. Deshalb fordert die echte Erotik: Bevor sich die Leiber vereinigen, müssen die Seelen einig sein. Wird die Geschlechterbeziehung dem Sexus überlassen, so verflüchtigt sich jede Neigung im Augenblick. Denn im Reich der niederen Natur gilt das Gesetz der Zersplitterung, der Vielfalt und des Wechsels, nicht das göttliche Gesetz der Einheit und der Dauer. In der absoluten Natur der erlösenden Erotik, in ihrem Zug zur Einheit und Ewigkeit liegt die metaphysische Rechtfertigung der unscheidbaren Einehe und ihre Erhebung zum Sakrament.

Weil die erlösende Liebe aus dem Absoluten, aus dem Vollkommenen kommt, treibt sie den Menschen unerbittlich an, die eigene *Vollkommenheit* zu suchen. Ihr ist rastlose Aufwärtsbewegung eigen. Sie macht das Lückenhafte und Splitterhafte unserer Existenz fühlbar. Dadurch erweckt sie den leidenschaftlichen Drang, Mängel abzulegen und sich zum vollendeten Menschentum aufzurunden. Für die religiöse Liebe ist das ohne weiteres klar. Der von ihr Ergriffene ist nicht mehr in Gefahr, eitler Selbstzufriedenheit zu erliegen; er trifft seine Entscheidung vor dem Antlitz der Gottheit und legt an seine Leistungen den Maßstab der Ewigkeit. Durch das Gewissen ruft ihn das Absolute zu sich herauf. Der Gedanke, daß Gott lebt und daß er den Menschen liebt, zwingt den Menschen, dieser Liebe würdig zu sein. Die Gottesliebe ist eine moralische Macht, die nicht duldet, daß wir im Allzumenschlichen bleiben, und sie ist eine vitale Macht, die uns das Martyrium ertragen und den Tod überwinden läßt. Sie nähert uns der Ganzheit; das sehen wir daran, daß wir vollkommener, besser und stärker werden. Dasselbe trifft auf die erlösende Geschlechterliebe zu. Immer nährt die Nähe der Geliebten unseren Ehrgeiz und vervielfacht sie unseren Wagemut. Schon der bloße Gedanke an sie hält vor Sünde und Schwäche zurück. »Ich möchte in dreifachem Feuer geläutert werden, um Ihrer Liebe wert zu sein«, schreibt Goethe an Charlotte v. Stein. Im Gastmahl (Kap. 6) hebt es Platon hervor: In der Liebe werde der Mangel der Tugend und Schönheit empfunden; der Liebende schäme sich seiner Schwächen am meisten vor dem Geliebten. Oft beginnt ja die Liebe mit Selbstanklagen, Kasteiungen und Sühneversuchen ihr Werk der Läuterung und Erhöhung. Gerade darin bewährt sie ihre absolute Natur. Der erotisch Liebende will sich zu dem Manne steigern, der als Ideal in der Geliebten ruht. Er will das Ideal, das sie sich von ihm macht, rechtfertigen, indem er sich ihm angleicht. »Geliebte, Du bist mein besseres Ich« bekennt Shelley, und Platon spricht den Gedanken aus, ein Heer von Liebenden würde den Erdkreis besiegen, so sehr vervollkommne der Eros den Menschen. (Man wird an die heilige Schar des Leonidas erinnert, die in ihrer erotischen Entflammtheit unbesiegbar schien.)

Immer führt der Weg zur Erotik von unten nach oben, von der Wirklichkeit empor zur Idealität, zur Harmonie, die nach Heraklit nichts anderes ist als die Wiederherstellung der Einheit. Lieben heißt sich bezaubert fühlen. Bezaubern kann nur das Vollkommene oder vollkommen Scheinende. Liebe entzündet sich an einem Wesen, das wir für überlegen halten; nur das Überlegene kann uns erlösen. Aber sie erweckt zugleich den Drang, diesem Wesen ähnlich zu werden, damit wir seine Gegenliebe erwerben und verdienen. So wird die Liebe, auch die erotische, zum Streben nach der Vollendung des menschlichen Seins. Amo ergo sum. In höherem Sinne sind wir nur, wenn wir lieben und weil wir lieben. Darum liebe, damit du dich vollendest! – Im Gastmahl, Kap. 28, stellt Platon seine Stufenleiter der Erotik auf. Zuerst werde ein schöner Leib geliebt, dann alle schönen Leiber, dann die Schönheit der Seele, die Schönheit der Lebensführung, zuletzt das Schöne an sich, die Idee der Schönheit – und diese ist bei Platon gleichbedeutend mit Harmonie, und Harmonie ist die Unversehrtheit des Ganzen. Der Aufstieg der Liebenden schließe damit, daß er »ein Wunderbares, im Wesen Schönes erblickt«. Der Liebende vervollkommnet sich, indem er stufenweise bis zur Gottschau emporsteigt. Die Liebe folgt nicht den Werten, sondern bringt sie hervor, weshalb Platon den Phaedros sagen läßt: »Göttlicher nämlich ist der Liebende als der Geliebte; der Gott ist ja in ihm.« Das Erlösungsmotiv, diese flüsternde Stimme der Gottheit, ist früher da als die vergänglichen Gegenstände der Liebe. Das Suchen geht dem Gesuchten voraus. So ist der Eros ein Vermittler zwischen Menschen und Göttern wie Helios in der Mithrasreligion. Was aber zu den Göttern hinführt, ist selber göttlich. Somit ist die Erotik eine religiöse Kategorie. Anders ausgedrückt: Die vom Erlösungsmotiv getragene Geschlechterliebe und die Gottesliebe sind in ihrem Wesen dasselbe!

Die erlösende Liebe gedeiht nur auf dem Boden der *Personalität*. Das, was wir lieben, muß eine *Person* sein, nicht eine Sache oder unbestimmte Wesenheit, und es muß *eine* Person sein, nicht eine Vielheit von Personen. Der Verschlingungstrieb erkennt das Begehrte nicht als ebenbürtig an. Er erniedrigt die Geliebte zur feilen Ware der Lust, zum Objekt, zur Sache. Aber nicht die Sache, nur eine Person kann einer Person zum Erlöser werden. Wo in der Religion die Persönlichkeit Gottes geleugnet wird, gibt es keine echte Erlösung, sondern nur – wie im Buddhismus oder in der quietistischen Mystik des 17. Jahrhunderts – ein geistiges Entschlafen bei lebendigem Leibe, fern aller enthusiastischen Bewegtheit, ein Ertrinken des Tropfens im Meer der Unendlichkeit. Die erlösende Liebe hat die Richtung auf die Einheit dessen, was wir lieben. Sie schließt die Vielfalt aus, den Polytheismus in der Religion und die Polygamie (oder Polyandrie) in der Erotik. Sie ist Einliebe, Liebe zu dem Einen, religiös als Monotheismus, erotisch als Monophilie.

Die Naturreligion und die ihr dienende Erotik sind nicht auf das Gefühl einer bestimmten Person für eine bestimmte Person gegründet. Die Schöpfungswonne schleudert aus sich die Religion des unpersönlichen Aktes heraus. Ihr ist nicht eine Person heilig, sondern die geschlechtliche Spannung zwischen gebärendem und erzeugendem Prinzip, wie sie sich im göttlichen Liebespaar verbildlicht. Die Naturreligion zielt auf die himmlische Dyarchie, nicht – wie die Erlösungreligion – auf den Monotheismus. Als Gott der Schöpfungswonne suchte Dionysos die Partnerin, zuerst Demeter, sodann Aphrodite. Je mehr er sich zum Erlösergott wandelte, um so universaler wurde seine Macht. Schließlich thronte er als sechster Weltbeherrscher in Einsamkeit über Göttern und Menschen. Die Gläubigen fühlten: Das Erlösende kann nur das Eine, das Allumfassende sein. Darum verwandelten sie die dionysische Religion des heiligen Aktes in eine Religion der heiligen Erlöserperson. Der Mensch der Schöpfungswonne hätte es sich als schwere Sünde angerechnet, den heiligen Liebesakt von der Person des Partners abhängig zu machen. Wehe dem Gläubigen, der sich bei der sakralen Umarmung den Priester oder die Hierodule auf ihre persönlichen Eigenheiten hin betrachtet hätte. Hier war gerade die Unpersönlichkeit des geschlechtlichen Aktes die Voraussetzung seiner Heiligkeit. Jedes Hinsehen auf die Person hätte ihn in den Schmutz gezogen. Die unwählerische Geschlechtervermischung der Naturreligion ist nicht tierisch oder zynisch, sondern göttlich. Es gibt auch eine göttliche Wahllosigkeit des Geschlechts. So nahe nebeneinander liegen das Heilige und das Gemeine.

Das Erlösungsmotiv überwindet die Zersplitterung in Religion und Erotik. Je mehr die Geschlechterbeziehung von ihm ergriffen wird, um so stärker zieht sie sich auf eine bestimmte

Person zusammen, die – unvertauschbar und unersetzbar – dem Liebenden das erlösende Ganze oder das erlösende Ergänzende verkörpert. Die persönliche Bindung kann dann so fest werden, daß sie selbst über den Tod hinaus reicht. Orpheus kam nicht los vom Schmerz um die eine Eurydike, und Goethes Braut von Korinth findet selbst aus dem Grab den Weg zum vorbestimmten Geliebten. In der Wahl des Partners enthüllt der Liebende seinen wesenhaften Seelengrund, das Geheimnis seiner Person. Das Rätsel der geschlechtlichen Anziehung ist mit dem Rätsel unserer unergründlichen, tief ins Metaphysische hinabgreifenden Persönlichkeit verknüpft, für deren transzendente Natur uns erst das Christentum die Augen geöffnet hat. Damit vollbrachte es eine der größten Leistungen für die Erotik. Ohne die Anerkennung des absoluten Wertes der menschlichen Person in Mann und Frau hätte sich die erlösende Liebe nicht entfalten können. Man kann dieser Liebe keine absolute Bedeutung zuerkennen, wenn man nicht auch der menschlichen Person absolute Bedeutung zuerkennt. Für wen der Mensch nur Tier ist neben anderen Tieren, für den ist die Geschlechterliebe nur Affekt neben anderen Affekten, von Neid, Wut, Zorn oder Haß nicht wesentlich geschieden. Aristoteles war dieser Meinung, auch hierin Platons ewiger Gegenspieler. Das Christentum mit seiner Auffassung der menschlichen Seele hat es erst möglich gemacht, die Probleme der Erotik bis ins Absolute zu vertiefen. Nun erschöpfte sich die Aufgabe der Erotik nicht mehr darin, zwei sterbliche Leiber zusammenzubringen, sondern das Unsterbliche zweier Wesen aufeinander einzuspielen. Zwei Menschen vereinigen heißt nach christlicher Lehre, zwei absolute Größen vereinigen. Auf den ersten Blick scheint diese Vertiefung der menschlichen Person, ihre Anschließung an das göttliche Zentrum der Welt, die persönliche Einsamkeit unüberwindbar zu machen. In Wahrheit aber werden allein dadurch Wege sichtbar, die Einsamkeit zu durchbrechen. Denn nur an der Stelle, wo Menschen das Absolute berühren, können sie ineinander übergleiten und zu geistiger Einheit verschmelzen. Das bloß Stoffliche gehorcht dem Gesetz der Zersplitterung und duldet nicht, daß wir unsere Individualität verlassen. Auf die christliche Auffassung der menschlichen Seele ist es denn auch zurückzuführen, daß man sich im christlich-abendländischen Kulturkreis mit der Erotik und ihren Rätseln so ernsthaft befaßt wie nirgends sonst auf Erden.

Die erlösende Liebe treibt aus der Wurzel der Person, nicht, wie die Erotik der Schöpfungswonne, aus dem Born der Gattung. In der Religion hat vor allem die Mystik, diese Form innigster Frömmigkeit, die Beziehung des Menschen zu Gott persönlich ausgestaltet. Der Mystiker setzt sich in ein ganz eigenes Verhältnis zu »seinem« Gotte, der zwar der Gott aller bleibt, ohne allen dasselbe Antlitz zu zeigen. Die Mystik pflegt die einmalige, sich einmalig fühlende Liebe zu Gott und den Glauben, daß auch Gottes Liebe persönlich gehalten sei. Darin stimmt die Mystik mit dem Protestantismus überein, so verschieden die Grundlagen sind, auf denen beide beruhen.

Die erlösende Liebe ist in der Erotik vor dem Geliebten, in der Religion vor der Gottesvorstellung da, als unbewußtes Drängen, als schweifende Sehnsucht nach unbekannten Zielen, als unklare Ausstrahlung des bestimmten Bildes, das der Liebende als Bild der Gottheit oder des Geliebten in sich trägt. Das innere Bild ist unabtrennbar vom Wesen des Liebenden. Tief ist es in seine Seele gezeichnet. Sein Widerschein tastet rastlos die Personen des anderen Geschlechtes ab, um die eine zu finden, deren er zu seiner Erlösung bedarf. Je ähnlicher eine Person dem inneren Bilde, um so mächtiger zieht sie uns an. Stoßen wir auf den Menschen, der ganz dem Bilde entspricht, der gleichsam als füllende Gestalt in den Rahmen des Bildes tritt, so fahren wir wohl erschrocken auf, in Verzückung zugleich und Bestürzung. Ein unfehlbarer Instinkt sagt uns, daß wir am Ziel sind. Wir haben den Eindruck, diesen einen Menschen immer schon gekannt und alles, was wir mit ihm erleben, schon einmal erlebt zu haben. Unser Dasein mutet dann wie die Wiederholung eines früheren Daseins an, weil in unserer Sehnsucht schon das gegeben war, was nachträglich in der Welt der Tatsachen seine Bestätigung findet. Unser Inneres war auf das Äußere von Grund auf vorbereitet. – Der von der erlösenden Liebe Ergriffene liebt eigentlich nicht die Geliebte in ihrer zeitlichen Erscheinung, sondern sein eigenes Sehnsuchtsbild, das in der Geliebten Gestalt gewonnen hat. Er liebt die Fleischwerdung seines Ideals. Ob die Gestalt dem Bilde in allen Zügen entspricht, dies nachzuprüfen will er am liebsten nicht gehalten sein. Goethe schrieb an Kestner über Charlotte: »Ich wußte garnicht, daß das alles in ihr war, denn ich habe sie viel zu lieb von jeher gehabt, um auf sie Acht zu haben.« So sehr lag der Nachdruck seiner Liebe auf dem inneren Bild statt auf der tatsächlichen Erscheinung. Noch deutlicher sprach es Goethe in seiner Bemerkung aus, die Eckermann wiedergibt: »Meine Idee von den Frauen ist nicht von der Erscheinung der Wirklichkeit abstrahiert, sondern sie ist mir angeboren oder in mir entstanden, Gott weiß wie.« Entsprechend läßt er Leonore über Tasso sagen: »Uns liebt er nicht... Aus allen Sphären trägt er, was er liebt, auf einen Namen nieder.«

Ebenso Dante:

> So schmückt sie Phantasie, die nimmer ruht,
> Mit meinem Geist aus, drin ich sie bewahre.
> Nicht, daß sie von sich selber wär' auserlesen
> Für solch' ein hohes Gut,
> Nein, meiner Macht verdankt sie solchen Mut,
> Wie man ihn von Natur sonst nie gesehen.

Die Phantasie verhilft dem Liebenden dazu, über die Abweichungen der Gestalt vom Ideal hinwegzusehen. Sie kann ihm noch größere Dienste leisten. Sie zaubert, wenn sich keine Gestalt zu dem inneren Bilde finden will, dem nach Liebe Dürstenden aus dem Urgrund seines eigensten Wesens das Wunschbild vor Augen, das ihn, nur ihn erlösen soll. Chateaubriand schuf sich, als ihm keine Frau mehr genügte, ein fantôme d'amour als Gefährtin seiner Einsamkeit, und Pygmalion hauchte seine Sehnsucht in fühllosen Marmor. Er liebte nicht, was er geschaffen hatte, sondern schuf, was er liebte. Als dann aber das Geliebte in greifbarer Formung vor ihm stand, schien es ihm, daß er sich erst jetzt in das verliebe, was er heimlich immer schon geliebt hatte und wonach er in all seinem Schaffen auf der Suche gewesen war.

Weil der Wunsch, dem inneren Bild in leibhaftiger Gestalt zu begegnen, als absolutes Bedürfnis in uns brennt, sind wir so gern bereit, uns über die Wirklichkeit der Geliebten zu täuschen. Es ist die Gefahr des Liebenden, daß seine Liebe (nicht seine Geliebte) ihn blendet. Hat sich dann der Erlösungsdrang an einen bestimmten Menschen angeheftet, so hält er die Täuschung mit zäher Verbissenheit fest. Er verschwendet sein Verlangen nach dem Vollkommenen an das Unvollkommene und will sich seinen Fehlgriff nicht eingestehen. Das absolute Bedürfnis, das die Verkörperung seines Drängens gefunden zu haben glaubt, vermag sich von ihr nicht wieder loszureißen. Dann macht der Liebende oft genug den Eindruck eines Narren. Man sollte statt dessen von Tragik sprechen. Ist es nicht der Inbegriff aller Tragik, daß wir mit solcher Leidenschaft dem Vollkommenen zu begegnen wünschen und daß wir ihm so selten begegnen? Nicht nur in der Erotik, auch in der Religion ist es die Gefahr des absoluten, persönlichen Erlösungsdrangs, daß er eine falsche Richtung einschlägt und sich im Gegenstand vergreift. Über das zähe Festhalten an der falschen Wahrheit macht Augustin (Conf. X, 23) feinsinnige Bemerkungen: »Warum aber erzeugt die Wahrheit Haß? ... Weil nur so die Wahrheit geliebt wird, daß, wer etwas anderes liebt, will, daß das, was er liebt, die Wahrheit sei, und weil sie nicht getäuscht werden wollen, wollen sie sich nicht überführen lassen, daß sie betrogen sind.« Der unwiderstehliche Drang, das eine erlösende Vollkommene zu haben, läuft immer Gefahr, sich in der Religion an falsche Wahrheiten, in der Erotik an falsche Geliebte zu ketten, Götzendienst in beiden Fällen. Trifft nun aber dieser Drang auf die mit dem inneren Liebesbild sich deckende Gestalt, so gilt nicht: Liebe macht blind, sondern: Liebe macht sehend. Dann öffnet gerade der Glanz des inneren Bildes unser Auge für den verborgenen Wert in der

Person der Geliebten. Goethe rühmte an Frau v. Stein diesen wahrhaft erleuchtenden Blick der Liebe.

> Konntest mich mit einem Blicke lösen,
> Den so schwer ein sterblich Aug' durchdringt.

Nur dem Liebenden entschleiert sich das wahre Wesen eines Menschen, seine Totalität, sein absoluter Gehalt. Daher kennt der Liebende die Geliebte besser, und liebt er sie mehr, als sie sich selbst kennt und liebt. Er sieht ihre Möglichkeit des Vollkommenen, die Idealität ihres Wesens, nicht dessen Realität. Er sieht das, wozu sie tatsächlich vielleicht nur schamhafte Ansätze in sich birgt. Er sieht ihr besseres Ich. »Der Blick der Liebe nimmt im geliebten Wesen die göttliche Vollkommenheit und Unendlichkeit wahr, und er täuscht sich nicht« (A. Coomaraswamy). Liebe ist ja die Kraft, die uns befähigt, die Geliebte als Sinnbild des Göttlichen zu schauen, die Stelle erkennend, wo sie mit dem unsterblichen Teil ihres Wesens das Göttliche streift. Und diese Kraft selbst sollte nicht von den Göttern sein?

Die Individualisierung schreitet im Menschengeschlecht mit der kulturellen Verfeinerung ebenso fort, wie im einzelnen Menschen mit der Zahl seiner Lebensjahre. Die Entwicklung des menschlichen Leibes besteht ja darin, daß er sich durch seine besonderen Schicksale immer von der Typik der Gattung entfernt. Jede überstandene Krankheit, jeder mechanische Widerstand, jeder Stoß und jede Belastung zeichnen den Körper und heben ihn ab von den anderen Körpern. Die Geschichte des animalischen Leibes ist eine Geschichte zunehmender Individualisierung. Von der menschlichen Seele, vor allem der des Mannes, gilt das erst recht. Sie wird mit den Jahren immer reicher an höchstpersönlichen Erlebnissen, Geheimnissen und Erfahrungen. Das Leben rückt durch die Einmaligkeit der Begebenheiten und der Art, sie zu tragen, die Einzelwesen immer weiter voneinander fort, so daß die Lebensgeschichte eines Menschen zum Verzeichnis derjenigen Vorfälle wird, die nur ihn oder nur wenige betreffen und seine Isolierung verstärken. Wachsende

Individuation, also wachsende Einsamkeit ist das tragische Schicksal des Menschen, und je einsamer er ist, um so heftiger lechzt er nach Erlösung. Hier enthüllt sich der Sinn der Welttragik: Der Mensch mußte immer persönlicher und einsamer werden, damit sich das Bedürfnis nach Selbstentäußerung in ihm bis zur Ununterdrückbarkeit steigerte. Auf einer bestimmten Stufe der Entwicklung mußte er mit allem, was er war, mit allen Kräften, Trieben und Träumen der Liebe in die Hände fallen, dem Eros und dem Zug zu den Göttern, nur den einen Schrei auf den Lippen: Erlösung, und das hieß: Ergänzung, oder Aufgehen im Ganzen. Die Natur ist so geartet, daß sie sich schließlich dem Erlösungsmotiv von selbst öffnet. Sie ist auf die erlösende Liebe hingeordnet, und die erlösende Liebe ist immer persönliche Liebe. Nach dem *Gesetz der zunehmenden Individuation*, das alle Lebensentwicklung beherrscht, mußte der Mensch zur persönlichen Liebe gelangen. Nur in einem persönlich geprägten, eigenwilligen Menschen ist die große Liebe möglich als Ausnahme und seltenes Geschehen. Sie setzt die große Einsamkeit voraus; sie ist notgedrungen die seltene Liebe, die Liebe der seltenen Naturen – zu Gott oder Sterblichen. Je individueller durchgebildet der Mensch, um so nötiger ist es, daß er »seinen« Gott und daß er den zu ihm passenden Menschen findet, und um so schwieriger ist es zugleich. Findet er ihn aber, so kann die Seele in einen Rausch der Erlösung stürzen, wie er sich nur aus furchtbarster Spannung, aus tiefster Sehnsucht vollendet. Demnach wächst die Problematik der erlösenden Liebe mit der Dynamik ihrer Möglichkeiten. Es wird immer unwahrscheinlicher, daß die große Liebe gelingt, aber sie wird immer wunderbarer, wo sie gelingt. Mit der Enttäuschung und der Verlassenheit der Vielen erkauft der Weltgang die Erlösung der Wenigen, der Auserlesenen.

Die erlösende Liebe zeigt ihren Absolutheitscharakter auch darin, daß sie die *Aufmerksamkeit* des Liebenden *fixiert* und alles ausschaltet oder verdunkelt, was sich nicht auf das Geliebte bezieht. Der religiöse und der verliebte Mensch gehen unter uns einher, ohne daß wir ihnen etwas anderes bedeuten als eine leichte Berührung an der Oberfläche ihres Fühlens. In ihren Augen verflüchtigt sich die wirkliche Welt zu einem Traumgebilde. Der Schwerpunkt, die Fülle und der Wert des Seins ruhen in dem, was sie lieben, und dieses ist ihnen immer gegenwärtig, die Geliebte dem liebenden Mann, die Gottheit dem frommen Menschen. Darin bewährt sich die echte Liebe: daß Trennung nichts gegen sie vermag. Wahre Liebe macht gegen die Umwelt gleichgültig. Sie macht vor allem unempfänglich für erotische Reize anderer Personen. »Man kann sein Herz nicht zweimal verschenken« stellt ein Liebeskodex von 1174 fest. Wer eine Frau aus tiefster Seele liebt, sieht keine andere mehr an. Wer die Gottheit aus der Not seines Herzens liebt, will keine anderen Götter neben ihr. Er wird immer wünschen, daß ihm das eine Erlösende in voller Ganzheit gegenüberstehe, nicht aufgeteilt in ein loses Nebeneinander von überirdischen Wesen.

Inniger und inbrünstiger als alle ist der Mystiker der Gottheit zugetan. Darum ist er gleichgültiger als alle gegen die Welt. Er kehrt sich von ihr ab, asketisch eingestellt zu den Fragen des Tages, verstimmt, wie es scheint, und verneinend. Aber der Pessimismus des Mystikers ist dasselbe Phänomen, das in der Erotik als Fixierung der Aufmerksamkeit längst erkannt worden ist. Der Mystiker stirbt der Welt ab, weil ihn die Liebe zu Gott völlig ausfüllt. Sein Erlösungsverlangen hat sich konzentriert auf »Gott und die Seele«. Weil die Welt jenseits dieser Beziehung liegt, sieht der Fromme an der Welt vorbei wie der Verliebte an den Schwestern der Geliebten. »Die fromme Seele«, schreibt Albertus Magnus, »muß so mit Gott geeint sein, als gebe es nichts außer Gott allein und die Seele selbst ... Die ganze Seele ist mit all ihren Kräften und Potenzen in ihren Herrn und Gott gesammelt, daß sie mit ihm ein Geist wird und an nichts denkt als an Gott, nichts fühlt und erkennt als Gott« (De adhaerente Deo 4). Père Lacombe, der Mystiker des 17. Jahrhunderts, empfiehlt: »Lebe mit Gott in Deinem Inwendigen, als ob er und Du allein in der Welt vorhanden wären.« Haben nicht auch viele erotisch Liebende den frommen Wunsch, allein auf dem Erdball zu leben, damit sie sich und ihrer Liebe ungestört gehören können? Leben sie oft nicht so, als seien sie allein auf der Welt? Die vermeintliche Resignation des Mystikers trifft nur die der Welt, nicht die Gott zugekehrte Seite seines Wesens. Seine Weltflucht ist nicht Ursache, sondern Folge seiner Liebe zu Gott, die ihn der Erde entzieht. Daß uns die Welt verstimmt und wir uns über sie verwundern, ist schon das erste leise Mahnen, das erste zaghafte Dämmern dieser Liebe. Wir vermöchten uns nicht von der Welt fortzusehnen ohne das Vorgefühl einer vollkommeneren Welt, in die wir uns vor der sichtbaren retten können. Das »weg von« setzt das »hin zu« voraus. Wenn wir uns von der Wirklichkeit abwenden, folgen wir schon dem Rufe Gottes, auch wenn wir es nicht wissen. Alle Weltverneinung folgt aus der – wenn auch noch so verborgenen und unbewußten – Hinwendung zu Gott, nicht aber folgt der Weltverneinung das Gotteserlebnis. Das Positive kann nicht aus dem Negativen kommen.

Im Verhältnis zur Welt ist der Mystiker teilnahmslos, im Verhältnis zu Gott fließt er vor Lustgefühlen über. Wie häuft Augustin die Wendungen des Genusses, wenn er sein Gottgefühl beschreibt: Fruitio Dei, delectatio summi boni, dulcedo Dei, deliciae, suavitas intima, spiritualis voluptas. Als Liebesrausch, mâdhurrya, erleben die Hindus die höchste Stufe der ekstatischen Mystik. Die asketische Einstellung des Mystikers zur Welt darf mit erotischer Askese nicht verwechselt werden, ebensowenig wie man sagen darf, daß ein aus ganzer Seele Liebender vor der Erotik flüchtet, weil er über der Liebe zu einer einzigen Frau alle anderen Frauen vergißt. Das mystische Erlebnis ist durch und durch mit Erotik getränkt. Es ist seiner Natur nach Erotik, Verlangen nach Umarmung mit dem höchsten Wesen, und gerade weil es das ist, wird der Gott Liebende für jede andere Art Liebe, für Welt- und Geschlechterliebe unempfänglich. Er meidet sie, weil sein Liebesdrang schon sein Ziel gefunden hat in der wonnevollen Hingabe an das höchste Wesen. Der erotische Strom ist in ihm nicht versiegt, sondern hat sich gesammelt auf das eine Geliebte, das summum bonum, Gott.

Das Erlösungsmotiv hat die Neigung, alles auszuschließen, was nicht in die Liebesbeziehung fällt. Was aber in sie fällt, dem verleiht es absolute Bedeutung. Es adelt alles, was mit dem Geliebten noch so lose verbunden ist. Die liebevolle Verehrung, die der Fromme der Person seiner Götter und Heiligen zollt, greift auf ihren persönlichen Umkreis über, auf die Stätte ihres Erdenwandels und ihrer ewigen Ruhe, auf die Gewänder, die sie trugen, auf die Gegenstände, die sie berührten, auf die Überbleibsel ihres sterblichen Leibes. Ebenso ist es in der Erotik. Auch der erotische Mensch treibt seinen Reliquienkult mit den Gegenständen der Geliebten. Jedes ihrer Geschenke wird mitgetroffen von dem Zauber ihrer Person. Der Ort, an dem sie weilte, verwandelt sich in ein Heiligtum. Liest sie Lermontofs Gedichte, so lesen wir sie auch und finden sie plötzlich schöner denn je; spielt sie Schumanns Karneval, so beginnt er auch uns zu entflammen, um ihretwillen, nicht um seinetwillen. Eine Welle verklärenden Lichts geht von der Geliebten aus und erhellt unzählige Dinge und Begebenheiten, die wir bis dahin keiner Beachtung gewürdigt hatten. Hamsuns Leutnant Glahn küßt sogar die duftige Spur, die Edvardas Fuß ins Gras des Waldes getreten. Es gibt einen erotischen und religiösen *Fetischismus*, der nicht dem magischen Zauberwillen und seiner versachlichenden Wirkung entspringt, sondern der Tendenz zur Idealisierung, mit der das Erlösungsmotiv die ins Absolute erhobene geliebte Person umkleidet. Zwischen der magischen und der idealistischen Wurzel des Fetischismus ist scharf zu unterscheiden. Der magische Fetischist verdinglicht selbst das Göttliche, der idealistische vergöttlicht selbst das Ding. Vor dem Auge des ersten wird sogar das Absolute zur Sache; vor dem Blick des zweiten rückt auch noch die Sache in das Licht des Absoluten. Hier gilt, wie so oft: Derselbe äußere Tatbestand hat ganz verschiedene Bedeutung, je nach der Gesinnung, aus der er hervorgeht oder mit der er sich verbindet.

Das letzte Hauptmerkmal der erlösenden Liebe ist ihre *Wech-*

selseitigkeit. Sie ist Liebe, die auf Gegenliebe wartet oder antwortet. Sie setzt in der Erotik die volle Ebenbürtigkeit der Geschlechter, in der Religion die Gotteswürdigkeit des Menschen voraus. Hier liegt die zweite große erotische Leistung des Christentums: Es hob die Stellung der Frau gegenüber dem Mann und des Menschen gegenüber Gott. Es erhöhte den jeweils Unterlegenen, damit eine wechselseitige Spende der Erlösung möglich werde. Die Frau kann dem Mann nicht Erlöserin sein, wenn, wie bei den Griechen, ihr Gefühlsleben und die Neigung zu ihr in das niedere Liebesreich der Aphrodite πάνδημος verwiesen wird, und der Mensch kann nicht der Liebespartner Gottes sein, wenn er sich nur als das sündige, verlorene Geschöpf fühlt, das vor seinem Zuchtmeister zittert. Das Christentum hat erstmals den einzigartigen Gedanken ausgesprochen: Gott ist die Liebe, und wer in der Liebe bleibt, der bleibt in Gott und Gott in ihm (1. Joh. 4, 16). Es ist der Gedanke der *Agape,* dem vor allem das Evangelium Johannes und der 1. Joh.-Brief eine zentrale Stellung einräumt.

Keine andere Religion sieht die gott-menschliche Beziehung so sehr im Lichte der Erotik, als wechselseitiges Band der Liebe, wie die christliche. Dem Griechen war es unmöglich, sich vorzustellen, daß die Gottheit den Menschen liebe. Er verband mit dem Begriff der Liebe den des Mangels, des Bedürfens, der Unvollkommenheit. Im griechischen Weltbild kann das Göttlich-Vollkommene nur geliebt werden, aber nicht selbst lieben. Die Sterblichen streben zur Gottheit hinauf, aber kein göttlicher Gnadenstrom eilt ihnen entgegen. Der Grieche kennt nur Eros, nicht Agape, nur die Bewegung von unten nach oben, nicht die von oben nach unten. In seiner Metaphysik führt Aristoteles aus, Gott bewege die Welt, wie das Geliebte das Liebende bewegt; er gebe nur den Anstoß, ziehe durch seine Schönheit an und setze alles in Schwingung, aber er selbst bleibe unwandelbare Ruhe. Dieser gleichmütige Griechengott ist nicht Liebe, sondern ein Riesenmagnet, dem Gotte Spinozas ähnlich, der ebenfalls die Menschen nicht liebt, sondern nur von ihnen geliebt werden kann und in dieser Liebe der Sterblichen sich selbst liebt. Spinozas amor Dei intellectualis macht das geistige Geschehen zum göttlichen Monolog, nicht zur Zwiesprache zwischen Gott und den Menschen. Hier fehlt die Wechselseitigkeit. Auch Platon lehnt sie entschieden ab; »ein Gott verkehre nicht mit einem Menschen«.

Im Gegensatz dazu läßt die hebräische Religion Gott teilnehmen am Geschick der Menschen. Jehovah lebt mit dem Blick zur Erde. Aber von der Agape ist er noch weit entfernt. Er ist nicht der Liebende, sondern der Gerechte, Verkörperung des richtenden und ordnenden Prinzips. Die Rechtsidee ist anders geartet als die Liebesidee und geht nicht in ihr auf. Das Recht grenzt persönliche Machtbereiche gegeneinander ab und sichert sie gegen Störungen. Es beruht auf dem Selbstbehauptungswillen, nicht auf der Opferbereitschaft. Es verewigt die individuatio, statt auf ihre Überwindung bedacht zu sein. In vielsagendem Doppelsinn bedeutet Recht nicht nur die Rechtsordnung (objektives Recht), sondern auch die persönliche Befugnis (subjektives Recht). In der Liebe dagegen gibt es kein Mein und Dein. Dessen ist die Trausitte des Ringwechsels ein allbekanntes Sinnbild. Als Christus die religiöse Liebesidee durchsetzen wollte, stieß er gerade auf den härtesten Widerstand der Rechtsidee. Er wurde nicht müde in Gleichnissen (vom verlorenen Sohn, vom Schalksknecht, von den Arbeitern im Weinberg), den einen großen Gedanken zu umschreiben: Gottes Liebe entfaltet sich spontan, ohne Wertung nach Verdienst und Schuld, jenseits von Gut und Böse (Mark. 2, 17; Matth. 20; 18, 23 ff.; 5, 45–46). Wenn Gott den Menschen liebt, so ist das kein Zeugnis dafür, wie der Mensch, sondern wie Gott ist. Seine Liebe folgt nicht Werten, sondern bringt sie aus dem an sich Wertlosen hervor. Sie ist ein wertschaffendes, nicht – wie das Recht – ein nur wertschützendes Prinzip. Jesus betonte mit einer für seine Zeit kaum faßlichen Entschiedenheit, er sei nicht gekommen, Gerechte zu rufen, sondern Sünder. Für Sünder stirbt er am Kreuz, damit sich die echte Liebe als Sünderliebe Gottes und als Feindesliebe des Menschen bewähre. Nur dann ist sie ganz sicher, daß sie sich nicht der Rechtsidee unterwirft. Das Neue des christlichen Agapegedankens ist also gegenüber dem Griechen: daß *Gott* liebt und nicht der Mensch; gegenüber dem Juden: daß Gott *liebt* und nicht nur richtet.

Griechen und Hebräer stimmen darin überein: Es gibt einen Weg des Menschen zu Gott. Ihnen setzt das Christentum, zunächst in fast schneidender Schärfe und Einseitigkeit, die Überzeugung entgegen: Es gibt nur einen Weg von Gott zu den Menschen; der Liebesstrom hat die Richtung von oben nach unten. Besonders Paulus, der im 1. Korintherbrief (Kap. 13) leidenschaftliche Worte für die religiöse Liebe fand, hat mit Nachdruck den Gedanken vertreten, daß in der gott-menschlichen Beziehung die Liebe von Gott ihren Ausgang nimmt, nicht aus dem Mangel aufsteigend, sondern aus der Überfülle niederströmend. Darin liegt ja die vom Christentum bewirkte Erhöhung des Menschen, daß es Gott zum zuerst Liebenden macht. Noch bevor der Mensch zu ihm hinaufstrebt, kommt Gott zum Menschen herab. »Laßt uns ihn lieben, denn er hat uns zuerst geliebt« (1. Joh. 4, 19). Also ist alle Menschenliebe zu Gott schon Gegenliebe. Paulus umschreibt diesen Sachverhalt mit dem Wort πίστις, Glauben. An Gott glauben heißt, sich in einer Gemeinschaft mit ihm fühlen, sich bereithalten und empfänglich machen für die Liebe Gottes. Der Glaube des Paulus schließt die Hingabe des Herzens ein. Er ist Liebeserwartung, Liebesbereitschaft, oder schon Gegenliebe, Ergriffensein, Antwort auf ein Verhalten Gottes. In diesem Sinn spricht der Apostel (Gal. 5, 6) vom »Glauben, der durch Liebe tätig ist«.

Damit in der gott-menschlichen Beziehung die volle Wechselseitigkeit entstehen konnte, mußten sich der griechische Eros und die christliche Agape innig durchdringen. Das geschah in der christlichen Mystik, in der sich die beiden Gegenströme trafen, der aufwärts führende menschliche und der abwärts führende göttliche Liebesstrom. Echte Mystik beruht auf dem Gedanken, daß nicht nur der Mensch des Gottes, sondern auch Gott des

Menschen bedarf, daß sie sich gegenseitig suchen und erst in ihrer wechselseitigen Liebe erlösen. Beide sind aufeinander angewiesen, auch Gott auf den Menschen. Ohne den Menschen hat er kein Wesen, an das er seine Liebe verschwenden kann. Daher dichtet Angelus Silesius: »Ich weiß, daß ohne mich Gott nicht ein Nu kann leben,« Gott ist also nicht nur die unbewegte Kraft, die alles an sich zieht (Eros), oder die überströmende Kraft, die sich »aus der Fülle des Wohlwollens« (Augustin) grundlos in die Welt ergießt (Agape), sondern er ist suchende Liebe. In ihm brennt wie im Menschen der Schmerz der Sehnsucht, das Erlösungsmotiv. Es dürstet Gott – wie Dostojewskij sich ausdrückt – nach der frei erwidernden Gegenliebe des Menschen. Er ist nicht der völlig Wunschentrückte. Auch er leidet. Ihm fehlt zu seiner Vollkommenheit die menschliche Gegenliebe.

Erst in der Mystik, in der sich Agape und Eros versöhnen, erfährt der Mensch seine höchste Erhöhung bis zur Gottesebenbürtigkeit. Er wird zum gleichberechtigten Liebespartner der Gottheit und braucht nicht mehr in bloß erwartender Haltung zu verharren. »Gott in den Tiefen unseres Seins empfängt Gott, der auf uns zukommt; Gott schaut Gott« (Ruysbroeck). Die Mystik kennt beide Wege: den von Gott zum Menschen und den vom Menschen zu Gott. Nur auf dem Boden dieser Überzeugung konnte der Glaube an die Verschmelzbarkeit von Mensch und Gottheit reifen und die Paulinische Gemeinschaft mit Gott zur Liebesvereinigung mit Gott verdichtet werden. Erst damit erhält das gott-menschliche Verhältnis seine volle erotische Ausgestaltung. Es wurde – in langer Entwicklung – um so inniger, je mehr der Mensch seinen Urschauder verwand. Der Reihe nach stand Gott zum Menschen im Verhältnis des Herrn zum Knecht, der Mutter oder des Vaters zum Kinde, schließlich des Mannes zur Frau. Die Vertiefung des religiösen Bewußtseins führt eine immer stärkere Erotisierung des gott-menschlichen Verhältnisses herbei. Es gibt also nicht nur einen Weg des Eros zu den Göttern, sondern auch einen Weg des Göttlichen zur Erotik.

Das Christentum ist eine erotische Erlösungsreligion. Es bietet den Bedürfnissen der erlösenden Liebe weiten Raum, sich ganz im Religiösen auszuleben. Damit legte es den Keim zu einer schweren Gefahr: daß die Erotisierung der Religion zur *Entheiligung der Erotik* führe. Wo sich das Erlösungsmotiv mit voller Kraft auf die gott-menschliche Beziehung sammelt, wird die Geschlechterbeziehung allzuleicht vom Erlösungsmotiv gemieden und verlassen und sinkt herab in niedere Regionen. Wir werden dieser Erscheinung wiederbegegnen, wenn wir die Ursachen der Erosächtung prüfen.

Von der Warte der erlösenden Liebe gesehen bedeutet der Islam gegenüber dem Christentum einen langen Schritt zurück. Der Islam kennt keine Liebesgemeinschaft mit Gott und keine zwischen Mann und Weib. Allah bleibt in seiner Allmacht von Liebesregungen unberührt, ein harter Despot voller Willkür und Launen, auf den der Gläubige noch nicht einmal das Wort Vater anzuwenden wagt, und der Mann ist der Allah seiner Weiber, mit denen er wie mit willenlosen Sklaven nach Gutdünken schaltet. Die religiöse und die geschlechtliche Sozialbeziehung entsprechen sich: Unwürdig wie die Stellung des Menschen gegenüber Gott ist die des Weibes gegenüber dem Manne. Und selbst in diese Religion hat sich auf heimlichen Wegen die erlösende Liebe eingedrängt. Bajesid Bestami, ein Mystiker des 9. Jahrhunderts, faßt die religiösen Erfahrungen eines Menschenalters in das Bekenntnis zusammen: »Dreißig Jahre ging ich auf die Suche nach Gott, und als ich am Ende der Zeit die Augen öffnete, entdeckte ich, daß er es war, der mich suchte!« Das ist derselbe Gedanke von Gottes suchender Liebe, den auch der erste Johannesbrief wiedergibt. So sprengt der erotisch-religiöse Drang die Fesseln des Dogmas. Die islamische Mystik steht der christlichen Mystik viel näher als der islamischen Dogmatik.

V

ANBETUNG UND VERSCHMELZUNG

Anbetung und Verschmelzung sind die beiden Formen, in denen sich die erlösende Liebe äußert. Beide stimmen in der Hingegebenheit der Haltung überein, in der sie den Gewinn des wahren, überpersönlichen Lebens suchen. Dadurch unterscheiden sie sich vom Verschlingungstrieb, der weder der Erlösung begierig, noch der Hingabe fähig ist. Aber die Anbetung ist Hingabe an einen übergeordneten, die Verschmelzung an einen gleichgeordneten Wert. Entsprechend erzeugt das Erlösungmotiv die *anbetende oder theistische und die umarmende oder mystische Liebe* in Religion und Erotik. Der Verschlingungstrieb will das Geliebte unterjochen. Der Anbetungsdrang will den Liebenden vor dem Geliebten niederwerfen. Der Verschlingungsdrang will den Liebenden mit dem Geliebten vereinigen. In der Erotik sucht der Verschlingende die Frau als Beute oder Ware, der Anbetende als Gebieterin, der zur Verschmelzung Geneigte als Gefährtin. In der Religion gehört zum Verschlingungstrieb die Magie, zur anbetenden Liebe der Theismus, zur verschmelzenden Liebe die Mystik. Der Verschlingende sieht herab, der Anbetende hinauf, der Verschmelzungsbereite geradeaus. Auch der Anbetende, nicht nur der Verschmelzende sucht die Erlösung aus der Vereinzelung. Er will niederknien als das Vergängliche und aufstehen als das Unvergängliche. Auch die Anbetung ist Entselbstung durch Hingabe an das höchste Gut. Der Anbetende sucht es erotisch in der Geliebten, religiös in Gott, der zur Verschmelzung Strebende sucht es *mit* der Geliebten und *mit* der Gottheit. Für den ersten ist die Geliebte Göttin, für den zweiten ist sie Gehilfin zu Gott. Jener sieht in ihr das Gänzliche, dieser das Ergänzende. Es ist für die mystische Liebe wesentlich, daß sie auch in der Religion nach dem gleichberechtigten Gegenpol strebt, nicht nach dem All-Einen. Sie hält nicht eigentlich schon Gott selbst für das Vollkommene, sondern das, was sich aus der gott-menschlichen Vereinigung formt. Deshalb sagt Meister Eckart: »Solange die Seele einen Gott hat, Gott erkennt, von Gott weiß, solange ist sie getrennt von Gott. Das ist Gottes Ziel: sich zunichte machen in der Seele, auf daß sich auch die Seele verliert. Denn daß Gott ›Gott‹ heißt, das hat er von den Kreaturen.« (Er ist also noch nicht das Überkreatürliche, sondern bringt es gemeinsam mit dem Menschen erst hervor.) David von Augsburg meint: »Der Mensch wird mit Gott ein Ding.« (Erst dieses Ding ist das Absolute.)

Die anbetende Liebe will den Abstand zum absoluten Wert erhalten, möglichst vergrößern; die mystische Liebe will ihn verringern, möglichst vernichten. Die erste ist Liebe der Ferne, die zweite Liebe der innigsten Berührung. Die Anbetung besteht auf Erhaltung der Substanz und Einhaltung der Distanz. Die Verschmelzung geht auf *einer* Ebene vor sich, die keine Unebenheiten verträgt. Die anbetende Liebe teilt den Liebenden verschiedenen Rang zu, die verschmelzende Liebe gleichen Rang. Der anbetende Mensch hat den Urschauder, den erotischen wie den religiösen, nicht zu derselben Empfindung des Zutrauens verarbeitet wie der mystisch Liebende. In der Anbetung zittert noch die Angst des Anfangs nach, selbst in der anbetenden Geschlechterliebe. Für den Anbetenden haben die Geliebte und die Gottheit noch etwas von der Unnahbarkeit, die das Geheimnis der Angstreligionen bildet. Hier suchen sie nicht Gleichberechtigte, Vertrauende, wie in der mystischen Liebe, sondern der Anbetende beugt sich in seiner Winzigkeit, das Angebetete thront in überwältigender Größe. Die Grundstimmung der anbetenden Liebe ist Ehrfurcht. In der Anbetung ist die Angst des Urschauders zur Ehrfurcht gemildert. In der Ehrfurcht begegnen sich Angst und Liebe. Sie ist Angst, besänftigt durch Liebe. Darum ist die anbetende Liebe nicht die vollkommene und ausschließliche Liebe. »Wer sich fürchtet, der ist nicht völlig in der Liebe« (1. Joh. 4, 18).

Die anbetende Liebe hat die Neigung, den Liebenden zu verkleinern und das Geliebte zu vergrößern. Der Anbetende möchte sich zunichte machen und ersterben vor Gott oder der Geliebten. »Ich sterbe unter der Gewalt Deiner Liebe«, flüsterte Marguerite-Marie, die Gründerin des Herz-Jesu-Ordens, zur Christusstatue hinauf. Zum Gebet gehört begrifflich das Niedersinken vor dem, wozu wir beten. Daher ist die ursprüngliche Gebetsstellung, sich in den Staub zu werfen, ein Bild, das der religiöse Sprachgebrauch als fromme Metapher bewahrte. In der Erotik kniet der von der anbetenden Liebe Ergriffene vor der Geliebten nieder, aber er umarmt sie nicht. Die Anbetung stellt wie die Verschmelzung eine »soziale« Beziehung her, aber Gemeinschaft, nie Vereinigung. Der Anbetende will nichts und das Angebetete soll alles sein. Um alles zu haben, ist er bereit, zu entwerden. In der umarmenden Liebe dagegen streben zwei gleichberechtigte Hälften zueinander, und die Liebesspannung löst sich erst durch volle Verschmelzung. Die erlösende Kraft der anbetenden Liebe besteht im anschaulichen Bewußtsein, daß es einen höchsten Wert gibt, in dem sich die Fülle des Daseins kundtut, und in der Gewißheit, dieses höchsten Wertes liebend innezusein. Durch das Erlebnis dieser Gewißheit befreit die anbetende Liebe aus der Vereinzelung. Daß auch die umarmende Liebe daraus erlöst, bedarf keines Beweises.

Damit der Anbetende nicht am Unendlichkeitswert des Geliebten zweifelt, neigt er dazu, es immer weiter zu entrücken, während die mystische Liebe die Annäherung der Liebenden betreibt. Die anbetende Liebe möchte das Angebetete immer höher, immer entrückter sehen, damit es in seiner Unnahbarkeit und Erdenferne um so erhabener, um so reiner und unbezweifelbarer als das Absolute leuchte. Gerade der weite Abstand verbürgt und bewahrt die absolute Natur des geliebten höchsten Wesens. In der anbetenden Liebe sucht das Erlösungsmotiv durch Streckung des Abstands, in der verschmelzenden

Liebe durch Aufhebung des Abstands zu erlösen. (Der Ausdruck »platonische Liebe« für die anbetende Liebe ist demnach nicht glücklich, da er das Abstandhalten nicht ausdrückt; Platons Eros zieht den Liebenden zum Geliebten hinauf!)

Die *Anbetung ist eine religiöse, die Verschmelzung eine erotische Kategorie.* Daß sich der Mensch vor einem höchsten Wesen verehrend neigt, gehört zur Eigenart der Religion. Daß ein Wesen mit einem anderen zu unlöslicher Einheit zu verwachsen strebt, ist der Grundvorgang des Erotischen, wenn nicht gar des Geschlechtlichen. Mit der Anbetung dringt ein religiöses Element in die Erotik, mit der Verschmelzung dringt ein erotisches Element in die Religion. Die anbetende Liebe ist erotische Religiosität (auch in der Erotik), die umarmende Liebe ist religiöse Erotik (auch in der Religion). Durch den Drang, den Abstand zwischen den Liebenden zu dehnen, offenbart die anbetende Liebe, daß in ihr etwas Außergeschlechtliches wirksam ist, denn das Wesen des Geschlechtstriebes ist das Zueinanderstreben der Geschlechter. Die anbetende Liebe ist immer in Furcht, an sinnlicher Berührung zu sterben. Daher flieht sie den körperlichen Akt; das Göttliche scheut sich, die Erde zu streifen. Ist es nicht erstaunlich, daß sie die religiöse Haltung der Anbetung in der Erotik überhaupt einbürgern und stellenweise durchsetzen konnte – oberhalb des Naturtriebes und im Widerstreit mit diesem? Männliche Naturen bevorzugen oft die anbetende Liebe, in der Religion den Theismus wie Paulus und Luther, in der Erotik die »platonische Liebe« wie die Ritter der Minnezeit, wie Dante, vielfach Goethe, fanatisch Weininger, während die weiblichen Naturen (auch unter den Männern) gern zur umarmenden Liebe drängen. Besonders auf religiösem Gebiet haben sich Frauen in der mystischen Liebe immer hervorgetan. Also auch innerhalb der erlösenden Liebe wählt der Mann die mehr religiöse, das Weib die mehr erotische Seelenhaltung. Schon beim Vergleich der Geschlechter erwies es sich, daß dem Mann, sofern er über den Verschlingungstrieb hinausgelangt, die erotische Religiosität, der Frau die religiöse Erotik liegt. Der Mann ist

Machtmensch oder Erlösungssucher, das Weib aber ist das natürliche Wesen der Liebe.

Die anbetende Liebe ist das Gegenstück zum Verschlingungstrieb. Sie will den Liebenden kleiner, jener den Begehrenden größer machen. Der Verschlingende sucht Freiheit durch Macht über das Begehrte. Der Anbetende sucht sie durch Hingabe des eigenen Selbst an das Geliebte bis zur eigenen Vernichtung. Er weiß um das Geheimnis von der erlösenden Kraft der Demut, die befreit, indem sie unterwirft. Das widerstandslose Niederfallen des Menschen vor dem Angebeteten reinigt von der Sucht, sich dem Unabwendbaren entgegenzustemmen. Es lehrt ihn, im Strom der Ewigkeit zu schwimmen statt hoffnungslos gegen ihn. Die Freiheit des Demütigen besteht gerade im Vollgefühl überweltlicher Bindung.

Auch in der anbetenden Liebe ist – wie in der umarmenden – der Drang nach gesteigertem Dasein mächtig, nach Teilhabe am »ewigen Leben«. Das ist ja das Paradoxe der anbetenden Liebe (im Gegensatz zur umarmenden oder gar zum Verschlingungstrieb), daß sie durch äußeren Niederfall innerlich erhöht. Niederknien und sich dennoch erhoben fühlen, sich ausstreichen vor dem Antlitz des Absoluten und es gerade dadurch gewinnen – das ist das Mysterium der Anbetung. Ein feines Gefühl für diese Zusammenhänge hatte Spinoza, der seine ganze Frömmigkeit in die demütige Anschauung des Alls legte, vor dem sich· das kleine menschliche Ich betrachtend aufgibt – für Spinoza die einzige Möglichkeit menschlicher Befreiung. Die anbetende Liebe hat mehr mit der Haltung der quietistischen als der echten, der Verschmelzungsmystik gemein. Sie unterscheiden sich nur dadurch, daß der Anbetende vor dem Angesicht des höchsten, unberührbar bleibenden Wesens – Gottes oder der Geliebten – dahinschwindet oder dahinschwinden möchte, während der quietistische Mystiker sich in das höchste Wesen auflöst, indem er sich in dieses hinabsenkt und in ihm gleichsam ertrinkt. Der Verschmelzende endlich vereinigt sich mit dem höchsten Wesen zu etwas Neuem; nicht das Unsterbliche nimmt dann das Sterbliche auf, sondern ein werdendes Drittes nimmt beide auf.

Nach dem Gesetz, daß äußerste Gegensätze sich berühren, weisen Verschlingungstrieb und anbetende Liebe neben ihrer Gegensätzlichkeit auch merkwürdige Übereinstimmungen auf. So ist es möglich, daß der Anbetende und der Begehrende auf Gegenliebe verzichten. Im Begehrenden ist der Besitztrieb so stark, daß es ihm gleichgültig zu werden pflegt, wie sich das Begehrte mit seinem Schicksal, vom Begehrenden ergriffen zu sein, abfindet. Im Anbetenden kann das Bedürfnis nach demütiger Hingabe so mächtig werden, daß es keine Antwort mehr erwartet. Schon in der Hingabebewegung erfüllt sich dann diese Liebesart ganz, und der Liebende kann mit Goethes Philine sagen: »Wenn ich Dich liebe, was geht's Dich an?« Die verschmelzende Liebe hingegen wird lieber auf den Besitz des Geliebten als auf die Gegenliebe verzichten; denn Gegenliebe ist ja der Wille des Geliebten, mit dem Liebenden die gesuchte Einheit, das ersehnte Vollkommene herzustellen.

Es ist die *Gefahr der anbetenden Liebe,* daß sie die Entfernung zwischen dem Liebenden und dem Geliebten überspannt. Der Anbetende verliert dann leicht die Fühlung mit dem Angebeteten. Er sehnt sich nach Zwischengliedern der Nähe, mit denen er den weiten leeren Raum zwischen sich und dem Angebeteten bevölkert, in der Religion mit Götzen, Heiligen, Halbgöttern, Heroen und Priestern, in der Erotik mit anderen Frauen. So kommt er in der Religion vom überspannten Theismus zum Polytheismus, zum Heroenkult und schließlich zur Gottlosigkeit, in der Erotik von der überspannten Anbetungsliebe zur Mehrliebe, zur bloßen Sexualität und schließlich wohl gar zum Ekel vor jeder Äußerung des Geschlechtlichen. In der Erotik läßt die anbetende Liebe dem Sexus am wenigsten Freiheit. Sie ist diejenige Liebesart, die ihn am unbeugsamsten dem Gesetz der Überwelt dienstbar zu machen strebt und ihn oft genug bis zur tödlichen Feindschaft verachtet. Deshalb lehnt er sich hin und wieder gegen sie auf, der Bevormundung überdrüssig und lüstern nach der Rückkehr in das ihm eigene Gesetz des

Stoffes. Sordel, der Sänger der reinen, anbetenden Minne, unterhielt Liebesverhältnisse mit zahlreichen Frauen, nicht immer den edelsten, so daß sein Zeitgenosse Bertran vermerkt: »Sordel hat wohl hundertmal mit seinen Damen gewechselt.« Petrarca besang eine überirdische Gestalt unter dem Namen Laura, aber mit einer Dirne hauste er zusammen. Dante freilich hat bewiesen, daß der Mensch die hohen Anforderungen erfüllen kann, die die anbetende Liebe an ihn stellt. Vor deren Versuchungen bewahrt die umarmende Liebe, gleicherweise in der religiösen Mystik und in der mystischen Erotik. Sie erkennt den Sexus an, soweit er sich ihrem erlösenden Zuge zur Einheit anschließt. Sie schaltet ihn nicht aus, sondern verstärkt sich durch ihn, wennschon sie nicht darauf verzichtet, ihn zu lenken und ihm die Richtung seines Wirkens vorzuschreiben. In der Religion knüpft sie ein so festes Band zwischen Mensch und Gott, daß dieser dem Frommen immer gegenwärtig ist und ihm nie über den Wolken entschwindet. Die mystische Religionsform ist der festeste Wall gegen Vielgötterei und Gottlosigkeit, wie die mystische Liebesform der wirksamste Schutz gegen Verschlingungstrieb, Genußliebe und Unterwerfung unter das Joch der geschlechtlichen Notdurft. Den Riß zwischen Himmel und Erde (»Gott ist im Himmel und auf Erden bist du«) und den Riß zwischen Erotik und Geschlechtstrieb hat die anbetende Liebe überhaupt erst möglich gemacht. Sie hat asketische Züge, und darum sind die Gefahren der Askese auch ihre Gefahren. Wo sich das Erlösungsmotiv gar nicht oder nicht in der Form der Anbetung äußert, gibt es entweder die Einheitlichkeit des niederen Reiches (Gottlosigkeit, Sexualität) oder die Harmonie der Vereinigung, der gott-menschlichen in der Religion und der sinnlichen-übersinnlichen in der Erotik. Nur zur anbetenden Liebe, nicht zur umarmenden gehört als metaphysischer Hintergrund die straffe dualistische Spannung, die in der Religion Mensch und Gott, in der Geschlechterliebe Leib und Seele trennt und in dieser Trennung zu erhalten trachtet.

Die anbetende Erotik ist im 12. Jahrhundert zugleich mit der

Achtung vor der Frau entstanden, an den Höfen der Provence, vor allem am päpstlichen Hof in Avignon. Von da hat sie sich, sofort bei ihrem Aufkommen als etwas Göttliches angestaunt, über Europa verbreitet, bis sie im Zuge der allgemeinen Verweltlichung zur Galanterie des Rokoko verflachte. Diese Kulturerscheinung ist in den Annalen der Geschichte unter dem Namen *Minne* (höfische Frauenliebe) vermerkt. Es müssen geniale Frauen gewesen sein, die damals den Mann bis zur Frauenanbetung entflammten, die Rangordnung stürzend, die bis dahin das Geschlechtsverhältnis bestimmte. Die Frau, scheel angesehen und verachtet, wurde plötzlich über den Mann erhoben als absoluter Wert, von dem der Mann seinen Wert erst ableitete. Sie wird Göttin, nachdem sie viele Jahrhunderte Sklavin gewesen war. Sie wird für die lange Knechtschaft entschädigt, die sie seit dem Ausklang des weiblichen Weltalters hatte erdulden müssen.

Den Umsturz der geschlechtlichen Rangordnung bestätigend nennen sich die liebenden Männer in ihren Minneliedern Leibeigene oder Vasallen ihrer Damen; selbst Kaiser und Könige dichten so! Eine ungeheure Umwälzung – und sie ist im entscheidenden Teil das Werk von Frauen, nicht von Männern. Sie hat auf das Kulturleben des Abendlandes nachhaltig eingewirkt. Sie formte die Geschlechtsbeziehung neu: sie sicherte weiblichen Kräften und Werten einen bis dahin unbekannten Anteil an der Gestaltung der menschlichen Gesellschaft. Sie ergriff sogar die Religion, belebte umbildend den Madonnenkult und verlieh der franziskanischen Bewegung die warme, blutvolle Schöpfungs- und Gottesliebe. (Franz nannte sich einen Troubadour Gottes, die Armut seine strahlende Braut.) Der provenzalische Erotismus ist ein Beispiel dafür, in welcher schweigsamen und doch so entschiedenen Weise Frauen Geschichte machen können, jene Geschichte, die hinter der politisch-militärischen als die wichtigere von beiden abläuft, sie durchdringt und sie ohne Absicht auf ferne Ziele richtet.

Gleich der erste nachgewiesene Fall der Minne, der des Edelmanns Jaufre, der um 1160 starb, ist für die anbetende Liebe typisch: Jaufre liebte eine Gräfin von Tripolis, die er nie gesehen hatte. Das ist die echte Liebe der Ferne, die das Geliebte um so heißer liebt, je weiter sie es dem Liebenden entrückt. Scharfsinnig schied dann der Hofkaplan Andreas in seinem lateinischen Buch über die Geschlechterliebe zwischen amor und drudaria (Sinnlichkeit) und löste den Begriff der »echten Liebe« vom Verschmelzungsdrang ab. »Der liebt nicht, den die Wollust quält.« – In den Leys d'amors (Gesetzen der Liebe) aus dem 14. Jahrhundert gilt es als ungehörig, daß der Minnende von seiner Dame einen Kuß verlangt. Peirol fürchtet die geschlechtliche Umarmung als das Grab der echten Liebe. »Ich kann nicht glauben, daß ein wahrhaft Liebender dann noch wirklich weiter liebt.« Weil die Liebe der Minnezeit die anbetende Liebe ist, wendet sie sich gegen die Ehe als den Schauplatz der Umarmung. Andreas gibt die regula amoris: »Es steht ganz fest, daß zwischen Ehegatten die Liebe keinen Platz hat.« Der Minnesänger Fauriel behauptet: »Ein Gatte, der angibt, sich gegen seine Frau zu benehmen wie ein Ritter gegen seine Dame, täte etwas, was der Ehe widerstreitet.« Die Verfechter der Minne leugnen die Ehe nicht ab, weil sie die freie Liebe wünschen, sondern weil sie das Liebesideal der Nähe überhaupt verwerfen. Die Minne war regelmäßig Liebe zu einer verheirateten Frau, aber zur Frau eines anderen. Dadurch erleichtert es sich diese Liebe, den nötigen Abstand zu halten, an dessen Verlust sie zu sterben fürchtet.

Der in der Anbetung Liebende sucht sein Ideal eines absolut wertvollen Wesens. Je mehr sich die anbetende Liebe vollendet, um so mehr muß sie sich der anbetenden Religiosität nähern. Wenn keine Frau dem Liebenden mehr genügt, leitet sein Anbetungsdrang nach der ihm innewohnenden Höhenrichtung zu den Göttern über. Die Sehnsucht nach dem anbetungswürdigen Menschen ist schon verschleierte Liebe zu Gott. Der Drang, das Geliebte zu vergöttlichen, kreuzt sich mit dem Verlangen, das Göttliche in leibhaftiger Gestalt zu sehen. Auch die Minne verschlingt sich immer fester mit religiösen Motiven. Sie schreibt Liebesandachten vor, die den kirchlichen Andachtsübungen gleichen, Minnegebete für die Geliebte. Der Liebende sieht im religiösen Akt des Gebetes ein besonders geeignetes Mittel, seine Liebesgefühle aufzuschließen. Es reift eine Scholastik der weltlichen Liebe heran, der kirchlichen Scholastik nachgebildet. Erotische und religiöse Liebe fühlen sich so nah verwandt, daß es vielfach genügt, in religiösen Schriften das Wort Gottes gegen die Worte Geliebte oder Herrin einzutauschen, um den tractus amoris zu haben. Der erste Troubadour, Bernart de Ventadour, singt die Dame seines Herzens mit den frommen Versen an:

> Mit gefalteten Händen trete
> Ich vor Euch hin und bete.

Der Vollender dieser Entwicklung ist Dante. Er verschmolz die anbetende Erotik und die anbetende Religiosität zu einer organischen Einheit. Er ordnete die Liebe zur Frau in das System der ewigen Werte ein, indem er den christlichen Himmel um seine persönliche Geliebte bereicherte. Er gab ihm in Beatrice eine neue Heilige; als göttliche Frau thront sie neben Gott, die Gebete des Liebenden entgegennehmend. Das Erbe Dantes hat Goethe gehütet. Über seine Beziehung zu Charlotte Kestner äußerte er: »Der erste Augenblick, der sie mir näher brächte, wäre der letzte unserer Bekanntschaft.« Das ist das typische Distanzhalten der anbetenden Liebe! Frau v. Stein verglich er mit der Madonna: »Sie kommen mir zeither vor wie Madonna, die in den Himmel fährt, vergebens, daß ein Rückbleibender seine Arme nach ihr ausstreckt, vergebens, daß ein scheidender tränenvoller Blick den Ihrigen noch einmal niederwünscht; sie ist nur in den Glanz versunken, der sie umgibt, nur voll Sehnsucht nach der Krone, die ihr überm Haupt schwebt.« Auch hier offenbart die anbetende Liebe eines ihrer Merkmale: die Neigung, die Geliebte dem Liebenden zu entrücken und ihre Gegenliebe bedeutungslos zu machen. In einem Brief bezeichnet Goethe sein Verhältnis zu Frau v. Stein als das »reinste, schönste, wahrste«, das er außer zu seiner Schwester je zu einem Weibe gehabt habe. In einem Gedicht heißt es:

Ach, Du warst in abgelebten Zeiten
Meine Schwester oder meine Frau.

In der anbetenden Liebe nimmt die Geliebte mitunter schwesterliche oder mütterliche Züge an. So schützt sie sich vor der Umarmung und bleibt Liebe der Ferne. Im zweiten Teil des Faust schließlich rückt die vergöttlichte Frau unter dem Bild der Jugendgeliebten in den Kreis der Heiligen auf, an die Seite der Madonna, und verwaltet dort in der nach oben ziehenden Liebe das weiblich-erlösende Prinzip der Welt. Damit erweist sich die anbetende Geschlechterliebe als das, was sie ihrem Wesen nach von Anfang an ist, als Form der erlösenden Liebe, als Gnadenmittel des Erlösungsmotivs.

Die erotische Bewegung, die im zwölften Jahrhundert von der Provence ausging, hat auch die *Marienverehrung* erfaßt und tiefgreifend umgestaltet. War bis dahin Maria die Theotokos (Gottesgebärerin), so wurde sie jetzt die *Madonna*. Aus der Verkörperung göttlichen Muttertums verwandelte sie sich in das Sinnbild göttlich-erlösender Fraulichkeit. Die Madonna des Hochmittelalters ist nicht das Weib als gebärende Kraft, sondern das Weib als Erlöserin, als Ziel der anbetenden Liebe. In der Madonnenverehrung schneiden sich die beiden Entwicklungslinien, deren eine zur Vergöttlichung der Erotik, deren andere zur Erotisierung der Religion strebt. Vor dem Auge des erotisch Liebenden verwandelt sich die geliebte Frau in eine Gottheit, vor dem Blick des Frommen verwandelt sich die Gottheit in eine liebenswerte Frau. Die Grenzen zwischen anbetender Erotik und anbetender Religiosität sind fließend. Es gibt Liebesgedichte an die Madonna, erotische Marienlieder. Minnedichter nennen sich Freunde und Liebhaber der göttlichen Jungfrau, ihrer »wahren Freundin«. Heinrich Seuse legt ihr die Kosenamen »geistliches Lieb« und »auserwähltes Herzenstraut« bei. Gottfried von Straßburg besingt sie als »süßen Minnetrank«. Damit ist er schon tiefer im Bereich der Erotik als dem der Religion und hat den Zusammenhang mit der Kirchenlehre preisgegeben. In dieser Weise konnten sich Minnedienst und Madonnenkult begegnen, weil beide Ausdrucksformen der anbetenden Liebe sind.

Der Madonnenkult, wie er sich seit der Minnezeit entfaltete, ist einer Sehnsucht des Mannes entwachsen. Er ist ein Kult der männlichen Seele. Er erfordert als äonischen Hintergrund das männliche Weltalter. Der erotische Anbetungsdrang des Mannes bedarf der weiblichen Erlösungsgöttin. Darin liegt der tiefe Unterschied zur Marienverehrung des 4. bis 12. Jahrhunderts, in der die Vergottung des Muttertums aus der Zeit der Naturreligionen weiterlebte. Zur Muttergöttin beten die Frauen als zu ihresgleichen, als zur Verkörperung des weiblich-schöpferischen Prinzips. Zur Madonna hingegen beten die Männer als zu der Unberührbaren, Hochthronenden, als zur Verkörperung des weiblich-erlösenden Prinzips. Hat je eine Frau die Madonna gemalt? Bei Frauen ist die anbetende Liebe selten, vor allem in der Erotik. Das Weib drängt zur umarmenden Liebe, auch in der Religion. Die mystische Jesusliebe mittelalterlicher Nonnen strebt immer nach Vereinigung, nie nach dem Kniefall vor dem unnahbaren Gotte. Wie schildert Katharina von Siena ihre »Vermählung mit Christus«! Gibt es doch sogar Mystikerinnen, die nicht von der Behauptung lassen, Christus habe ihnen fleischlich beigewohnt!

In der anbetenden Liebe verbirgt sich oft eine tiefe Dankbarkeit. Es beseligt den Anbetenden, die anschauliche Gewißheit des Vollkommenen zu besitzen. Es beglückt vor allem den erotisch Liebenden, das Vollkommene in der Geliebten zu sehen. Ein ganzer Mensch rettet uns den Glauben an die ganze Menschheit, an den Sinn des Lebens. Die Begegnung mit dem Edlen, Vollendeten hat stellvertretende Bedeutung: sie ist Zeugnis und Sinnbild einer höheren Daseinsordnung. Darum werden wir von diesem Erlebnis im Kern unserer Seele getroffen, genau wie von der Begegnung mit dem Bösen, das unseren Glauben an diese höhere Ordnung erschüttert oder zerbricht. Die Sehnsucht nach dem Vollkommenen kann so mächtig sein, daß schon die Suche danach lustvoll wird. Dann wird es möglich, daß der

Liebende beginnt, diese Suche selbst zu lieben. Er liebt *sich* im Zustand dieses Suchens. Er liebt zuletzt seine eigene Liebe.

Das Wesentliche der *umarmenden Liebe* ist die Polarität ihrer Spannung. Sie behandelt in der Erotik die Geschlechter, in der Religion Gott und Mensch als gleichwertige Gegenpole, aus deren entspannter Gegensätzlichkeit sich das Vollkommene formt. Auch die anbetende Liebe hält den Anbetenden und das Angebetete in einer Spannung. Aber diese Spannung ist nicht polar, und nie wird durch sie der Abstand zwischen den Beteiligten aufgehoben. Das Vollkommene ist in der Gestalt des angebeteten Wesens schon gegeben und wird nicht erst aus der Verschmelzung geboren. Daher kann die anbetende Liebe enthusiastisch, aber nicht ekstatisch sein.

Unter *Ekstasis* verstand Plotin, der den Ausdruck prägte und den Vorgang vorzüglich beschrieb, den Austritt aus der Individualität (Ekstasis als Entselbstungswonne). Das aber ist nur die negative Seite des Vorgangs. Die positive heißt: Verschmelzung mit dem geliebten Wesen. *Ekstase ist Verschmelzungsrausch.* Wie in der Religion, so tritt er auch in der umarmenden Geschlechterliebe auf, nur spricht man dann nicht von Ekstase, sondern von Orgiasmus. Es handelt sich beide Male um dieselbe Erscheinung, die immer dann wiederkehrt, wenn zwei Wesen zu einem neuen verschmelzen. Dadurch unterscheidet sich die Ekstase von starken Triebaufwallungen wie Zornausbruch und Massenrausch, die nur das persönliche Bewußtsein trüben. Die Ekstase ist an den Vorgang der Verschmelzung geknüpft wie der erotische Orgiasmus an den Vorgang der Geschlechtervermischung. Diese ist von Forschern wie Havelock Ellis oder J. Hinton mit dem Gebet verglichen worden, aber eine so allgemeine Gleichsetzung geht zu weit und verwischt den Unterschied zwischen anbetender und umarmender Liebe. Das Gebet ist immer ein »soziales« Phänomen, Wechselrede des Betenden mit der persönlich und gegenwärtig gedachten Gottheit, im Gegensatz zu der Meditation, die Selbstgespräch bleibt. Das Gebet ist auch immer ein Mittel zum Ausbruch aus der Einsamkeit, aber dadurch wird es noch nicht ekstatisch. Es braucht keinen Versuch des Hinübergleitens in die Überwelt zu enthalten. Ein solcher Versuch ist nur der mystischen, nicht der theistischen Gebetsauffassung eigen. »Im Gebet kommt zusammen das demütigste Herz und der größte Gott«, schreibt Johann Arndt, der bedeutendste Mystiker des Luthertums – ein Beispiel für das theistische Gebet. »Das Gebet bringt zusammen die zwei Liebenden, Gott und die Seele, in eine wonnigliche Stätte, da reden sie viel von Liebe«, meint die Mystikerin Mechthild von Magdeburg – ein Beispiel des mystischen Betens. Der Unterschied zwischen beiden ist deutlich. Auch das mystische Gebet an sich ist noch nicht mit dem geschlechtlichen Orgiasmus vergleichbar. Erst wenn es aufhört, im strengen Wortsinn Gebet zu sein, d. h. wenn es sich zur mystischen Ekstase, zur Wonne des Einswerdens steigert, dann erst ist es, dann aber unbedingt, dem geschlechtlichen Liebesakt wesensgleich.

Für die religiöse Ekstase ist nicht, wie noch immer einige behaupten – W. Wundt, L. Klages –, die Schau des Gottes das höchste Ziel. Das Schauen ist nur die letzte Vorstufe zum entscheidenden mystischen Erlebnis: zur völligen Verschmelzung mit der Gottheit. Solange noch Visionen den Mystiker umschweben, hat er nicht die oberste Stufe der ekstatischen Seligkeit erklommen. Darum stellen große Mystiker, an ihrer Spitze Teresa, die »formlose Ekstase« ausdrücklich über die visionäre. Das Wesentliche ist das Einheitserlebnis. Plotin nennt es ἕνωσις und ἅπλωσις, altchristliche Mystiker simplificatio. Angelus Silesius spricht von der »Einheit, die die Anderheit verschlucke«. Albertus Magnus legt denselben Gedanken in die Sätze: »Die mystische Liebe will eins werden mit dem Geliebten, und, wenn es möglich ist, dasselbe werden, was das Geliebte ist. Darum duldet sie kein Mittel zwischen sich und dem geliebten Objekt, d. i. Gott, sondern trachtet nach ihm, ruht nimmermehr, bis sie alles überschreitet und zu ihm und in ihn selbst kommt.« Die Ekstase bewirkt, daß »alle Zweiheit vorbei ist« (Ferîd-eddîn-Attâr). Bei Čankara findet sich für diesen Zustand der Ausdruck advaita,

Nicht-Zweiheit. »Ich bin du und du bist ich« oder »ich bin in dir und du in mir« – mit diesen immer wiederkehrenden Sätzen umschreiben die Mystiker das Kernerlebnis der Ekstase.

Das *Wesen der Polarität* besteht darin, daß sich das Entgegengesetzte in seiner Gegensätzlichkeit sucht. In der mystischen Erotik streben zwei Menschen verschiedenen Geschlechts zusammen, die zueinander in einer ganz bestimmten, unwiederholbaren Spannung schwingen. In dieser polaren Dynamik liegt das Geheimnis, warum die umarmende Geschlechterliebe so leicht in Haß umschlagen kann. Dann sucht sich das Entgegengesetzte nicht, um sich zu verschmelzen, sondern um sich zu vernichten, und das Geschlechtsgefühl nimmt nicht mehr die Richtung auf das höhere Leben, sondern auf den Tod. (Im Griechischen haben ἔρως und ἔρις dieselbe Sprachwurzel!) In der umarmenden Liebe sucht der Liebende das, was ihn zu einem Ganzen macht – er-gänzt. Dabei darf man sich aber nicht an quantitative Begriffe halten. Die Liebenden zieht letzten Endes nicht der Drang nach dem anderen Geschlecht zusammen, sondern die Sehnsucht nach dem werdenden Dritten, das mehr ist als die Summe der beiden Liebenden. Was die Beziehung zwischen zwei Menschen verschiedenen Geschlechts polar macht, ist eben dieses Dritte, der Geist des überschwebenden Ganzen, die sich aus dem Gegensatz vollendende Einheit, die im Kinde Gestalt gewinnt. Der Sinn und das Ziel der umarmenden Erotik ist die Geburt des göttlichen Kindes. Im erotischen Bunde der beiden Liebenden ist Gott zugegen als dritte und stärkste Potenz. Das ist die Trinität der mystischen Geschlechterliebe, angedeutet im göttlichen Dreigestirn, Isis, Osiris und Horus, das in der Heiligen Familie des Katholizismus weiterleuchtet. Ein Abglanz dieser Auffassung schimmert bei Kalidasa durch, wenn er die Ehe als Mittel preist, den sittlich vollkommenen Menschen zu erzeugen, der das Übel erschlagen und aus der Erde den Himmel machen soll. Auch der moderne Züchtigungsgedanke hält sich auf dieser Linie. Denn er deutet und fordert die Geschlechterliebe nicht einfach als Sehnsucht nach dem Kinde, sondern als Sehnsucht nach dem bestmöglichen Kinde. Damit führt er einen geistigen Zug in das Triebreich ein. Er bringt verschleiert das Erlösungsmotiv in die Welt der Sinne. Weitab vom Gedanken der erotischen Trinität liegt die naturalistische Ansicht, daß die Liebenden zusammenstreben, um im Kinde die Gattung zu erhalten. Dann ist das Kind nur mengenmäßiger Zuwachs, Baustein zur »schlechten Unendlichkeit« (W. Solowjof), nicht aber Sinnbild einer transzendenten Einheit, nicht Frucht eines Anlaufs zur Vollkommenheit, den die Eltern, sich in Liebe vereinigend, um ihrer Erlösung willen nehmen. Anders als in der erotischen Trinitätsidee wird das Kind auch in der Naturreligion gedacht. In ihr ist es Zeuge für die Ewigkeit des Lebens, für die Unversiegbarkeit der schaffenden göttlichen Urkraft, nicht aber Zeuge der durch die Geschlechterliebe wiedergewonnenen Einheit des Seins.

Die geschlechtliche Vereinigung ist die Urform jeder Gemeinschaft bis tief hinab in das untermenschliche Lebensreich. Die höher differenzierten Einzeller suchen sich, schmiegen sich aneinander, tauschen unter Kernwandlungen die wesensbestimmten Erbsubstanzen aus, so daß jeder das Erbgut beider in sich trägt, und kehren in ihre Einsamkeit zurück (Konjugation). Bei anderen Arten verschmelzen die Zellkerne und Zellkörper und bilden für immer ein einziges Wesen (Kopulation). Unter Menschen gibt es die Konjugation in der Vereinigung der Liebenden, die Kopulation in der Verschmelzung ihrer Keimzellen. So kehren die Vorgänge niedersten Lebens wieder. Nichts schmiedet zwei Menschen so fest aneinander, nichts schafft zwischen ihnen einen ähnlichen elementaren Ausgleich wie der geschlechtliche Akt. Er ist der Vorgang des vollendeten leiblich-seelischen Kontaktes, der leidenschaftlichste Versuch zur Überwindung der Einzelperson und ihrer Einsamkeit. Deshalb ist Freundschaft zwischen den Geschlechtern unnatürlich und nicht einmal wünschenswert. Die umarmende Geschlechterliebe wird vom Willen zur Ganzheit getragen. Sie gebietet, daß sich der Liebende ganz in die erotische Beziehung einwerfe; sie fordert und sie darf fordern, daß sich auch der andere ihr ganz überlasse. Ihr Wesen schließt es aus, daß sie sich mit einem Teil begnügt. Von Freundschaft pflegen denn auch die Geschlechter erst dann zu sprechen, wenn sich ihrer vollen Vereinigung, die sie insgeheim brennend wünschen, äußere Hindernisse entgegenstellen. Dann ist Freundschaft ein Kompromiß, zu dem das Leben zwingt, aber dadurch wird sie nicht zu einer Idealform der Liebe. Der Verzicht, zu dem sie nötigt, kann sittlich fruchtbar sein wie jedes Opfer, aber erotisch ist der erzwungene Abstand Schmälerung und Verlust, anders als bei der anbetenden Liebe, die von einer ganz anderen Grundeinstellung ausgeht, und die immer Liebe ist, nicht Freundschaft, immer enthusiastisch, voll leidenschaftlicher Hingegebenheit, ohne die statische Ruhe, die Freundschaftsbünden eignet.

Die erotische und religiöse Ekstase setzt voraus, daß sich zwei bestimmte Personen seelisch zu verschmelzen suchen, die sich ebenbürtig fühlen und dennoch in polarer Gegensätzlichkeit zueinander stehen. Wo eines dieser Erfordernisse fehlt – das der Person, der Ebenbürtigkeit oder der Polarität –, kann es nicht zur ekstatischen Erlösung kommen. Zwei Völkern ist es eigentümlich, dem polaren Fühlen auszuweichen: Griechen und Indern.

Der *apollinische Grieche* ist auf das Gleichgerichtete angelegt, auf *Parallelität,* nicht auf Polarität. Er verabscheut die Disharmonie. Er meidet den schmerzlichen Punkt, in dem sich zwei Linien schneiden; er möchte sie nebeneinander herlaufen sehen, ungestört bis in die Unendlichkeit. Er fühlt statisch, nicht dynamisch. Er glaubt an eine uranfängliche Harmonie, nicht an eine, die aus der Entspannung von Gegensätzen erst qualvoll geboren werden muß, während den mystischen Menschen die Überzeugung leitet, der Sterbliche habe das Absolute nicht als Gabe, sondern als Aufgabe. Das Gleichgerichtete bestärkt und beruhigt, das Entgegengesetzte regt an und regt auf. Der apollinische Grieche sucht überall das Befriedigende und meidet die Erregung. Er hält sich an das unantastbare Gleichmaß in der Kunst, an den unerschütterlichen Gleichmut in der Philosophie, an die unbewegte Gottheit in der Religion. Mit diesem Grundgefühl hängt es zusammen, daß er in der Erotik die gleichgeschlechtliche Liebe vor der Geschlechterliebe bedingungslos bevorzugt. Nicht die Liebe des Mannes zum Weibe, sondern zu Jünglingen und Knaben steht im Zeichen der höheren Liebe, der Aphrodite Urania. Die Vereinigung des Gleichgeschlechtlichen, auch die innigste, wird gutgeheißen. Nur in ihr sieht der Grieche den Zug zum Geistigen, zu Harmonie und Schönheit, während er die Geschlechterliebe vom Begriff der Notdurft und Niedrigkeit kaum zu trennen vermag. Daher in der Plastik die Vorliebe für die androgyne Gestalt, die Neigung, geschlechtliche Merkmale abzuschleifen. Daher in der Religion die Sehnsucht nach dem göttlichen Zwitterwesen, nach dem hermaphroditischen Gotte, in dem Männliches und Weibliches vereinigt ist, kaum noch kenntlich in seiner Verschiedenheit. Dionysos und Apollon sind Gottheiten zwischen Mann und Weib. Auch Eros gilt als doppelgeschlechtliches Wesen, in dem die Keime zu allen anderen Göttern schlummern.

Der polar fühlende Mensch will den Mann so männlich wie möglich, das Weib so weiblich wie möglich. Je straffer, ja je schmerzhafter die Geschlechterspannung, um so berauschendere Möglichkeiten bietet sie für die ekstatische Erlösung. Das ist gegen die griechische Empfindungsweise. Bei den Griechen ist die Knabenliebe die gepflegteste Liebesart, weil sich im Knaben männliche und weibliche Linien, männliche und weibliche Zartheit vermischen. Bei Festen und anderen Gelegenheiten ist Kleidertausch beliebt als Mittel, die Geschlechterspannung zu mildern. Diese androgyne Sehnsucht wurzelt in der statischen Natur der Hellenen; sie ist Flucht vor den Erschütterungen der Polarität. Auch der griechische Polytheismus berührt sich mit ihr. Er hütet das Nebeneinander der Götter, gleichsam die olympische Parallelität. Er teilt die göttliche Ganzheit in eine Vielzahl von Größen auf, damit sie auf den Menschen nicht mit der gesammelten Wucht und Einheit eines Gegenpols wirken kann. Nur in der dionysischen Religion hat sich unter Griechen die dynamische Seele entfaltet, die polare Spannungen sucht, statt ihnen auszuweichen. Griechische Mystik gab es deshalb nur in den Dionysien, und nicht zufällig ist aus ihnen die Tragödie hervorgegangen, deren Grundgesetz Dialektik, deren Gerüst der Dialog ist. Der dionysisch-tragische Grieche wollte teilhaben am Leben des Gottes, frei und entkörpert; wenn er im ekstatischen Rausch sich mit ihm eins werden fühlte, legte er sich sogar den Namen Gottes bei. Dieses Erlebnis der gott-menschlichen Verschmelzung war dem apollinischen Griechen, der das Gesonderte in seinen Grenzen festhielt, versagt.

Auch der *Inder* faßt das Erotische und das gott-menschliche Verhältnis gewöhnlich nicht aus polare Spannung auf. Aber in der indischen Seele ist es nicht die Parallelität des Fühlens, sondern das *Bewußtsein der Identität*, das die polare Grundeinstellung ausschließt. Dem Inder zeigen sich die Wesen und Dinge in ursprünglicher Verbundenheit; sie in die Zersplitterung aufgeteilt zu sehen, ist ihm die Urtorheit des Menschen. Die Torheit zu durchschauen ist – Liebe. Das Wesen der Liebe besteht nach indischer Ansicht im Wiedererkennen der immer und ewig schon vorhandenen Einheit der Liebenden, nicht in der sich aus polarem Gegensatz erst formenden Einheit. Man streift einen Irrtum ab, der sich angesetzt hatte am Rande der menschlichen Existenz. Man berichtigt einen Sehfehler des geistigen Auges. Damit wird die erotische Liebe aus dem Gefühl in den Verstand verlegt (E. v. Hartmann und Hegel haben ähnliche Meinungen geäußert. Für Hegel ist Liebe »die logische Aufhebung der Individualität durch das Bewußtsein der allgemeinen Identität«, für Hartmann ist sie »die aktive, spontane Sehnsucht nach praktischer Verwirklichung des Identitätsgefühls«). Bei einer derart statischen Auffassung der Erotik muß die Geschlechterspannung erschlaffen. Sie hört auf, das Band zu sein, das sich um zwei bestimmte, unauswechselbare Personen schlingt. Wo alles im Grunde identisch ist, verliert die Persönlichkeit der Liebenden ihre Bedeutung, So hat sich ein indisches Eheideal herausgebildet, das die Rücksicht auf persönlichen Geschmack verachtet. Man soll die Frau dem geben, der nicht um sie geworben hat. Gerade das führe zu einer »Brahma-Ehe«. Die Ehe nach gegenseitiger Wahl wird zwar anerkannt, aber mißbilligt. Man verkuppelt die Paare im Kindesalter, um sicher zu sein, daß nicht der persönliche Geschlechtsinstinkt die Auswahl trifft. Die indische Frau liebt weniger die Person als die Idee des Gatten, das unpersönlich gehaltene Ideal der Männlichkeit, das man dem Mädchen von frühester Jugend an im Zeremoniell und Kult, in Vers und Erzählung malt. Tagore schildert in seinem Roman »Das Heim und die Welt«, wie unter der Macht dieser Gepflogenheit der Gatte dem Weibe immer weiter entrückt wird, so daß die umarmende Liebe unmerklich in die anbetende Liebe übergleitet.

Mit der Eigenart der indischen Erotik befindet sich die indische Religiosität im Einklang. Der Inder hebt nicht, wie der Grieche die Polarität der gott-menschlichen Beziehung dadurch auf, daß er den einen persönlichen Gott in viele Götterpersonen zerlegt, sondern dadurch, daß er der Gottheit den Personencharakter überhaupt entzieht. Er verwandelt das göttliche Du in das unpersönliche Es. Der Gläubige liebt die Idee des Gottes wie das Weib die Idee des Mannes. Diesem gestaltlosen Gotte entspricht die objektive Frömmigkeit, die Andacht, Meditation, Versenkung. Der Gläubige liebt nicht »seinen« Gott – denn geliebt werden kann nur eine Person – und er vereinigt sich nicht mit ihm zu einem Ganzen, sondern er rinnt in ihn wie in ein namenloses Meer hinab. Die Verschmelzung wird durch Versinken ersetzt. Der Sterbliche löst seine Sterblichkeit in den Gott auf, mit dem der unsterbliche Teil des menschlichen Wesens von Urbeginn identisch ist. Die gott-menschliche Einheit entspringt nicht – so wenig wie die geschlechtliche Gemeinschaft – als heiliges Feuer aus entspannten Gegensätzen, sondern ist immer schon da und braucht nur erschaut zu werden. Ein Denkakt, ein Vorgang des Bewußtseins, tritt an die Stelle der ekstatischen Verschmelzungswonne. Auch zur indischen Mystik und Erotik gehört – wie zur griechischen – die statische Seele, die den ekstatischen Aufruhr der Gefühle meidet. (Was ich vorstehend über die indische Mystik sagte, gilt vor allem für die brahmanische, buddhistische und hinduistische Mystik. Daß sich neben dieser vorherrschenden Prägung auch andere mystische Formen entwickelt haben, ist bei dem Reichtum und der Tiefe des religiösen Denkens in Indien selbstverständlich.)

Die *Verschmelzung* ist eine der beiden Formen, in der das Erlösungsmotiv die Erlösung sucht. In der Erotik führt es zwei sichtbare Kreaturen zusammen. In der Religion betreibt es die Begegnung des Sterblichen mit dem Unsterblichen. Nicht immer reichen die inneren Kräfte des Menschen aus, um diese Begegnung zum realen Erlebnis zu machen. Deshalb borgt sich das Erlösungsmotiv für seine religiösen Zwecke *Symbole* aus der Welt der greifbaren Dinge. Es nimmt natürlich Vorgänge der Verschmelzung in seinen Dienst; dadurch verwandelt es sie und erteilt ihnen eine Weihe und Bedeutung, die ihnen von Natur nicht zukommt. Zu diesen Vorgängen gehört die geschlechtliche Umarmung. Das Erlösungsmotiv kann den Geschlechtsinstinkt unmittelbar ergreifen und ihn als Mittel der Erlösung wirken lassen. Dann sprechen wir von mystischer Geschlechterliebe. Es kann sich aber auch des geschlechtlichen Vorgangs nur mittelbar als eines sinnbildlichen Geschehens bedienen. Dann sucht der Mann im Weibe nicht die Gehilfin zu Gott (wie in der mystischen Erotik), sondern die Stellvertreterin der Gottheit. Er will sich mit der Gottheit vereinigen, nicht mit einem sterblichen Weibe. Die umarmte Frau ist ihm Sinnbild der Göttin. Man stößt auf dieses religiöse Phänomen in den Sexualriten der Naturreligion, jedoch erst von dem Augenblick an, da in ihnen die Sehnsucht nach Erlösung und nicht nur die nach Ausdruck ringende Schöpfungswonne sich regt, wenn also der Fromme von der Paarung mit der priesterlichen Vertreterin der Gottheit sein religiöses Heil erwartet. Dann umschlingen sich nicht zwei sterbliche Leiber, sondern ein sterblicher und einer, der das Unsterbliche verkörpert. Das Einswerden beider ist symbolisch; seine Bedeutung reicht über das reale Geschehen hinaus. Dadurch unterscheidet sich diese gleichnishafte mystische Religiosität von der mystischen Erotik, mit der sie den Vorgang der leiblichen Verschmelzung teilt.

Die mystische Verschmelzungssehnsucht kann – besonders, wenn sie massenweise auftritt – einen solchen Grad religiöser Glut erreichen, daß sie sich nicht mehr halten läßt. Dann stürzt sie sich auf die erotischen Verschmelzungsmöglichkeiten, um die auf das Überirdische gerichtete, nicht mehr erträgliche Spannung irdisch und leiblich zu lösen. Das Religiöse lebt sich erotisch aus; der Geschlechtsakt befriedigt in symbolischer Weise den religiösen Verschmelzungsdrang. Die Freudsche Terminologie umkehrend könnte man von »verdrängter Religiosität« sprechen. So kommt es zu den oft berichteten Fällen, in denen Geschlechtervermischung den mystischen Kultus abschließt: in den indischen Sekten der Shakta und Caitanya, in der judenchristlichen Sekte der Sarabaiten (4.–9. Jahrhundert), bei den Nikolaiten, Adamiten, Valesianern, Karpokratianern, Kainiten, bei den »Königsberger Pietisten« (18. Jahrhundert), bei den Foxschen Spiritualisten von Hydesville (1901 in England), in der Theocratic Unity (Nordamerika). Zum Unterschied von der Naturreligion soll in den erwähnten Fällen der Orgiastik nicht die Macht des Geschlechts gefeiert, sondern die mystische Einigung symbolisch vollzogen werden. Abgeschwächt kehrt der Gedanke der symbolischen Befriedigung in der sog. Brautmystik wieder. In ihr verflüchtigt sich der geschlechtliche Akt zur bloßen Vorstellung des Liebesaktes; er entweicht in das Reich der Phantasie; die Symbolik der kultischen Handlung wird durch die Symbolik des visionären Bildes und des sprachlichen Ausdrucks ersetzt.

Ebenso wie dem geschlechtlichen Bezirk kann das Erlösungsmotiv den *Vorgängen der Ernährung* symbolische Möglichkeiten entlehnen. Wie zwischen dem Liebenden und der Geliebten gibt es eine natürliche Gemeinschaft zwischen dem Speisenden und der Speise. Aus dieser Erfahrung ist der uralte mystische Brauch des religiösen Opfermahls entstanden. Zwei Gedanken laufen nebeneinander her: Die Frommen nehmen gemeinsam mit ihrem Gotte, der als anwesend gedacht ist, an der Opfermahlzeit teil (κοινωνία) und: Die Frommen verschmelzen mit ihrem Gotte, indem sie ihn d. h. sein menschliches, tierisches oder stoffliches

Abbild verzehren (ἕνωσις). Nur den letzteren Fall haben wir im Auge, wenn wir den Vorgang des kultischen Speisens mit dem Erlösungsmotiv in Verbindung bringen. Der Fromme schlingt dann das heilige Fleisch oder Blut nicht aus Gier oder Hunger in sich hinein, sondern er gibt sich der Speise, in der die Gottheit vorgestellt wird, gleichsam hin, um mit ihr eins zu werden (Theophagie). Die kultische Verspeisung des heiligen Fleisches ist Vermählung der menschlichen Seele mit der Gottheit; sie hat Gamos-Natur und wird folgerichtig wie jeder Verschmelzungsakt von Schauern der Verzückung begleitet. Es gibt eine Wollust des Schmeckens, genau wie des Geschlechtssinnes, eine Ekstase, die sich vom Gaumen aus über den Menschen ergießt. Christliche Mystiker wußten um dieses Geheimnis, wenn sie die Süßigkeit des geschmeckten Gottes rühmten. »Gustate et videte quoniam suavis est Dominus.« Mechthild von Magdeburg hatte beim Sakramentsempfang ekstatische Anwandlungen. Mechthild v. Hakkeborn sah bei einer Kommunion ihres Konvents in einer Vision, wie Jesus die Kommunikantinnen küßte.

Jede entwickeltere Religion kennt eine Götterspeise (Soma, Nektar), deren Genuß göttlichen Lebens teilhaftig macht. Schon in der einfachsten Form der Totemreligion taucht der Gedanke des mystischen Speisens auf. Der Gläubige vertraut auf den schützenden und helfenden Zauber, den das Totemtier ausübt, wenn der Mensch mit ihm eins zu werden versucht, indem er es ißt. Die dionysischen Bacchantinnen zerrissen ein Kind, das den Bacchusknaben vertrat, später einen Bock, das heilige Tier des Dionysos, und verschlangen, um des Gottes innezuwerden, das warme, zuckende Fleisch unter rauschhaften Exaltationen. Bei den Azteken war die orgiastische Zerreißung und Verspeisung eines Menschen, dem sie als der Verkörperung ihres Gottes ein Jahr lang göttliche Ehren erwiesen hatten, die gebräuchlichste Art der mystischen Verschmelzung. Altindische Frauen nahmen den Geschlechtsgott in Gestalt der Açokaknospen in sich auf. Der Chinese glaubt sich durch Verspeisen des Sen dem Tao anzuähneln. Hesekiel aß den Brief, der die Berufung des Propheten enthielt, um mit dem göttlichen Auftrag in eins zu verwachsen, und der Brief schmeckte ihm »so süß wie Honig« (Hes. 3, 1–3).

Im Christentum bewirkt der Empfang der Eucharistie die »heilige Kommunion«, die Vereinigung der Seele mit Gott. »Werdet ihr nicht essen das Fleisch des Menschensohnes und nicht trinken sein Blut, so habt ihr kein Leben in euch...« (Ev. Joh. 6, 53–57). »Der gesegnete Kelch, welchen wir segnen, ist er nicht die Gemeinschaft des Blutes Christi? Das Brot, das wir brechen, ist das nicht die Gemeinschaft des Leibes Christi? Denn ein Brot ist's, so sind wir viele ein Leib; dieweil wir eines Brotes teilhaftig sind« (1. Kor. 10, 16–17). Eine eigentliche eucharistische Mystik hat sich erst im 13. Jahrhundert herausgebildet, um dieselbe Zeit, als die christliche Mystik überhaupt ihre prächtigsten Blüten trug. Unter Menschen, in denen der religiöse Verschmelzungsdrang besonders rege war, mußten auch der mystische Charakter des Abendmahls und der Wunsch, es häufig zu empfangen, stärker hervortreten als in Gläubigen der anbetenden Gottesliebe, die auf Abstand hält. Mancherorts ist der Gedanke der Eucharistie in die gröbere Volkssitte eingegangen, symbolische Gottesfiguren zu verzehren (Pfeffer- und Opferkuchen erinnern noch heute daran). In der Ostkirche, der eigentlich mystischen Konfession des Christentums wird die mystische Seite der Eucharistie von jeher betont. Die Basiliusliturgie, die am Karsamstag gesungen wird, enthält folgendes Bekenntnis zur Theophagie: »Der König der Könige kommt, um hingeschlachtet zu werden und sich darzubieten den Gläubigen zur Nahrung.« In einem der »Dankgebete nach der Kommunion« stöhnt der Sterbliche auf: »Oh, des fruchtbaren Geheimnisses! Wie kann ich Unrat den göttlichen Leib und das Blut empfangen und unverweslich werden!« Hier hat die Eucharistie nichts von dem heiligen Schauer eingebüßt, der die gott-menschliche Verschmelzung seit Urzeiten umschattet. In blutiges Grauen endlich ist der eucharistische Kultus der Chlysten getaucht. Diese russische Sekte hat uns schon als verspäteter und verkrüppelter Ableger der Dionysien beschäftigt.

Wie im dionysischen Kultus sind aber auch bei den Chlysten Elemente der Naturreligion und der Erlösungsreligion nebeneinander wirksam. Um sich durch den Genuß heiligen Fleisches und Blutes zu erlösen, pflegten die Chlysten das von einer Gottesmutter geborene Knäblein zu schlachten, den Körper zu trocknen, zu Pulver zu zerstoßen, in Brote hineinzubacken und diese an die Sektierer zu verteilen; auch mit warmem Kinderblut wurde kommuniziert. Einer der Zeugen des großen Moskauer Chlystenprozesses bekundete unter Eid: »Die Leute nahmen die Brote wissentlich an, und von den Broten kam über die Glaubensgenossen Mitgefühl, und wer von ihnen davon ißt, der kann von jenen Versammlungen nicht mehr abfallen« (Graß, Die russischen Sekten I S. 450). Es ist nicht geklärt, was an diesen Bekundungen Wahrheit und was daran wildes Gerücht ist. Sollten sie zutreffen, so bestätigen sie den uralten mystischen Hang des Menschen zur kultischen Theophagie.

Geschlechtsakt und Ernährungsvorgang haben demnach verschiedenen Charakter je nach der inneren Absicht, mit der sie zusammentreffen. Sie können von der leiblichen Notdurft, vom Verschlingungstrieb oder vom Erlösungsmotiv bestimmt sein. Je nachdem ist im Geschlechtlichen tierische Brunst, erotische Genußgier oder erlösende Umarmung gegeben. Im Bereich der Ernährung entspricht der Brunst die Stillung des Hungers, der Genußgier die Feinschmeckerei, der erlösenden Umarmung das mystisch-kultische Speisen. Im ersten Fall wirkt die tierisch-leibliche Nötigung, im zweiten der selbstherrliche Wille zum Genuß, im dritten der Drang nach Erlösung. Es stehen sich gegenüber natürliche Gebundenheit, Besitz scheinbarer Freiheit und Suche nach Freiheit durch Entselbstung. Es gibt ein tierisches, lukullisches und mystisches Speisen, wie es eine tierische, lukullische und mystische Geschlechtlichkeit gibt. Dabei ist das mystische Speisen mit der mystischen Geschlechterliebe näher verwandt als mit den anderen Formen des Speisens. Denn nicht auf den körperlichen Vorgang kommt es entscheidend an, sondern auf die innere Absicht, von der er getragen wird. In der Umkehr des Rangs dieser Wirkfaktoren liegt der ungeheure Irrtum Freuds und anderer Naturalisten, die das Geistige als Verdrängung und Verfeinerung des Leiblichen deuten und die souveräne Umbildungskraft der geistigen Motive leugnen. Wenn Freud recht hätte, könnte man – angesichts des kultischen Speisens – die religiöse Mystik ebenso gut für verdrängte Verdauung wie für verdrängte Geschlechtlichkeit halten. An sich haben die Genitalien vor Gaumen und Darm an Heiligkeit nichts voraus. Aber Freud hat nicht recht. Das (religiös geartete) Erlösungsmotiv steht hinter dem Sexus und dem Ernährungsvorgang. Es kann jeden von beiden in seinen Dienst nehmen. Dadurch wird es aber nicht mit ihm identisch. Weil es sowohl die Beziehung des Mannes zum Weibe wie des Menschen zum Stoff (Nahrung) zu erfassen vermag, ist in der religiösen Symbolik ein Austausch an Sinnbildern und Metaphern zwischen den Vorgängen des Geschlechts und der Ernährung möglich. Diese Funktionen hängen an sich nicht miteinander zusammen; erst das Erlösungsmotiv stellt den Zusammenhang und die Vergleichbarkeit her, indem es beide auf ein und dasselbe übernatürliche Ziel bezieht, und dazu ist es nur imstande, weil es geistiger Natur ist und mit seinem Zuge zur Einheit das zersplitternde Gesetz der Stoffwelt überwindet.

Der religiöse Verschmelzungsdrang hat eine dritte Möglichkeit, sich in einem sinnlichen Vorgang auszuwirken: in der *Nachahmung*. Der Myste ahmt dann die Bewegung des Gottes oder seines tierischen Abbildes nach, er legt sich die Maske des Gottes an – beides, um aus sich herauszutreten und um sich in die göttliche Wesenheit einzuleben. Hier stoßen wir auf die mystische Natur der Mimik und der Maske. Das Seelenerlebnis des Mimen ist nur ein Unterfall der mystischen Ekstasis, ein Vorgang seelischer Verwandlung und Verzauberung durch Einkehr in eine fremde Natur. Der Nachahmende gleitet in die Person des Nachgeahmten über. Wenn der moderne Schauspieler mit seiner Bühnenrolle zu einer geistigen Einheit zu verwachsen strebt, wiederholt er, ohne es zu wissen, auf weltlicher Basis die mystische Entselbstung; seine innere Umstellung berührt sich in der Tiefe der

Seele mit dem mystischen Einfließen in die dionysische Gottheit.

So hat der religiöse Verschmelzungsdrang drei Beziehungen, in denen er sich sinnlich und sinnbildlich ausdrücken kann: die Gemeinschaft des Liebenden mit der Geliebten, des Speisenden mit der Speise, des Mimen mit der Maske. Dabei hat Gott der Reihe nach die Rolle des Geliebten, des Verspeisten und des Nachgeahmten.

Die *Ekstase* ist Verschmelzungsrausch. Deshalb liebt sie als *Hilfen* Mittel der Berauschung, vor allem den *Wein*. Weib und Wein, Liebesrausch und Rebenrausch – uralter Zusammenklang! Nicht zufällig ist Dionysos der Gott des Geschlechts, der Weiber und des Weines in einer Person. Der Rausch, auch der vom Wein erregte, hat eine das Ich zersprengende Kraft. Er vereinigt und weitet, während die Nüchternheit trennt und verengt. Das Merkmal des mystischen Zustandes – in Religion und Erotik – ist immer eine Art Trunkenheit, ein Vergehen der Sinne, eine Auflösung des Bewußtseins ins Unwißbare. Weil der Wein in diese Zustände zu treiben vermag, lieben ihn die Liebenden und die Frommen als echtes Gottesgeschenk. Daß durch Alkohol der Geschlechtssinn erregt wird, ist älteste psychische Erfahrung. Aber auch der religiöse Sinn wird durch ihn angefacht, besonders der Drang nach mystischer Verschmelzung. Der Wein räumt die Hindernisse hinweg, die das individuelle Bewußtsein der Entselbstung entgegensetzt. Deshalb steht er bei persischen Mystikern als befeuerndes Mittel der Frömmigkeit neben Tanz und Gesang in hohen Ehren. In der christlichen Eucharistie bedeutet er das Blut des Heilands. Auf die göttliche Kraft des Weines darf sich die Trunksucht berufen, die öfter, als man ahnt, dem tiefen Drang nach erlösender Entselbstung entspringt. Der Mensch will sich los sein und trinkt bis zur Selbstvergessenheit.

In der ekstatischen Ergriffenheit steigert sich das Wort zum *Gesang* und der Schritt zum *Tanz*. So entstehen die beiden Grundelemente der Musik, Melodie und Rhythmus. Der nach religiöser und erotischer Verschmelzung Strebende weiß um die mystische Natur und um die mystischen Möglichkeiten des Tanzes und der

Musik. Er kennt sie aber nicht nur als ekstatischen Ausdruck, sondern auch als Mittel, die Ekstase zu erregen. So wird der Tanz zu einer Hilfe des erotischen und religiösen Verschmelzungsdrangs. Stets ist es ihm eigentümlich, daß er durch seine rhythmische Energie die Seele in Schwingung versetzt, daß er sie willig und fähig macht, aus sich herauszuströmen und mit fremder Wesenheit in Eins zu fließen. Diese entselbstende und verschmelzende Kraft des Tanzens ist nach ihrer erotischen Seite im Paartanz stärker ausgeprägt als im Einzel- oder Gruppentanz. In der religiösen Mystik ist sie seit ältesten Zeiten bekannt. Der islamische Derwisch sucht die gott-menschliche Verschmelzung in seinem rasenden Wirbeltanz, der russische Chlyste in seiner Radenje.* Davids Tanz vor der Bundeslade wird von Mystikern als Versuch der mystischen Entselbstung aufgefaßt. Beim ersten Pfingstfest sollen die Apostel den Heiligen Geist durch Tanz herbeigelockt haben. Religiöse Tanzwut ergriff im 14. Jahrhundert zu Zeiten des schwarzen Todes das Volk. Immer ist es mystische Überzeugung: Während das Fleisch tanzt, vereinigt sich die Seele mit Gott. Deshalb verkündet Dschelal eddin Rumi: »Wer die Kraft des Reigens kennt, wohnt in Gott, denn er weiß, wie Liebe tötet« (d. h. entselbstet).

Es gibt eine magische und eine mystische Seite der *Musik*. Wer einmal in Andacht dem Geläut der Kirchenglocken lauschte, wird es empfunden haben, daß sie nicht nur die fromme Gemeinde zusammenrufen, sondern in den Äther hinaufdringen und Gottes Gehör gleichsam ertrotzen sollen. Es liegt etwas Magisch-Zwingendes in der Gewalt dieser Klänge. An manchen Orten Europas werden Glocken gegen Gewitter, Blitz und Hagel geläutet, in Indien auch gegen Heuschreckenschwärme. Die Mädchen in Hildesheim läuteten früher an Himmelfahrt die Kirchenglocken, damit der Flachs recht hoch wachse. Auf die magische Kraft des Gesanges deuten in der Religion die Wendung brahman und carmen (ursprünglich Zaubergesang), in der Erotik

* Das Wort bedeutet eigentlich Sorgfalt, Eifer.

der Mythos von den Sirenen oder der Brauch der Naturvölker, durch Gesang der Medizinmänner die Entführung zu fördern. Das Liebeslager der Čiva und der Pārvati ist – wie die Betten im Dirnenhaus – mit Edelsteinglöckchen besetzt, damit der beim »Werk der goldenen Aphrodite erregte Glockenton« die Liebesglut des Paares schüre und die Dämonen, die den Beischlaf umlauern, vertreibe. An manchen Orten Deutschlands bindet man Glöckchen unter das Brautbett. Das alles sind Beispiele für die magische Bedeutung des Klanglichen im Liebesleben. Allgemein betonen die Sagen von Orpheus und den Tieren und die Legende vom Rattenfänger das Magisch-Verlockende der Musik.

Das eigentliche Wesen der Musik aber ist nicht Magie, sondern Mystik. Es ist Zweiheit, die sich in Einheit aufzulösen strebt. Die musikalische Spannung ist dreifach: Spannung zwischen Disharmonie und Harmonie, zwischen Melodie und Rhythmus und (innerhalb der Harmonie) kontrapunktische Spannung, Gegensätzlichkeit der mehreren Stimmen (punctus contra punctum). Melodie und Rhythmus entzweien sich und versöhnen sich wieder, indem der Rhythmus abwechselnd die tragenden und die nichttragenden Teile der Melodie ergreift (auf diese Erscheinung hat schon Schopenhauer hingewiesen). In der Polyphonie streben die verschiedenen Stimmen aufeinander zu und entfernen sich wieder voneinander in dramatischem Spiel, bis sie sich im gemeinsamen Schlußakkord finden. Das Grundgesetz der Harmonielehre ist der Ausschluß der Parallelität (man denke an das Verbot der Quinten- und Oktavparallelen!). Die Stimmen müssen – wie es vorbildlich in der Kunstform der Fuge geschieht – geradezu feindselig gegeneinander geführt werden bis zur schließlichen Versöhnung. Der Schlußakkord, der alle drei Spannungen zugleich aufhebt, ist mit der mystischen Verschmelzung vergleichbar, die sich ja auch erst aus polaren Gegensätzen bildet. Man kann ebenso von der kontrapunktischen Natur der Mystik wie von der mystischen Natur der Musik sprechen.

Es ist bekannt, daß die musikalischen Typen zur Frauenliebe neigen und die erotischen Typen zur Musik. »Nichts macht uns für die Liebe empfänglicher als Musik«, vermerkt zutreffend Stendhal. Unter den Griechen haben sich das Musikalische und das Erotische nur im dionysischen Typus üppig entfaltet. Der apollinische Grieche dagegen bevorzugte in der Kunst die Plastik, in der Erotik die gleichgeschlechtliche Liebe. Da er auf Parallelität angelegt war, konnte er zur Musik, die keine Parallelität duldet, in kein Verhältnis kommen. Auch unter den Indern konnte die musikalische Polarität keinen Ausdruck finden. Ihrer Musik fehlt wie ihrer Religion und Erotik das Kontrapunktische. Zum indischen Bewußtsein der allgemeinen Identität (transzendenter Monismus) gehört die musikalische Einstimmigkeit (Monophonie), die vom europäischen Ohr als Monotonie empfunden wird. Echte Erotik, echte Mystik und echte Musik erfordern Zweiheit, und zwar Zweiheit gleichberechtigter Elemente; in der Erotik die Ebenbürtigkeit der Geschlechter, in der Mystik die Wesensverwandtschaft von Gott und Mensch, in der Musik die Gleichwertigkeit der Stimmen. Der Mann darf keinen Vorzug vor dem Weibe haben, Gott nicht vor dem Menschen, der Diskant nicht vor dem Baß. – Daß sich gerade im christlich-abendländischen Kulturkreis die Geschlechterliebe gleichberechtigter Partner und die musikalische Kontrapunktik nebeneinander entwickelt haben, ist kein Zufall, sondern deutet auf die unendlich tief begründete Verbundenheit von Musik und Erotik.

Mystiker und Liebende haben die Musik immer hochgeschätzt, weil sie den Seelengrund weich und locker macht und willig zur Entselbstung. Die Musik ist, um zu wirken, auf die Enge des menschlichen Denkbewußtseins nicht angewiesen. In der Musik hält das Ewige in uns mit dem Ewigen um uns und über uns unmittelbare und vertrauliche Zwiesprache, ohne sich der unzulänglichen Verständigungsmittel der sterblichen Person zu bedienen. Die Musik gewährt die Möglichkeit, in das Innere der Geliebten und in das Entrückte der Überwelt hinüberzulauschen. Sie ist weniger mißverständlich als das Wort. Sie spricht das aus, was sich im Wort so schwer bezeichnen läßt. Mit der musikalischen Improvisation, nicht mit der gelehrten Darlegung sind denn auch die ekstatischen Ergüsse der Mystiker verwandt.

Die ekstatische Bewegtheit stimmt musikalisch, die musikalische Ergriffenheit fördert die mystische Verschmelzung. Hier bestehen Wechselwirkungen. Schon der Ton an sich, noch bevor er sich zur Musik läutert, hat etwas Enthusiastisches. Daher seine Bedeutung im geschlechtlichen Leben. Brünstige Tiere (Frösche, Hirsche, Löwen, Pferde) schreien, sei es, um ihre Erregtheit auszudrücken oder um geschlechtlich zu locken. Der Hahn kräht, Hühner gackern nach dem Eierlegen. Brünstige Vögel haben ihre besondere Art des Singens. Auch dem Menschen entlockt die geschlechtliche Entflammtheit Laute des Entzückens, vom sinnlichen Stöhnen bis zum Jauchzen und Singen. Das erotische Erlebnis verlangt in besonderem Maße danach, musikalisch gestaltet zu werden (wie es vor allem in Volkslied und Oper geschieht). Der Mensch sucht das »Doppelglück der Töne und der Liebe« (Goethe).

Wie die erotische so stimmt auch die religiöse Bewegtheit musikalisch. Schon bei unentwickelten Naturvölkern treibt sie zum Kultgesang. Die drei Männer im Feuerofen steigern ihr Gebet zum Gesang. Die rasenden Bacchantinnen singen und heulen rings um den dionysischen Bock (τραγῳδία, Bocksgesang). Mohammed gab auf Befragen an, er höre beim Empfang seiner Offenbarungen mitunter ein Klingen wie von einer Glocke. Andererseits ist die Musik nicht nur Ausdruck enthusiastischer Verzückung, sondern Mittel, sie hervorzurufen oder zu beschwingen. Deshalb ist der religiöse Brauch, sie als ekstatische Verschmelzungshilfe auszunutzen, über die ganze Erde verbreitet, vom primitiven Ritualgesang bis zur H-moll-Messe. Um die mystische Vereinigung zu fördern, pflegen die russischen Chlysten den gemeinsamen Gesang, der der orthodoxen Großkirche fehlt. Die Möglichkeit, durch musikalische oder sonstige Hilfen rauschhafte Zustände zu erregen, birgt die schwere Gefahr, daß der Myste selbstherrliche Praktiken ausbildet, um die Ekstase zu ertrotzen. Dann drängen sich Machtwille und Verschlingungstrieb in die

Mystik ein und verzerren sie so, daß sie dem magischen Zauberzwang ähnlicher wird als der echten Mystik. Diese ist immer Hingabe, die durch Liebe erlösen will.

Der Verschlingungstrieb steht am Anfang, der Verschmelzungsdrang am Ende des Weges zur Erlösung. Die umarmende Geschlechterliebe ist die innigste und reifste erotische Liebesart, die mystische Frömmigkeit ist die innigste und reifste Religiosität. Die mystische Verschmelzung von Mann und Weib ist ein Gleichnis dafür, daß wir fähig sind, den Austritt aus der Individualität und den Aufstieg in die Fülle der Ganzheit anschaulich zu erleben. Die mystische Verschmelzung von Mensch und Gott ist die vollendetste Ausprägung der Liebesreligion. Sie drückt im gottmenschlichen Verhältnis die größte Zutraulichkeit aus, unendlich fern dem Urschauder der ersten religiösen Empfindung. Während des mystischen Taumels redet Teresa »in dreister Weise mit Gott« – so erzählt sie selbst. Der Myste fühlt sich Gott so nah verwandt, daß Augustin forderte, wir sollen »christi non solum christiani« sein. Es ist eine Eigenart der Mystiker, daß sie an häufige Fleischwerdungen Christi in frommen Seelen glauben: Christus ist das Vorbild, der völlig mit Gott geeinte Mensch, aber jeder fromme Myste ist tauglich, die Erlösungstat Christi in sich selbst zu wiederholen. Um sich im Verhältnis zur Gottheit so zu erleben, muß der religiöse Mensch einen langen Leidensweg gegangen sein. Die Mystik bezeichnet immer einen Abschluß, den Reifegrad der Vollendung. Sie fällt stets in Gipfelzeiten der Religion. Ihren hohen Rang bezeugt die Einheitlichkeit, mit der sie erlebt und beschrieben wird. Die mystischen Erlebnisse ähneln sich bis zur völligen Übereinstimmung in fast allen Kulturen und Religionen. Das rührt daher, daß die Mystiker dem All-Einen, dem Geiste der Ganzheit am nächsten kommen. In transzendenten Fragen ist Übereinstimmung eine Bürgschaft der Wahrheit, nicht ein Zeichen der Vulgarität. Der Mystiker hält seine religiösen Erlebnisse nicht im Dogma fest, sondern im Symbol, nicht in der Reflexion, sondern in der Anschauung, nicht als Begriff, sondern als Bild. Mystik ist dogmenlose Frömmigkeit, die den Kultus der Gleichnisse liebt. Das Dogma trennt, es ist die Gefahr der Religionen. Wenn versucht wird, das religiöse Erlebnis in Worte einzufangen, beginnen die Mißverständnisse und Sonderungen.

In den mystischen Verschmelzungen, den erotischen und den religiösen, nimmt das Erlösungsmotiv das Weltziel vorweg: die Wiederverschmelzung von Gott und Welt. Darin liegt die metaphysische Bedeutung der unio mystica. Im mystischen Weltbild ist auch der orgiastische Akt der erlösenden Geschlechterliebe eine kosmische Versöhnung im kleinen (eine mikrokosmische Versöhnung). An irgendeiner unscheinbaren Stelle des Weltalls schließt sich der Riß zwischen Menschen und Welt. Die Ekstase der mystischen Religiosität stellt die nächste Stufe dar: die Versöhnung der Einzelseele mit Gott. Ihr folgt die dritte und höchste Stufe: die Versöhnung der Welt mit Gott. Demnach ist jede mystische Liebe, auch die erotische, auf das Schlußziel des Weltgeschehens ausgerichtet.

Der um der Erlösung willen Liebende sieht das Heilsziel nicht in der Entsündung, sondern im Eingehen in die Gottheit. Ἡ σπουδὴ οὐκ ἔξω ἁμαρτίας εἶναι ἀλλὰ θεὸν εἶναι (Plotin). Vom Erlösungsmotiv ergriffen vermag der Sterbliche in der Verschmelzungswonne entselbstet zu sein, »Gott zu sein«, nicht nur Gott zu schauen, wie im Enthusiasmus der anbetenden Liebe. Für die mystische Metaphysik ist die Gottesgeburt im Menschen das Höchste, was der Mensch erlangen kann, und erlangt er es, so erfüllt sich in dieser seligen Minute der Sinn des Alls. Das Gipfelerlebnis des persönlichen Lebens und der Weltzweck berühren sich, das Gewölk zerreißt und wir werfen einen trunkenen Blick tiefsten Verstehens in den göttlichen Urgrund der Dinge.

VI

ENTARTUNGSFORMEN

Pathologische Betrachtungen sind für jeden tiefer dringenden psychologischen Versuch von besonderem Wert. Der Schritt über die fließende Grenze, die zwischen Normalität und Anomalie verläuft, schärft das geistige Auge nicht nur für das Regelwidrige, sondern auch für die Normalität. Was am gesunden Menschen nur in Ansätzen angedeutet ist, wird am Kranken in offenen Auswüchsen deutlich. Die Pathologie spiegelt die Eigenheiten der Seele zugleich vergrößert und verzerrt. Wer sich auf die Handhabung dieses Spiegels versteht, sieht in ihm das Wesen seelischer Erscheinungen klarer als in der gesunden Natur. Auch die Zusammenhänge zwischen Religion und Erotik zeichnen sich in der erkrankten Seele noch schärfer ab als in der gesunden, so daß die französische Psychiatrie geradezu von einem délire érotico-réligieux zu sprechen pflegt. – Wir gehen von der Grundüberzeugung aus, daß das seelisch Gesunde und das seelisch Kranke nicht wesensverschieden sind. Das Gesunde wird krank, wenn es ins Maßlose gesteigert oder wenn es mit erdrückenden Hemmungen belastet oder wenn es der ausgleichenden Gegenkräfte beraubt wird. Die Seelenkrankheit ist ihrer Natur nach Störung des seelischen Gleichgewichts, Verlagerung, nicht Veränderung der seelischen Elemente.

In der geschlechtlichen und der religiösen Liebe rührt das Absolute den Menschen an. Schon diese ihre absolute Natur begründet von vornherein die Gefahr, daß der sterbliche Mensch die gewaltigen Erschütterungen und Verwirrungen, in die ihn die Begegnung mit dem Übernatürlichen stößt, nicht zu ertragen vermag, sondern benommen und besessen das seelische Gleichgewicht verliert und in pathologische Abgründe abstürzt. Das Absolute treibt an den Rand der wahrnehmbaren Welt, damit aber auch an den Rand des endlichen Bewußtseins. Der geschlechtliche und der religiöse Enthusiasmus haben von Anfang an die Richtung auf die Anomalie, was schon Platon einsah; er nannte die Verliebheit eine Art Wahnsinn und pries andrerseits den Wahnsinn als Gottesoffenbarung.

Die mildeste Form dieses Wahnsinns ist in der Erotik die *Eifersucht*. Ihr entspricht in der Religion der *Glaubenseifer* (religiöser Fanatismus). Eifersucht und Glaubenseifer sind Zerrbilder des Enthusiastischen. Sie sind pathologische Formen der erotischen und religiösen Ausschließlichkeit. Der Eifersüchtige kämpft gegen alle, die ihm die Geliebte abwendig oder streitig zu machen drohen. Der Eiferer befehdet alle, die seinen Gott mißachten. In der Welt der Geliebten soll es nur einen Liebenden geben – fordert der Eifersüchtige. In der Welt soll es nur einen Gott geben – fordert der religiöse Eiferer. Eifersucht und Glaubenseifer setzen die Konzentration auf das Eine voraus. Eifersucht kann sich nicht ohne Einliebe entwickeln und Glaubenseifer nicht ohne Glauben an den einen Gott. In polygamischen Zuständen kommt keine Eifersucht vor, in polytheistischen Religionen kein Glaubensfanatismus. Naturvölker sind selten eifersüchtig, und niemals zeichnen sie sich durch religiöse Unduldsamkeit aus.

Der Drang zur Ausschließlichkeit kann so mächtig anschwellen, daß er zum Verbrechen treibt. In der Erotik zur Tötung aus Eifersucht, in der Religion zum Heiligen Krieg, zum Massenmord im Namen Gottes. Eifersucht und Glaubenseifer enthalten immer und mit Notwendigkeit den Keim zur grausamen Handlung. Hier stoßen wir auf die *erste Form jener Grausamkeit, die im Wesen der Religion und Erotik selbst begründet ist.* Stärker als das Weib neigt der Mann dazu, den Drang nach Ausschließlichkeit, der sich in unzugänglicher Seelentiefe mit dem Machtwillen berührt oder berühren kann, zur grausamen Kraftentfaltung zu steigern. Deshalb sind Eifersucht und Glaubenseifer besondere Gefahren der männlichen Seele. In den klassischen Dichtungen der Eifersucht – in Shakespeares Othello, Leo Tolstois Kreutzersonate und Artzibaschews Drama Revnost – sind es immer Männer, die aus Eifersucht freveln, und die großen blutbefleckten Fanatiker der Religionsgeschichte vom Schlage der Inquisitoren sind durchweg Männer gewesen.

Wir haben an anderer Stelle hervorgehoben, daß die erotische und religiöse Liebe dazu neigt, alles zu adeln, was sich mit der Geliebten oder der Gottheit – sei es auch noch so lose – berührt. Wir haben in diesem Zusammenhang auch schon das Wort *Fetischismus* fallen lassen, aber ohne damit etwas Krankhaftes zu bezeichnen. Denn wer sein Augenmerk auf einige hervorstechende Reize der Geliebten sammelt oder seine Liebe auf Gegenstände ihrer Umgebung (Andenken) ausdehnt oder wer in seine religiöse Verehrung die Reliquien von Heiligen einschließt, zeigt noch keine Spuren seelischer Erkrankung. Pathologisch ist der geschlechtliche Fetischismus erst dann, wenn der körperliche Teilreiz (Auge, Stimme, Haar usw.) oder der Gegenstand (Schuh der Geliebten) auf den Liebenden stärker wirkt als die Geliebte selbst, oder gar, wenn nur der Teil wirkt statt des ganzen Menschen, und endlich, wenn sich keine Beziehung zu einer bestimmten Person mehr erkennen läßt (irgendein Damenschuh als Fetisch). Die krankhafte Konzentration auf den körperlichen Teilreiz oder auf die bestimmte Sache hat immer ihren persönlichen Erklärungsgrund. Im Leben jedes geschlechtlichen Fetischisten muß es ein Ereignis gegeben haben, das ihn bestimmte, einen einzigen Eindruck mit Wollustgefühlen zu überschwemmen. Dasselbe gilt für den religiösen Fetischismus, nur daß hier nicht das Erlebnis eines einzelnen, sondern ganzer Geschlechter die pathologische Richtung erzwingt. Fetischistische Züge kann der Phalluskult tragen, dort nämlich, wo die religiöse Verehrung der Gottheit bewußt auf den Körperteil beschränkt, wo also der Phallus von den Gläubigen nicht als Sinnbild der absoluten Schöpferkraft, sondern als Sache in ihrer Stofflichkeit heiliggehalten wird. Nur dann kann man von Fetischismus sprechen. Denn der Fetisch ist niemals Gleichnis, sondern immer nur Materie. Er bedeutet nie mehr, als er ist. Der geschilderte Fetischismus ist aus einer Verirrung des absoluten Idealisierungsdrangs zu erklären, der in der geschlechtlichen und religiösen Liebe tätig ist.

Die folgende Entartungsform – *der erotische und der religiöse Nihilismus* – gehört zur Pathologie der anbetenden Liebe. Diese birgt die Gefahr, daß sie den Abstand zwischen dem Liebenden und dem Angebeteten überspannt. Dann findet der Liebende nicht mehr, was er sucht, ohne es doch vergessen zu können. So entstehen die tragischen Typen des Liebessuchers und des Gottsuchers. Wir nennen als Beispiel zwei Namen, deren Träger bisher wohl noch niemals miteinander verglichen worden sind: *Don Juan und Nietzsche.* Don Juan ist kein erotisches Genie, sondern erotischer Nihilist, und Nietzsche ist kein Heiliger, sondern religiöser Nihilist. Wir denken dabei nicht an den ältesten Don Juan Tenorio, wie er als Burlador de Sevilla der dramatischen Legende des Tirso de Molina in die Weltliteratur einzieht. Wir denken auch nicht an den Don Juan der volkstümlichen Phrase, in der er den skrupellosen Frauenverführer darstellt. Wir denken an die Don-Juan-Gestalt in der seelisch vertiefenden Auslegung und Ausprägung des 19. und 20. Jahrhunderts, die in Deutschland mit E. T. A. Hoffmann, in Frankreich mit A. de Musset begann. Seitdem ist Don Juan nicht mehr bloß der große Frevler, der die Rache des »steinernen Gastes« herausfordert, auch nicht mehr bloß der zynische Herzensbrecher, sondern eine tragische Figur, ein erfolglos ringender Mensch, dessen Untreue und Seelenverhärtung seiner Suche nach dem idealen Weibe entspringt. Dieser Don Juan hat faustische Züge. Er liebt in der Haltung der anbetenden Liebe. Verschleiert trägt er in sich das Urbild der göttlichen Frau, das er in allen irdischen Weibern sucht und nirgends wiederfindet. Noch am stärksten zieht ihn die Nonne an, die Keuscheste, die Nächstverwandte der Madonna. Er ist nicht der Mann, der die Frauen liebt, sondern den sie lieben und dem sie verfallen. Mit Ekel wendet er sich von ihnen ab, weil sie nicht halten, was er sich von ihnen verspricht. Er rächt sich an ihnen dafür, daß sie hinter dem Bilde zurückbleiben, das ihm seine überreiche und überlebendige Phantasie mit zarten Konturen in die Seele malt. (Auf die Phantasie als Quelle des Don Juanschen Liebesfrevels hat besonders Felicien Mallefille in seinem elfbändigen Roman Les memoires de Don Juan, Paris 1847, hingewiesen.) Don Juan ist eine wahrhaft tragische Natur. Rastlos wandernd berührt der blasse Zauberschein seines Sehnsuchtsbildes Frau um Frau, ohne daß es dem Bilde gelingt, sich an ein einziges Wesen jemals festzuheften. Immer wieder begegnen sich Bild und äußere Erscheinung und immer wieder trennen sie sich enttäuscht und feindlich. Das ist im tiefsten Sinn »unglückliche Liebe«. Hier geht es nicht um einen unseligen Einzelfall unerwiderter Neigung, sondern darum, daß der Liebende an die Grenzen seines Liebens selbst gelangt. Schmerzvoll erkennt er die Unerfüllbarkeit seines erotischen Sehnens. Darum ist Don Juan so viel unglücklicher als Werther. Er, nicht Werther, ist der große Leidende der Liebe.

Wer sich äußere Gegensätze streifen, kann der tragische Liebessucher mit dem frivolen Lüstling so leicht verwechselt werden. Der eine hat ein so hohes Liebesideal, daß er es in keiner Frau verwirklicht sieht und es daher erfolglos in vielen sucht. Das Ideal des anderen dagegen ist so vulgär, daß er es in vielen oder allen wiederfindet. Sowohl das Erhabene wie das Gemeine kann die Männer dahin bringen, daß sie Jagd auf unzählige Frauen machen. Die erhabenste Liebesart geht in die niedrigste über! Dann aber schlägt sie um in den Willen der Vernichtung. Hier begegnen wir der *zweiten Form der erotischen Grausamkeit.* Immer tönt es dem Liebessucher vom Schlage eines Don Juan, sobald er eine Frau mustert, aus seinem Innern entgegen: auch sie ist die Eine nicht. So wird er zum Frauenhasser aus unerfülltem Anbetungsdrang, zum Weiberfeind aus überfließender Liebe. Casanova, der glückliche Meister der Erotik, sieht in allen Frauen das ideale Weib. Werther sieht es in Charlotte. Don Juan sieht es in keiner Frau. Darum verfolgt er sie alle, begierig, sie zu kränken und ins Unglück zu stoßen. Seine immer wieder enttäuschte Liebessehnsucht macht ihn rachsüchtig, und die Rachsucht macht ihn zum Eroberer der Erotik. Weil er nicht anbeten kann, beginnt er zu knechten. Das ist die Paradoxie der anbetenden Liebe. Der irrgegangene Anbetungsdrang kann sich nur noch in Machtrausch entladen. Wiederum nähert sich Don Juan bis zur Gefahr der Verwechslung seinem äußersten Gegentypus, dem Menschen der niedersten Liebesart, dem vom Besitz- und Verschlingungstrieb geprägten. – Gegen die zerstörende Satanie dieser nihilistischen Erotik erheben sich anklagend und verbittert die Opfer, ein Motiv, das besonders in dem Don-Juan-Drama Lenaus oder in dem Gedicht Beaudelaires »Don Juan aux enfers« unterstrichen wird; in einem Don-Juan-Drama Rittners scharen sich, magisch angezogen, die rachedurstigen Weiber um die Leiche ihres erstochenen Peinigers.

Wie dem Don Juan mit den Frauen so ergeht es *Nietzsche* mit den Göttern. Don Juan ist bis zum Rande mit Erotik geladen, Nietzsche mit Religiosität. Er schreit nach dem »unbekannten Gotte, dem er in seines Herzens Tiefe Altäre feierlich geweiht«. Er sehnt sich danach, niederzuknien vor dem Unendlichen und es anzubeten. Er hat die Grundhaltung der anbetenden Gottesliebe. Er ist keine mystisch angelegte, sondern eine durch und durch theistisch empfindende Natur. Aber sein geistiges Auge dringt nicht zum Absoluten hinauf. Das ist sein Verhängnis. Der unbekannte Gott entgleitet seinem Blicke. Verwundet stöhnt er auf: »Ich rechne mich mit Burckhardt und Taine zu den gründlichsten Nihilisten, obschon ich selbst immer noch nicht daran verzweifele, den Ausweg und das Loch zu finden, durch das man ins Etwas kommt« (Brief an Rohde vom 23. Mai 1887). Verzweifelnd betrügt er seine heiße Gottessehnsucht mit Götzen, wie Don Juan seine Madonnenliebe mit Dirnen betrog. Zuerst sind es die »höheren Menschen«, die »neuen Führer der Zukunft«, die dem Dasein seinen Sinn zurückerstatten sollen, dann das Wunschbild des Übermenschen, dann das Leben selbst, das er in den dithyrambischen Formeln Dionysos, Wille zur Macht, ewige Wiederkunft vergottet, zuletzt, am Ausgang seines Denkens, blaß und kraftlos, der Mythos der Landschaft. Keiner dieser Götzen hält stand. Alle enttäuschen, alle lösen sich vor dem Auge Nietzsches in nichts auf. Er jagt von einem Phantom zum anderen wie Don Juan von einem Weib zum anderen, weil sie den einen absoluten Wert nicht finden, den sie beide suchen – jeder auf einer anderen Ebene. Und wie Don Juan erotischer Anbetungsdrang in zerstörende Frauenknechtung umschlägt, so Nietzsches eingeborene Frömmigkeit in blindwütige Gottesverneinung. Dem Weiberhaß Don Juans entspricht Nietzsches Atheismus der Empörung. Nietzsche leugnet Gott aus Rache dafür, daß er ihn nicht findet. So leugnete Don Juan das Göttlich-Weibliche, an das ihn gleichwohl alle Fasern seines Herzens binden. Don Juan ist der Typ des erotischen, Nietzsche des religiösen Nihilisten. In beiden lebt sich unerfüllbare Sehnsucht zuletzt als Machtrausch aus. Nietzsche wird in der Philosophie der Priester der Macht wie Don Juan in der Erotik der Fraueneroberer. Beide werden es wider ihren Grundinstinkt. Ihr Machttrieb ist nichts als der entgleiste Drang, sich in Demut vor einem höchsten Werte niederzuwerfen, sei es die Gottheit, sei es eine Frau. Weil sie nicht Liebende sein können, werden sie erobernde Zerstörer, der eine im Handeln, der andere im Denken. Ihr Nihilismus ist eine Entartungsform der anbetenden Liebe, ein pathologisches Phänomen von scharfer Prägung, das sich in Religion und Erotik ebenso übereinstimmend vorfinden mußte wie die anbetende Liebe selbst.

Das gleiche gilt vom *Masochismus*. Die Lehrbücher und Abhandlungen der Psychiatrie enthalten zahlreiche Einzelbeobachtungen des sexuellen Masochismus. Aber auch historische Fälle sind überliefert: Ullrich von Lichtenstein, Pierre Vidal, die Bruderschaft der Galois in Frankreich. Das berühmteste literarische Beispiel bietet Manon Lescaut, das Geschöpf des Abbé Prévost. Auch der ursprüngliche Sinn von maîtresse (Meisterin) deutet, wie das antike domina, auf masochistische Neigungen des Mannes. Zu allen diesen Entartungsformen gibt es auf religiösem

Gebiet Entsprechungen. Das psychiatrische Schrifttum allerdings ist an religiösen Beispielen ärmer als an sexuellen, was man sich daraus erklären muß, daß die Psychiatrie in Europa erst aufkam, als die Religion niederging. Dafür entschädigt die Religionsgeschichte durch reiches Material. Das Geißeln (Kasteiung, Flagellomanie) ist ein weitverbreiteter religiöser Brauch. Der Ausdruck Flagellantismus stammt ja aus religiösen Bezirken. Er kennzeichnete ursprünglich die großen Geißlerfahrten vom 13. bis 15. Jahrhundert, deren Teilnehmer sich auf die Bibelstelle 1. Kor. 9, 27 beriefen, so daß wir heute einen historischen und einen psychiatrischen Begriff der Flagellomanie besitzen. Der historische bezieht sich auf eine religiöse, der psychiatrische auf eine sexuelle Verirrung, wiederum ein Fall religiös-erotischen Wortaustauschs.

Die hebräische Religion schrieb die Kasteiung am Versöhnungstag vor bei Strafe der »Ausrottung aus dem Volke« (3. Mose 23, 27–29). Blutentziehung (Durchstoßen von Zunge und Ohr) war bei den Azteken eine beliebte Opfer- und Anbetungsform, deren sich selbst Könige bedienten. Blutige Geißlerfeste gibt es in den Sekten der Aissawa und Scheik Ruffai. Durch grausame Selbstquälerei zeichnet sich die schiitische Moharremfeier aus, die den russischen Maler Wereschtschagin zu einem seiner grauenerregenden Bilder begeisterte. Die christliche Mystik des Mittelalters ist geradezu ein Kompendium der bis zum Leibhaß gesteigerten Selbstkasteiung. Mit welchem Stöhnen schleppte sich Heinrich Seuse von einer Tortur zur anderen! (Vgl. seine Selbstbiographie Kap. 17–19.) Maria Magdalena von Pazzi, um 1580 Karmeliternonne zu Florenz, fand ihr äußerstes Entzücken darin, sich von der Priorin im Beisein sämtlicher Schwestern geißeln zu lassen. Dabei entfuhren ihr Sätze wie: »Es ist genug, entfache nicht stärker diese Flamme, die mich verzehrt. Nicht diese Todesart ist es, die ich mir wünsche. Sie ist mit allzuviel Vergnügungen und Seligkeiten verbunden.« Die religiöse Begierde, sich mit Füßen treten zu lassen – Turgenjew schildert in seinen »Sonderbaren Geschichten« einige

Fälle dieser Art –, legt Vergleiche mit dem sexuellen Schuhfetischismus nahe. Selbst die Koprophagie findet im religiösen Leben ihr Gegenstück. Um sich zu kasteien, mischte Antoinette Bouvignon de la Porte ihren Speisen Kot bei, und Maria Alacoque leckte, um sich zu »mortifizieren«, den Auswurf der Kranken auf und saugte an deren durch Geschwüre entstellten Zehen.

Naturalistisch läßt sich der Masochismus und sein übereinstimmendes Auftreten im geschlechtlichen und religiösen Leben nicht erklären. Die naturalistischen Deutungsversuche, wie sie sich besonders in der französischen Medizin und Psychiatrie finden, müssen zurückgewiesen werden. Der Masochismus ist nicht entstanden aus der reflektierenden Wirkung der Flagellation; diese ist nicht der Kern, an den sich alles übrige ansetzt. Nicht der mechanische Reiz des Schlagens auf den Körper, sondern die Vorstellung, erniedrigt zu sein, bringt die masochistische Wollust hervor. Die Meinung, das Gesäß sei eine erogene Zone, mag stimmen. Aber die Masochisten schlagen sich nicht nur auf das Gesäß, sondern auch auf den Rücken (so die religiösen Flagellanten des 13. Jahrhunderts), und viele sehen überhaupt von jeder körperlichen Züchtigung ab (die Schuhfetischisten, die Koprophagisten). Auch der häufige »ideelle Masochismus« – das Qualerleiden in der Phantasie – kommt ohne mechanische Ursachen auf. In der Mehrzahl der Fälle sucht der Masochist die demütigende Situation ohne Schmerzerdulden, und wo er mißhandelt werden will, sieht und begehrt er im Erleiden des Schmerzes mehr den symbolischen Ausdruck seiner Unterwürfigkeit als die unmittelbare Einwirkung auf seinen Körper. Am allerwenigsten kann die naturalistische Betrachtungsweise den religiösen Masochismus erklären. Sie ist gezwungen, sich zu so verschrobenen Meinungen zu versteigen wie dieser, daß der religiöse Masochist sich nur züchtige oder züchtigen lasse, um die geschlechtliche Wollust zu erregen. Dann wäre der religiöse Masochismus keine religiöse, sondern eine geschlechtliche Entartungserscheinung, was er in der Regel nicht ist und im historischen Fall des mittelalterlichen Flagellantismus zweifellos nicht war.

Es ist ein Charakterzug der anbetenden Liebe, daß sie das Geliebte zu vergrößern und den Liebenden zu verkleinern sucht. Etwas anbeten heißt, es über sich selbst erheben. Das bedeutet negativ, sich selbst vor dem Angebeteten erniedrigen. Das Anbeten schließt als negative Seite den Wunsch und Willen zur Selbsterniedrigung ein bis zum Drang, sich vollends zunichte zu machen. Aus diesem Drang erwächst der Masochismus. Er gehört, streng genommen, in die Pathologie des Religiösen, nicht des Sexuellen. Er ist eine Entartungsform der anbetenden (Gottes- oder Geschlechter-) Liebe und ruht in ihr als verborgener Keim. Der Ansatz zur Selbstzerstörung des liebenden Subjekts ist in dieser Liebesart selbst enthalten. Ihre masochistische Anlage tritt um so stärker hervor, je mehr der Liebende das Angebetete aus dem Auge verliert und den Nachdruck seines Empfindens auf sich selbst legt. Nicht mehr Werterhöhung des Objekts, sondern Wertminderung des Subjekts ist dann das einzige Ziel des Liebenden. Sein Anbetungsdrang schlägt – wie beim Don-Juan- und Nietzsche-Typus – in eine rein nihilistische Fühlweise um, aber das Zerstörende verschlingt sich beim Masochismus – anders als bei Don Juan – nicht mit dem Machttrieb und bricht nicht zerstörend nach außen, sondern wendet sich mit ungeteilter Kraft gegen die liebende Person. Das ist die *dritte Form der erotischen und religiösen Grausamkeit,* die gegen den Liebenden selbst sich richtende.

Nur wenn man den Masochismus von dieser Warte (der geisteswissenschaftlichen Psychologie) betrachtet, wird es klar, warum er sich als Entartungsform der anbetenden Liebe in Religion und Erotik ebenso übereinstimmend zeigen mußte wie diese Liebesart selbst und warum er sich vor allem an Männern, nicht an Frauen zeigt. Denn gerade dem Manne liegt, wie ich bei der Kennzeichnung der anbetenden Liebe hervorgehoben habe, häufig die anbetende (theistische) Haltung sowohl in der Erotik wie in der Religion. Die Anbetung kann sich mit dem Geschlechtstrieb zur anbetenden Erotik und mit dem Gottesgefühl zur anbetenden Religiosität verschmelzen; in beiden Fällen kann sie zum Masochismus entarten. Dieser stellt sich als Erkrankung des absoluten Erlösungsverlangens dar, das den Mann häufiger und heftiger verzehrt als die Frau, ein Verlangen, das sich selbst dem natürlichsten Triebe, dem der Selbsterhaltung, entgegenstemmen kann und auch die Geschlechtsempfindung rücksichtslos in seinen Dienst zu zwingen und ihr eine Richtung vorzuschreiben vermag, die sie von Natur nicht hat.

Der religiöse Masochismus verbirgt sich gern unter moralischem Gewand. Dann kommt dem Gläubigen sein Drang, sich zunichte zu machen, als gesteigertes Schuldgefühl und Bußbedürfnis zum Bewußtsein: er schätzt an der Kasteiung, daß sie den Schulddruck fühlbar mildert. Oft wird schwer zu entscheiden sein, ob sich in dieser Bußaktion der echte masochistische Selbstverkleinerungstrieb auslebt oder ob die Kasteiung nur als Mittel für Entsuhnungszwecke dient.

Das letzte, dunkel gefühlte Ziel, zu dem die masochistische Begierde hindrängt, ist die völlige Selbstaufhebung, die Selbsttötung. Krafft-Ebing (Psychopathia sexualis S. 118 Beobachtung 62) teilt den Fall eines Mannes mit, dessen sexuelle Wollust erregt wurde durch die Vorstellung, von Weibern zerschnitten und schließlich getötet zu werden. Reiche Masochisten veranstalten Aufführungen ganzer Theaterszenen, in denen sie sich von herrischen Weibern demütigen und zum Tode verurteilen lassen (Forel, Die sexuelle Frage S. 268). Beaudelaire berauschte sich an dem Gedanken, seine eigene Leiche am Galgen hängen und von Vögeln zerfressen zu sehen (Fleurs du mal, un voyage à Cythère). In der Religion kleidet sich der Drang nach masochistischer Selbstvernichtung oft (z.B. bei Franziskus) in den Wunsch nach tödlichem Martyrium. Vor dem Antlitz Gottes dahin zu schwinden und zunichte zu werden, ist daran das lustvoll Erlösende. Waltet dabei die Vorstellung ob, daß die Selbstvernichtung zur Verschmelzung mit dem angebeteten Wesen nötig sei, so haben wir die Abart des *mystischen Masochismus*. Der Liebende spürt, wie stark ihn die eigene Individualität an der unio mystica hindert. Daher der unwiderstehliche Drang, die Individualität zu durchbrechen. Die dem Verschmelzungstrieb innewohnende Entselbstungstendenz wirkt sich zuletzt, nihilistisch überbetont, als Leibhaß und Selbstzermalmungswille aus. Auch diese Erscheinung kommt übereinstimmend im sexuellen und religiösen Leben vor.

Dahin gehören vor allem die Fälle, in denen der Liebende den Geschlechtsakt nicht vollziehen kann ohne die Vorstellung, gefesselt oder sonstwie wehrlos gemacht zu sein. Er braucht Nachhilfen zur Entselbstung. Verwandt damit ist ein Fall, den Schulz in der Wiener Medizinischen Wochenschrift 1869 Nr. 49 mitteilt: Ein 28 jähriger Mann konnte mit seiner Frau nur dann geschlechtlich verkehren, wenn er sich künstlich in Zorn versetzt hatte; ihm leistete der Zorn, der das persönliche Bewußtsein trübt, für die Entselbstung dasselbe wie der Gedanke der eigenen Wehrlosigkeit. Auch der gemeinsame Liebestod, wie ihn Gottfried von Straßburg in seinem Epos besingt, wird von der Vorstellung beherrscht, daß sich die beiden Liebenden nur dann ganz vereinigen können, wenn jeder seine zeitliche Individualität in der Selbsttötung aufhebt.

Häufiger als im geschlechtlichen ist der mystische Masochismus im religiösen Leben. Unzähligen Völkern und Religionen sind orgiastische Kulte mit ekstatischen Selbstverwundungen geläufig. Sich hinwegzuräumen, um die Verschmelzung mit der Gottheit ganz auszukosten, ist ein häufig geäußerter Wunsch mystisch empfindender Menschen. Ihre Sehnsucht, sich im Leiden zu verkleinern, ist verschleierte Sehnsucht nach Vereinigung mit der Gottheit. Zahlreich sind die Zeugnisse mystischer Leidensgier. »Die Seele des Mystikers«, schreibt Johann von Kreuz, »wird nach einer der berauschenden Tröstungen von einer sonderbaren Qual ergriffen, nämlich der, nicht genug leiden zu können.« In ihren Briefen wiederholt Marguerite-Marie gern den Satz: »Schmerz allein macht das Leben erträglich.« Teresas Selbstbiographie (Kap. 19) enthält die Stelle: »Die Seele ist nach solcher Gnadenbezeigung von so starkem Mute erfüllt, daß sie, selbst wenn der Körper in diesem Augenblick um der Sache

Gottes willen in Stücke gerissen würde, doch nur das lebhafteste Entzücken empfände.« Elisabeth von Genton geriet, wenn sie sich geißeln ließ, in bacchantischen Rausch; im Wahn, mit ihrem Ideal vermählt zu sein, schrie sie verzückt: »Oh, Liebe und unendliche Liebe, Liebe, oh, ihr Kreaturen, ruft doch alle zu mir: Liebe, Liebe!« Hier füllt offensichtlich die durch Geißelhiebe geförderte Empfindung, mit dem idealen Wesen in eins zusammenzufließen, das Bewußtsein der Mißhandelten völlig aus. Auch das Seligkeitsgefühl des zu Tode gemarterten Märtyrers ist so zu erklären. Die lustbetonte Vorstellung, mit Gott nun endlich eins zu werden, überflutet das Bewußtsein so mächtig, daß die Körperqualen nicht mehr als Störungen, sondern als Erlösungsmittel wirken. Man kann von einem mystischen Liebestod des Märtyrers sprechen.

Einem ausgeprägt masochistischen Zug verdankt der religiöse *Brauch des Opferns* seine Entstehung. Der Mensch opfert, wenn aus seinem Anbetungsdrang der Wille zur Selbsterniedrigung und Selbstqual hervorbricht. Er beraubt sich dann entweder seiner Habe (z. B. im Tieropfer der Hirtenvölker) oder des Lebens von Angehörigen (im Opfer der Erstgeburt bei den Juden) oder seiner körperlichen Unversehrtheit (in der religiösen Selbstverstümmelung der Flagellanten) und äußerstenfalls seines eigenen Lebens (z. B. bei den russischen Selbstverbrennern, samososchenje). Im Opfernden ist der religiöse Selbstverkleinerungstrieb am Werke; das Opfer ist gekennzeichnet durch das Überwiegen der negativen Seite des Anbetungsphänomens. Wenn die alten Azteken Menschen zu Ehren der Sonne opferten, weil sie glaubten, daß sie sich sonst in ihrer segensreichen Leuchtkraft nicht erhalten könne, faßten sie die Sonnenanbetung, die kaum einem Volke ganz fremd ist, masochistisch auf. Weil Menschen das Höchste sind, was der Mensch opfern kann, hält der masochistische Typus das Menschenopfer als würdigste Form der Gottesverehrung heilig. Er opfert Menschen, die ihm nahestehen und ihm in Liebe verbunden sind und deren Sterben ihm das Herz zuschnürt. Für die ursprüngliche Gemütslage des Opfernden, für das aufwühlende Erlebnis der eigenen Nichtigkeit, für das Zittern vor dem Antlitz Gottes ist Abraham ein klassisches Beispiel. Das echte Opfer setzt bis auf den heutigen Tag voraus, daß wir lieben, was wir opfern, daß wir gerade das hingeben, was wir unbedingt behalten möchten. Das Opfer verliert seinen masochistischen Zug, wenn der Opfernde Fremde (z. B. Kriegsgefangene) zu Ehren der Götter schlachtet. Aber auch dann kann sich die masochistische Begierde auf einem Umweg befriedigen, dadurch nämlich, daß sich der Opfernde mit dem Opfer eins fühlt und dessen Qualen miterleidet. Den Brauch, Opfer unter ausgesuchtesten Martern zu töten, wird man in vielen Fällen auf das Bedürfnis der Opfernden nach gesteigerter Selbstqual zurückzuführen haben. Dieses Verlangen ist am stärksten, wenn nicht nur der Opfernde sich mit dem Opfer, sondern das Opfer mit der angebeteten Gottheit identifiziert. Daraus bildet sich der ins Christentum übergegangene Glaube an den leidenden, zerstückelten Gott, heiße er Osiris, Tamuz, Xipe oder Dionysos. Dieser Glaube entspringt der tief im Menschen liegenden Sehnsucht, im Miterleben und Nacherleben der göttlichen Leiden brennende Qual zu fühlen, die zuletzt das eigene Selbst verlöscht. Gut wußte der mittelalterliche Christ um die unersättliche Begierde nach erlösender Selbstqual. Er dehnte die Nachfolge Christi auch auf das Nacherleben seiner Martern aus und schwelgte im Gefühl der göttlichen Schmerzen bis zum Ausbruch von Stigmatisationen. Blutige Phantasien – zu unsterblichem Kunstwerk geläutert in Grünewalds Kreuzigung – ersetzten dem masochistischen Qualtrieb die tatsächliche Darbringung von Menschenopfern, bis diese in Ketzer- und Hexenverbrennung wieder auferstanden.

Die weite Verbreitung des religiösen Masochismus und besonders des Opferbrauchs über zahlreiche Völker und Religionen ist ein erneuter Beweis dafür, daß das masochistische Empfinden zutiefst in religiösen Erlebnissen und Vorstellungen wurzelt. Es stellt sich als Perversion einer bestimmten religiösen – nicht einer sexuellen – Haltung dar und zeigt Merkmale eines religiösen Atavismus; es erneuert die Dämonie des Urschauders, der ersten religiösen Regung. Wirkt schon in der (gesunden) anbetenden Liebe der Urschauder weit stärker nach als in der mystischen Religiosität, so ist er in der masochistisch gewendeten Form des Anbetens und Opferns die alles beherrschende Stimmungsmacht. Die Schauer der masochistischen Selbsterniedrigung berühren sich mit den beängstigenden Seelenerschütterungen des religiösen Anfangs. Wie auf anderen Lebensgebieten streift das Pathologische auch in der Religion die späten Kulturerrungenschaften vom Menschen ab und versetzt ihn in den Gemütszustand seines (ontogenetischen oder phylogenetischen) Ursprungs. Darum ähneln sich seelisch der Narr, das Kind und der Wilde.

Das Gegenstück zum Masochismus ist der *Sadismus, die vierte Form der erotischen und religiösen Grausamkeit.* Er kann aus dem Macht- und Verschlingungstrieb oder aus dem Verschmelzungsdrang (durch krankhafte Verquickung mit dem Verschlingungstrieb) entstehen, wiederum übereinstimmend in Religion und Erotik. Der sexuelle Verschlingungstrieb legt es darauf an, das Begehrte machtlos zu machen und dem Genuß des Begehrenden mitleidlos zu unterwerfen. Wie der Masochismus in letzter Folgerichtigkeit auf eigene Tötung, ist der Sadismus auf die Tötung des Begehrten gerichtet. Soweit der Sadismus aus dem Verschlingungstrieb hervorgeht, ist er, wie dieser, eine typisch männliche Eigenheit und deshalb an Männern viel häufiger als an Frauen anzutreffen. Schon im Tierreich gestaltet die Verschlingungsbegierde die Geschlechterbeziehung wie das Verhältnis zwischen Raubtier und Beutetier. Dieser Raub- und Mordcharakter des Verschlingungstriebes hat sich im Menschen meist abgeschwächt und gemildert erhalten und bricht im Sadisten unverdeckt hervor. Im Geschlechtlichen ist das Beißen und Kneifen während des Aktes die harmloseste sadistische Äußerung. Krankhaft wird die sadistische Neigung erst, wenn die Qualfreude den geschlechtlichen Akt nicht nur begleitet, sondern das geschlechtliche Ziel bildet. Dann steigert sie sich bis zur Lust an der Verwundung des anderen Teils und schließlich bis zum Lustmord, ja zum Blutdurst, zum Aussaugen und Verzehren des Opfers.

Der Verschlingungstrieb ist seiner Natur nach grausam. Seine Beziehung zur Grausamkeit äußert sich zwiefach: darin, daß Wollust grausam und darin, daß Grausamkeit wollüstig macht. Es sind Fälle beobachtet worden, in denen der Anblick von Kampfszenen, selbst nur gemalten, die geschlechtliche Begierde erregte (Krafft-Ebing, a. a. O. S. 68 Anm. 4). Lombroso berichtet von Männern, die Samenerguß hatten, wenn sie Hühner oder Tauben schlachteten. Manche Sadisten kommen nicht zur Erektion, wenn sie nicht das Eindringen einer Waffe in den warmen weiblichen Körper fühlen. Andere stillen ihre Geschlechtslust durch den Anblick verendender oder gemarterter Tiere (Besuch von Schlachthäusern aus sexuellen Gründen). Auch der geschlechtlich-orgiastische Taumel, der bei einigen Völkern wie den Azteken gerade die martervollste Menschenopferung begleitet, legt das verborgene Band zwischen Wollust und Grausamkeit frei.

Neben dem einfachen gibt es den *mystischen Sadismus,* in dem sich Verschmelzungsdrang und Verschlingungstrieb miteinander verwirren. Wenn der Mensch zur Vereinigung mit dem Liebespartner drängt, kann er sich selbst, aber er kann auch den anderen Teil als Hindernis der Vereinigung empfinden. Je nachdem entsteht der mystische Masochismus oder der mystische Sadismus. Die brennende Wut darüber, daß es nicht zur vollen Verschmelzung kommen will und immer ein Rest von Eigenpersönlichkeit bleibt, erregt im sadistisch veranlagten Menschen den Macht- und Verschlingungstrieb, so daß die Geschlechterliebe zugleich den Charakter einer Umarmung und eines Ringkampfes annimmt. Damit das Ich in der Umarmung stirbt, muß man das Du sterben sehen, sterben machen! Solche Seelenlagen deuten stets auf ungeheure Spannungen im Liebenden. – Wenn der Sadismus ausnahmsweise Frauen erfaßt, so nimmt er, dem weiblichen Zug zur Verschmelzung folgend, gewöhnlich die Form des mystischen Sadismus an, etwa in den blutsaugenden Weibern, die – wie Goethes Braut von Korinth – das Herzblut des Geliebten zu schlürfen trachten, um sich mit ihm eins zu fühlen (Vampirismus). Schon die antike Sage von den Lamien und Mormolyken weiß vom mystischen Blutdurst des Weibes, genau wie die spätere Vampirlegende der Balkanslawen. Die literarisch vollkommenste Gestaltung einer mystischen Sadistin ist Kleist in seiner Penthesilea gelungen. Sie will mit dem Geliebten in heißen Küssen verschmelzen, und im Überschwang der Gefühle zerreißt sie ihn. Das ist die krankhafte Verknüpfung von Verschmelzungsdrang und Verschlingungstrieb, die den mystischen Sadismus kennzeichnet. Auf sie spielen die Verse des letzten Auftritts an, in dem die aus Rausch und Wahnsinn Erwachende ihre Untat erkennt:

> So war es ein Versehen. Küsse, Bisse,
> Das reimt sich, und wer recht von Herzen liebt,
> Kann schon das eine für das andere greifen...

> Doch jetzt sag' ich Dir deutlich, wie ich's meinte,
> Dies *(der Kuß)*, Du Geliebter, war's, und weiter nichts.

Auch in der Religion kommen beide Formen des Sadismus vor. Bei wilden Völkern ist beobachtet worden, daß sie ihre Götterbildnisse auspeitschen. Andere schlachten Menschen ab, in denen sie die Verkörperung ihres Gottes sehen. Sie töten also ihren Gott: Sakraler Lustmord, die letzte Konsequenz des magischen Zauberzwangs. So opferten die Azteken den Mixconatl oder die Ilamatecutli unter beispiellosen Qualen. Die Darstellerin der Ilamatecutli, der »alten Herrin«, wurde durch Herausreißen des Herzens getötet, dann schlug man ihr den Kopf ab, und mit dem bluttriefenden Haupt in der Hand tanzte das neue Abbild der Göttin. Freilich ist solchen Kulten kaum zu entnehmen, ob der Opfernde den im Opfer vorgestellten Gott martert, um im Mitfühlen der göttlichen Schmerzen sich selbst zu quälen (Masochismus), oder ob er sich an den Qualen Gottes als an fremden Martern berauscht (Sadismus). Weniger psychologische Schwierigkeiten bietet der Satanismus, der sadistische Haß gegen Gott, wie er sich in den mittelalterlichen Satansmessen entlud, Veranstaltungen, die bestimmt waren, den Vorgang der Messe und mittelbar die Gottheit selbst zu verhöhnen. Zu diesem Zwecke verband man die Parodie auf die Messe mit geschlechtlichen Ausschreitungen, von dem christlich-asketischen Werturteil ausgehend, daß es nichts Schimpflicheres und Ungöttlicheres gebe als das Geschlecht. Der sadistische Gotteshaß wirkt bis in die Philosophie und erzeugt in ihr, als eine Art ideellen Sadismus, die leidenschaftliche Leugnung oder Verfluchung Gottes, den Atheismus der Empörung. – Es kommt vor, daß der religiöse Masochismus in sadistischen Gotteshaß umschlägt, wofür die russische oder spanische Geistesgeschichte peinliche Beispiele liefert. Aber auch das Gegenteil ist möglich: der Übergang vom wütenden Gotteshaß zu masochistischer Zerknirschung (so besonders im Vorgang der Reue).

Wenn der Fromme das Abbild der Gottheit zermalmt, um es zu verschlingen und dadurch mit ihm eins zu werden, so verwirklicht er auf religiösem Gebiet den mystischen Sadismus. Wie in der Erotik fühlt sich auch in der Religion die weibliche Natur zu ihm besonders hingezogen. Die rasenden Bacchantinnen zerrissen den heiligen Bock des Dionysos – auf Kreta sogar ganze Stiere – und verschlangen das Fleisch oder Blut, um den Gott in sich aufzunehmen. Es gibt einen religiösen Vampirismus neben dem geschlechtlichen: das gierige Saugen heiligen Opferblutes in der Absicht und Stimmung der unio mystica. Ein mystisch-sadistischer Akt war es, wenn die Azteken das aus Quinoa-Samen geformte Bild des Gottes Uitzilopochtli feierlich opferten und verzehrten oder wenn dionysische Mänaden Schlangen würgten, in Stücke rissen und fraßen. Selbst die Sprache der christlichen Eucharistie bedient sich sadistischer Wendungen wie: Das Lamm der Welt ward geschlachtet und bietet sich als Speise den Gläubigen. – Der ganze, weit verbreitete Gedanke der Theophagie, des kultischen Verspeisens der Gottheit, hat in seiner blutigen Symbolik etwas Sadistisches. Es liegt im Wesen dieses Gedankens selbst, daß er zu grausamen Bräuchen und Riten verleitet.

Der einfache Sadismus entspringt in der Erotik dem Verschlingungstrieb, in der Religion dem magischen Willen, der Götter

Herr zu werden, in beiden Fällen also dem übersteigerten Drang nach Macht. Der mystische Sadismus entsteht, wenn der erotische oder religiöse Verschmelzungsdrang gewalttätig wird und die Liebeseinigung erzwingen will, statt sich mit ihr begnaden zu lassen. Es ist daher immer der Machttrieb, der die sadistische Note in die geschlechtliche oder religiöse Liebe hineinträgt, um sie zur Quelle grauenhaftester Verirrungen zu machen. Wenn Religion und Erotik in ihrer Reinheit erhalten bleiben sollen, muß sich die Seele vom Machttrieb trennen. Er ist der Todfeind des erotischen und des religiösen Fühlens.

VII

TOD UND TRAGIK

Dunkle Fäden verknüpfen das Mystische und das Erotische mit dem Tragischen und mit dem Tode.

Die mystische Ekstase ist zugleich ein Sterben und eine Auferstehung: Das Ich in der Seele wird zertrümmert und das Ewige in ihr entbunden. »Stirb und werde!« Das ist und bleibt die knappste Formel für den mystischen Vorgang. Er lasse sich – urteilt J. Böhme – nur dem vergleichen, wo »mitten im Tode das Leben geboren wird, und es vergleicht sich der Auferstehung von den Toten«. Frau von Guyon spricht von mort mystique, und Teresa stellt fest: »Wenn jemand in eine tiefe Ohnmacht fällt, so erscheint er wie tot. So hebt Gott, wenn er eine Seele zur Vereinigung mit sich emporzieht, die natürliche Wirksamkeit aller ihrer Fähigkeiten auf. Sie sieht, hört und versteht nichts, solange sie mit Gott vereint ist.« Das Unsterbliche stellt das Sterbliche in Frage, wenn es mit ihm zusammenstößt. Dem paßt sich die Sprache der Mystiker an: Mit mortificatio und annihilatio wird der ekstatische Zustand umschrieben; nach Seuse ist in ihm der Mensch »formlos und weiselos«. Mystiker haben immer ein feines Gefühl dafür, daß Worte nicht ausreichen, um die mystische Erfahrung zu schildern. Illud licuit experiri, sed minime loqui, sagt Bernhard von Clairvaux. Daher ist die Muttersprache der Mystik das Schweigen, die unmißverständliche Art, das Unaussprechliche auszudrücken. Schweigen ist aber auch die Sprache des Todes. In ihrem Verhalten zur Sprache spiegelt die Mystik ihren Zug zum Tode.

Die mystische Ekstase borgt ihre Verzückungen vom Tode. Sie ist – auf Augenblicke zusammengedrängt – die Vorwegnahme dessen, was der Mystiker im Tode und vom Tode erwartet, völliges und endgültiges Eingehen in die göttliche Ganzheit. »Ich habe die Pforten des Todes durchschritten; ich habe mich den oberen und den unteren Göttern genaht und habe sie angebetet von Angesicht zu Angesicht.« So schildert der Isis-Myste Apulejus seine mystische Todeserfahrung; im ekstatischen Rausch erlebte er den Erlösungszustand jenseits des eigenen Todes, die ζωὴ αἰώνιος des vierten Evangeliums. In der Ekstase ist der Mystiker zeitweilig, was er nach dem Tode für immer zu sein glaubt: durch und durch Seele, ein leibloses, mit Gott verschmolzenes Wesen. In diesem Erlebnis wurzelt der Glaube an die göttliche Natur der Seele und an ihre Unsterblichkeit. Den Mystiker durchzuckt in der Ekstasis die absolute Gewißheit, in diesem Augenblick das ewige Leben zu besitzen, nicht nur, es dereinst zu erlangen. Schon die Orphiker glaubten, daß im Menschen ein Gott lebe, nur meinten sie, daß er sich erst durch das Sterben des Leibes befreie. »Nach dem Tode wirst du ein Gott sein.« Folgerichtig verlegten sie die mystische Einigung in das Leben jenseits des Todes.

Immer wieder klagen die Mystiker darüber, daß die unio mystica zu Lebzeiten des Leibes nicht andauert, daß ihr die siccitas, die Ernüchterung, die Öde trostloser Verlassenheit nachfolgt. Daher der tiefe brennende Wunsch, die Fessel des Leibes loszuwerden, um ganz Seele, um ganz und für immer Gott zu sein oder in Gott zu sein. Dieser Wunsch steigert sich schließlich zum mystischen Weihetod, zum Freitod aus religiösen Motiven. Fromme Inder werfen sich vor den Götterwagen, um sich von seinen Rädern zermalmen zu lassen. Schwärmerische Russen erleiden – im 17. Jahrhundert – scharenweise den selbstgewählten Tod in den Flammen, der Bewegung der Selbstverbrenner (samososchenje) folgend. Franziskus erfleht sich den Märtyrertod, um Gottes ganz teilhaftig zu werden. Ihnen allen ist die Überzeugung gemeinsam: Den Fluch der Individuation hebt gänzlich erst das Sterben auf. Sie sehnen sich nach dem Tode, nicht aus Haß gegen das Leben, sondern aus Durst nach Unsterblichkeit. Sie suchen den Tod als Durchbruchstor, durch das sie zu höheren

Lebensformen schreiten. Das Ewige erscheint ihnen nicht als Fortdauer der Zeit, sondern als Aufhebung der Zeit. Die mystische Todessehnsucht ist durch eine tiefe Kluft vom Selbstmord aus Verzweiflung geschieden. Während der todeslüsterne Myste das Ich unter Schmerzen verlöschen will, sucht der Verzweiflungsselbstmörder das Ich durch den Tod vor Schmerzen zu retten. Der Verzweifelte sieht nur das, was er haßt und wovor er flüchtet. Der frei sterbende Myste dagegen hat den Blick fest auf das gerichtet, wonach er sich sehnt: auf die Gottheit. Die mystische Todessehnsucht hat nicht melancholische, sondern eschatologische Färbung. Sie begehrt das Ende des Lebens um eines endlosen Lebens willen. Sie will durch Untergang des Leibes die Erlösung der Seele.

Wie die Mystik strebt auch die Erotik aus der Enge der menschlichen Person heraus. Auch in der Erotik ist ein Sterben und der Schmerz des Sterbens.

»Wo die Lieb' erwachte, stirbt das Ich, der dunkele Despot.«
Dschelal eddin Rumi.

»Liebe ist ihrer Natur nach Schmerz…Liebe tötet« – lauten andere tiefsinnige Aussprüche desselben iranischen Mystikers. Und zwar tötet die Liebe den Liebenden, im Gegensatz zum Verschlingungstrieb, der das Begehrte tötet. »Die Liebe, sie zerbreche mich!« stöhnt Hafis. Gequält windet sich die liebende Seele unter dem Schmerz des Abschieds von der Individualität, unter dem Entselbstungsschmerze. Denn lieben heißt, den Schwerpunkt des Lebens aus dem eigenen Ich hinauszuverlegen in ein anderes Ich. Im erotischen und mystischen Drängen nach Verschmelzung stößt der Mensch an die Grenzen seines Wesens. Bestürzt wird er sich des Splitterhaften seines Daseins inne. Begierig nach der Fülle der Ganzheit jagt er dem Tode zu, den er durchqueren muß, um in das Ganze einzugehen.

Das Lebend'ge will ich preisen,
Das nach Flammentod sich sehnet…

Nicht mehr bleibest du umfangen
In der Finsternis Beschattung
Und dich reißet neu Verlangen
Auf zu höherer Begattung...

Und zuletzt, des Lichts begierig,
Bist du Schmetterling verbrannt.

Diese Verse Goethes umschreiben die »selige Sehnsucht« der erotischen Liebe nach dem Tode. Tod und Liebe sind ineinander verschlungen. Leopardi feiert sie als Zwillingsbrüder. Vom ἔρως
θάνατος reden die Griechen. Dschelal eddin Rumi dichtet die
schönen, von Rückert verdeutschten Zeilen:

Es schauert Leben vor dem Tod.
So schauert vor der Lieb ein Herz,
Als ob es sei vom Tod bedroht.

Die echte Liebe weiß: Erst der Tod hebt den Fluch der Zweiheit auf; keine Ganzheit ohne den Tod der Teile; das Leben kann
sich nur erfüllen, indem es sich aufgibt. Die Liebe gleicht einem
elliptischen Kraftfeld, das sich vergeblich zum Kreis zusammen-
ziehen möchte. Nie gelingt es den beiden Brennpunkten, in einen
Punkt zusammenzufallen – es sei denn im Tode. Dieser tragischen Einsicht in das Todeswesen des Eros entsteigt das Mysterium des Liebestodes, ein keltischer Gedanke, dem Gottfried von
Straßburg in Tristan und Isolde die ewig gültige Gestalt verlieh.
Die Liebenden sterben nicht nur gemeinsam (wie Heinrich v.
Kleist und Henriette Vogel), nicht nur nebeneinander, sondern
gleichsam ineinander hinein. Sie sterben, weil das Leben so viel
ungestillte Liebessehnsucht nicht mehr tragen kann, und die
Sehnsucht läßt sich nicht stillen, weil immer ein Rest von Persönlichkeit übrigbleibt und der unio mystica der Liebe wider-
steht, solange der Leib, der vereinzelnde, atmet. Von Jacopone
da Todi erzählt die Legende, daß aus allzu großer Liebe sein
Herz zersprungen sei. Die Liebe, die zum Ganzen strebende, tötet das Herz, das der Teilwelt verhaftete. Erst im Tode läßt sich

die Einsamkeit ganz überwinden. »Dort (im anderen Leben) wird dann vielleicht unsere Sehnsucht voll befriedigt«, heißt es in Schlegels Lucinde. Lenau gab in seinen Briefen an Sophie Löwenthal ähnlichen Hoffnungen Ausdruck. Wie die mystische Ekstase, so hat auch der Rausch der umarmenden Liebe etwas vom Tode. Der geschlechtliche Orgiasmus nimmt die volle Verschmelzung der Liebenden vorweg, die endgültig erst im Tode gelingt. Niemals kommen sich zwei sterbliche Wesen so nahe wie im Liebesakt und niemals so nah dem Ideal der Entselbstung. Mit ihrem eschatologischen Zug hat die Liebe etwas vom Tode, darum kann auch der Tod etwas von der Liebe haben. Sinnig umschreibt die germanische Mythologie das Erotisch-Rauschhafte des Todes, wenn sie den Krieger das Sterben in der Schlacht als Kuß der Walküre erleben läßt.

Ebensowenig wie der Mystiker sucht der erotisch bewegte Mensch den Tod als das Ende. Er sucht ihn als den Anfang eines neuen Lebens. Darum hat die Liebe in ihren orgiastischen Zuständen dasselbe Unsterblichkeitsgefühl wie die Mystik in ihren Ekstasen. Auch die Geschlechterliebe ist sich des ewigen Lebens gewiß. Darin äußert sich ihre absolute Natur. Es gibt ein Zittern der Sinnlichkeit, wenn sich das Übersinnliche im Sinnlichen regt, vergleichbar dem Zittern aus Furcht vor der Gottheit. Frühzeitig ist der Mensch dazu gelangt, das *Liebesgefühl mit der Unsterblichkeit* zu verknüpfen. Es geschieht in zwei entgegengesetzten Richtungen. Der Gläubige der Naturreligion, ganz erfüllt von blutwarmer Lebensbejahung, will die ewige Wiederkehr des Gleichen. Er bringt Tod und Zeugung, Tod und Geschlecht in Zusammenhang. Der Tod ist für ihn ein Faktor der Regeneration. Der Gläubige der Erlösungsreligion dagegen, hinausstrebend über das zeitliche Leben, hofft durch den Tod hindurch zu erhöhten Lebensformen aufzusteigen. Er verbindet den Tod mit der Entselbstung, mit dem Eintritt in die Ganzheit. Für ihn ist der Tod ein Faktor der Erlösung. Die Naturreligion schließt die Ewigkeitsidee mit dem Lebensursprung, die Erlösungsreligion mit dem Lebensziel zusammen. Die creatio perennis ist der Unsterblichkeitsgedanke des Weibes und seiner Religion der Schöpfungswonne. Was gewesen ist, soll wieder sein, so und nicht anders, in alle Ewigkeit. Dieser Unsterblichkeitsidee fehlt der eschatologisch-erlösende Zug; das Leben genießt sich als ewig in seiner unerschöpflichen Kraft, sich neu zu erzeugen. Das Ewige an ihm ist der darein gesenkte Keim zu neuem gleichen, nicht zu neuem erhöhten Leben.

Die Mythologie der Völker wird nicht müde, die Zusammenhänge zwischen Tod und Liebe, Tod und Geschlecht in reizvollen Bildern zu malen. Dionysos ist ausgelassen bis zur Raserei und dabei ein finster zerstörender Dämon, der Tod und Verderben bringt. Gott der Fruchtbarkeit und der Weiber, berstende Lebensfülle – trägt er den Namen des Unterweltgottes Zagreus. Kore, die Tochter der fruchtspendenden Demeter, ist mit Pluto vermählt, dem Herrn im Reich der Schatten. Hekate macht sich bei Geburt und Leichenbegängnissen zu schaffen – wo sich eine Seele mit dem Leib verbindet und wo sich eine Seele vom Leibe trennt. Vor den Pforten der Unterwelt ragt ein riesiger Phallus, den Dionysos selbst dort aufgepflanzt haben soll – Tod und Geschlecht in vertraulicher Nachbarschaft! Istar und Anaitis werden als Göttinnen der Fruchtbarkeit, aber auch des Krieges und Todes angebetet. Čiva ist zugleich ein Gott der Zeugung, der Totenseelen und des Grauens. Ebenso ist sein Sohn Skanda ein phallisch gedachter Geschlechts- und Totengenius in einem. Venus, die Herrin des stofflichen Werdens, ist als Libitina die Göttin des Todes. Priapus ist Geschlechtsgott und »pene destricto« Behüter der Gräber: in einer römischen Grabaufschrift heißt er mortis et vitae locus. Rot ist in Indien die Farbe des Todes und des Totengottes Yama, aber auch – wie anderwärts – die Farbe der Liebe, der Zeugung, der Fruchtbarkeit und ihrer Genien. Phallischer Grabschmuck ist der Antike geläufig. Die Grabsäule (stēle) ist ein phallisches Gebilde. In Südetrurien wurde ein Grab gefunden, an dessen Eingang auf dem rechten Türpfosten ein weibliches Sporion abgebildet ist. Grabvasen sind oft mit glühend sinnlichen Darstellungen geziert, etwa geflügelten Genien,

Dienerinnen des in Werdelust schwelgenden Gottes. Gegen die Düsternis des Todes wird die aphroditische Liebesfülle aufgeboten. Das ist die weibliche Waffe gegen den Tod. Im Totemismus ist der Säugling und die Leiche tabu, das Neugeborene und das Neugestorbene; Geburt und Tod stimmen darin überein, daß sie den Menschen in dasselbe Fluidum der Unnahbarkeit tauchen. Algonquinfrauen, die Mutter werden wollen, drängen sich zu Sterbenden in der Hoffnung, die entweichende Seele aufzufangen und davon schwanger zu werden. In Indien baden Frauen unter einem Gehängten oder gebrauchen Holz von einem Galgen, um ein Kind zu bekommen (Crooke, Popul. Rel. and Folklore I, 226). Seit ältesten Zeiten bringt die astrologische Weisheit Geburt und Tod zusammen. Mars beherrscht das 1. Haus (Geburt) und das 8. Haus (Tod); das Zeichen Skorpion betrifft Geburt, Geschlechtlichkeit und Tod. Allen erwähnten Erscheinungen ist die Vorstellung gemeinsam, daß Tod und Geburt und Zeugungsakt zwei Seiten ein und desselben Vorgangs bilden. Auch Buddha erkannte den Zusammenhang zwischen Tod und Geburt, nur beurteilte er ihn, als Typus der Erlösung, entgegengesetzt den Naturreligionen. Daß sich das Leben gleichförmig und unzerstörbar bis in alle Ewigkeit wiederholt, war für ihn gerade die entsetzlichste Seite des Lebens.

Wo der Tod am eifrigsten die Reihen mäht, umschwebt ihn nicht nur die Wolke des Grauens, sondern auch der Dunst der geschlechtlichen Lüsternheit. Großen, opferreichen Kriegen folgt die ungehemmte Entladung der Begierden. Inmitten wütender Seuchen schießt brennender Liebesdurst auf. Die gesellschaftlichen Bande lockern sich, die Rücksichten der Zucht und Sitte fallen; orgiastische Tanzlust hetzt die Geschlechter aufeinander und stürzt sie in einen Taumel der Brunst, den sie sich selbst nicht erklären können. Daß sich das massenweise vernichtete Leben in das Dasein zurückdrängt, ist der tiefere Grund dieser seltsamen Erscheinung. Wir finden sie in der Geschichte verzeichnet. Puschkin hat sie dramatisiert. Das markanteste Beispiel aus neuester Zeit ist die geschlechtliche Zügellosigkeit des russischen Bolschewismus. Sie ist nicht nur die Folge einer neuen sexuellen Lehre. Die Lehre selbst hat ihren metaphysischen Hintergrund. Das millionenfach gemordete Leben sucht den Rückweg in die Welt, macht die Geschlechter lüstern und überredet sie, die Vorschriften der Gesetze und die Hemmungen der Sitte und des Urteils aufzuheben, soweit sie den Geschlechtsdurst beengen. Wie immer, so kostet es auch diesmal die Menschen keine Mühe, die ihnen abgerungene Wandlung vor dem Verstand mit Gründen zu erklären. Aber während sie sich einbilden, sie hätten sich endlich von allen Fesseln frei gemacht und genössen nun souverän in vollen Zügen die Lüste des Geschlechts, vollziehen sie unbewußt den mächtigen Willen der Natur und dienen ihr in der drückendsten Knechtschaft, die sich denken läßt. Sie fallen liebestoll übereinander her, weil die Natur gebietet: Wo viel gestorben wird, muß viel geboren werden.

Weil Geburt und Tod zusammenhängen, bedeutet großes Sterben große Fruchtbarkeit. Goethe schreibt der Natur sogar die geheime Absicht zu, zu möglichst vielen Toden zu kommen, um sich möglichst oft zu erneuern; die Häufigkeit des Sterbens verbürge die Spannkraft des Lebens. Zu religiösem Glauben erstarkte diese Überzeugung bei den Azteken. Sie schlachteten die Götterdarsteller, um die dargestellten Götter zu verjüngen. Blut floß, aber nicht im Dienste des Todes, sondern des Lebens. Gerade vor den Bächen rinnenden Opferblutes fühlte sich das Mayaleben in seiner ganzen Macht und Jugendfrische. Nach L. Frobenius wurden in vaterrechtlichen Frühkulturen die verstorbenen Greise mit Frohsinn bestattet. Der Stamm jubelte, daß nun neues Leben geboren werden könne. Wo die Verjüngungskraft des Todes so stark empfunden wird, streift der Unsterblichkeitsgedanke der Naturreligion den der Erlösungsreligionen. Denn Verjüngung, Ersatz des Verwelkten durch das Unverbrauchte, ist mehr als bloße Wiederkehr des Gleichen.

Das *Tragische* berührt sich nicht nur mit dem Mystischen, sondern ist aus ihm hervorgegangen. Es entquillt wie die Mystik den Tiefen der weiblichen Natur. Dionysos, der Gott der Weiber, der erotische Dämon des Griechentums, ist auch der Schirmherr der Mysterien und der göttliche Vater der Tragödie – eine tiefsinnige mythologische Anspielung auf die erotisch-mystisch-tragischen Zusammenhänge.

Ursprünglich waren die dionysischen Feiern Kulte der Schöpfungswonne. Später drang das Erlösungsmotiv in sie ein. Seitdem ist es das Ziel der dionysischen Mysten, den Gott zu schauen (Epopsie). Von hier aus ist es nicht weit zu dem Wunsch, die in der Ekstase geschauten Bilder leibhaftig vor sich hinzustellen. Aus dem Versuch, die Vision der Gottheit zu verkörpern, entsteht das attische Drama. In ältesten Zeiten war Dionysos der einzige tragische Held, und bis auf Euripides hat er nicht aufgehört, es zu sein. Die berühmten Figuren der griechischen Bühne, Prometheus, Ödipus usw. sind nur Masken dieses einen ursprünglichen Helden. Daß hinter ihnen allen ein und dasselbe Überwesen steckt, ist der Grund für die oft bestaunte typische Idealität jener Dramengestalten. Sie sind Inkarnationen ein und desselben Gottes. Ihn darzustellen war der eine Schauspieler berufen, dessen Einführung sich in Athen an den Namen Thespis knüpft. Durch ihn vollzog das Drama, wennschon nur im Scheine der Dichtung – die Fleischwerdung des Gottes Dionysos, eine Sehnsucht erfüllend, die tief in der menschlichen Seele liegt: Gott möge sich herablassen in menschliche Gestalt. So gesehen enthüllen sich merkwürdige Zusammenhänge zwischen der Grundidee des attischen Dramas und den Evangelien.

Das älteste Kultdrama der Hellenen stellte – übereinstimmend mit anderen orgiastischen Vegetationskulten, die sich in auffällig ähnlicher Form über den ganzen Erdball verteilen – den dionysischen Mythos dar: Der Gott der Fruchtbarkeit stirbt wie die Natur im Herbst und wird wiedergeboren wie die Natur im Frühling. Die mimischen Darbietungen kleiden also nur das Urerlebnis von Tod und Auferstehung in mythische Gewänder. Daher ist ihnen allen die Auflösung der Trauer in Jubel eigen, die Darstellung eines Untergangs um der Neugeburt willen. Der Nachdruck des Ganzen liegt auf der Auferstehungsfreude, der Freude am Sieg des wiedergeborenen Lebens. Bei den Azteken stirbt der alte Gott Xipe und der junge Frühlingsgott ersteht. Der ägyptische Osiris, der babylonische Tamuz, der syrische Attis werden qualvoll getötet und dem Leben wiedergegeben. Kore, die Tochter der Demeter, wird in den Hades entführt und kehrt in die Lichtwelt zurück. (In den eleusinischen Mysterien wurde dieser Mythos aufgeführt.) Der knabenhafte Dionysos Zagreus wird von Titanen zerrissen und von Zeus zu neuem Leben erweckt. (Das ist in den Dionysien die älteste Kultpantomime.) Überall ist das »dionysische Erlebnis« ein und dasselbe und berührt sich – seltsam genug – mit dem christlichen Ostergedanken. Wiederum laufen feine verknüpfende Fäden von den dionysischen Göttern zu Christus.

Der dionysische Mythos lehnt sich aber nicht nur an das äußere Naturgeschehen an, sondern hat auch eine innere Seite. Er spiegelt das mystisch-ekstatische Erlebnis des »Stirb und werde!« in einer Folge anschaulicher Bilder. Er ist gleichsam die Exegese des dionysischen Kultus. Er spricht das Unaussprechliche in einem Gleichnis aus. Diese Besonderheit des dionysischen Mythos hat sich beim echten Tragiker erhalten. Er stellt die sinnliche Welt dar, wie sie nach unerbittlichem Gesetz der Katastrophe zutreibt, in der sie schließlich sich aufhebt, um den Ausblick in das Übersinnliche freizugeben. Er zeigt, daß der ganze Kosmos ebenso der Entselbstung entgegendrängt wie der einzelne mystisch oder erotisch bewegte Mensch. Was sich innen in diesem abspielt, spielt sich außen im Ganzen ab. Das ekstatische Entwerden als Abschluß des Weltprozesses – das ist das Wesen der Tragik. Die knappste Formel dafür: durch Untergang – Erlösung. Wenn sich in einem begnadeten Menschen das mystische Erlebnis des »Stirb und Werde« mit dramatischer Gestaltungsgabe paart, formt sich in ihm der Mythos (die dramatische Fabel). Wird der Mythos dramatisch aufgeführt, so erregt er im Zuschauer wieder das mystische Erlebnis. Wer als ergriffener Betrachter den tragischen Vorgängen folgt, wird in mystische Stimmung versetzt. Wenn das tragisch-mystische Weltgesetz in Bildern der Außenwelt anschaulich wird, unterwirft sich ihm und seinem Rhythmus unversehens auch die Seele. Zuletzt wird im tragischen Zuschauer auf verschlungenem Umwege dieselbe Stimmung erweckt wie dereinst im aktiv beteiligten Mysten, nur nicht in derselben Stärke. Denn graduell macht es einen Unterschied, ob man der Aufführung des Mythos nur zusieht oder ob man den kultisch-mystischen Akt mit vollzieht. Nicht nur dem Naturverlauf entspricht der Drameninhalt, sondern auch der mystisch-erotischen Erfahrung: Der natürliche Wechsel von Herbst zu Frühling, die mystische Wandlung von Mensch zu Gott, der erotische Aufstieg von Zweiheit zu Einheit und die tragische Verklärung von Untergang zur Weihe hängen miteinander zusammen. Ein und dieselbe Kraft bewegt die äußere und die innere Welt.

Vom Wesen des Tragischen ist die *Katharsis* nicht zu trennen. Auf sie hin ist das tragische Schauspiel angelegt. Sie stellt sich im Zuschauer ein, wenn er ein Stück der wahrnehmbaren Welt zusammenbrechen sieht und sich dahinter ewige Mächte ahnen lassen. Indem uns der tragische Dichter die Welt der Mängel und Irrungen vorführt, beflügelt er unseren Wunsch, sie zu überwinden. Von Zeit zu Zeit lechzt der für Tragik empfängliche Mensch danach, das Sichtbare sterben zu sehen, damit er dahinter das Unsichtbare um so mächtiger spüre. Das ist die tragische Sehnsucht nach »Reinigung«, eine Begierde nach tiefem Schmerz, der das Vorgefühl und Wohlgefühl der Auferstehung einschließt. *Tragische Katharsis, mystische Ekstase und erotischer Orgiasmus sind verwandte Seelenlagen.* Sie haben miteinander gemein, daß sie den Bann der Individuation brechen und den Menschen auf einen verzückten Augenblick in die göttliche Einheit erheben. Sie nehmen das Ewige vorweg, indem sie den Menschen durch Einzeltod und Weltende hindurchschreiten lassen. Sie haben eschatologischen Charakter. In den drei Seelenzuständen äußerster Bewegtheit ist ein Sterben – des vergänglichen – und ein Freiwerden – des unsterblichen – Teils der menschlichen Seele. Daher rührt die eigentümliche Mischnatur der mystischen, erotischen und tragischen Empfindung. Weh und Wonne fließen ineinander und werden nicht mehr als Gegensätze gefühlt. Es ist ein seliges Aufschluchzen in aller Erschütterung; es ist ein süßer Schmerz in aller Befreiung. Wir fühlen Qual und Lust zugleich: Qual, denn das Ich stirbt; Lust, denn das Göttliche wird in uns entbunden. Hebbel wußte um dieses Geheimnis, als er dem Tragiker zurief, er müsse den Menschen »in jener erhabenen Stunde packen, da ihn die Erde entläßt und er den Sternen verfällt«. Wie der erotisch Berauschte und der mystisch Besessene spürt auch der tragisch Erschütterte, wie sich seine in den Schranken des Ichs erstarrte Seele zu lösen beginnt. Er fühlt sich hinausgehoben, entrückt wie der Myste in die unio mystica (Platon verwendet mitunter das Wort κάθαρσις für die mystische Einigung!). Auf Augenblicke weicht von ihm der Fluch der Vereinzelung, sein Unsterbliches amet auf in einem überströmenden Gefühl der Freiheit, der Weihe und des Friedens. Solche Empfindungen stellen sich erst am Rand des Lebens ein, in den Grenzzuständen der Seele, wenn sich die Spannung zwischen Diesseits und Jenseits in einen heißen Tränenstrom auflöst. Plötzliche Bekehrungen gehen oft unter diesen Zuckungen und Verzückungen vor sich. Primitive Australier verfallen in das rauschhafte Schluchzen beim Vollzug ihrer heiligen Riten. Überaus schön beschreibt Apulejus das tränenreiche Hingerissensein: »Noch einige Tage blieb ich im Tempel (der Isis) und in unfaßlicher Wonne genoß ich den Anblick des göttlichen Bildes... vor dem Angesicht der Göttin warf ich mich nieder, drückte lange mein Antlitz auf ihre Füße und brach unter Tränen in die von heftigem Schluchzen fast erstickten Worte aus: ›O du Heilige, du ewige Erhalterin des Menschengeschlechts!‹« – In den Randzuständen der Seele wird dem Menschen die Gnade der Tränen zuteil, das von der katholischen Kirche hochgeschätzte donum lacrimarum, das von so verschiedenen Charakteren wie Teresa von Avila und Ignaz von Loyola gleicherweise gepriesen wird.

> Das Auge netzt sich, fühlt im höhern Sehnen
> Den Götterwert der Töne und der Tränen.
> Goethe.

Eine gewaltige Flut von Empfindungen ist es, die das Wort Katharsis – jenseits von Gut und Böse – umschließt. Sie ist nicht nur Schillers »Vergnügen an tragischen Gegenständen« oder Lipps' »Genuß eines Wertvollen in der Persönlichkeit«,* auch nicht nur eine moralische Reinigung. Alle rein ästhetischen oder moralischen Versuche, den »tragischen Genuß« zu erklären, sind zum Scheitern verdammt. Die Doppelnatur der tragischen Ergriffenheit haftet am Wesen des Tragischen selbst, und dieses wiederum ist in den Kern des Weltganzen eingeschlossen und überall fühlbar, wo sich Welt und Überwelt berühren. Der Mensch mit einer unsterblichen Seele inmitten einer vergänglichen Welt, das ist der tragische Urtatbestand. Die Tragödie erneuert den Augenblick des ersten religiösen Erschauerns, und sie erneuert ihn stärker als das Mystische und Erotische, weil sie kräftiger als diese die nihilistische Seite im Zwei-Welten-Erlebnis unterstreicht. In der Tragödie soll die Welt zeigen, daß sie in ihrer Gesamtheit, im Innersten ihres Gefüges, auf Zerrüttung angelegt ist. In der Tragödie ist die Welt berufen, den Urwiderspruch des Daseins bloßzulegen, damit sich der Mensch ihm entwinde und sich erschüttert und gereinigt vor einer höheren Lebensordnung niederwerfe. Der tragische Held stirbt, damit wir sehend werden, sehend über das Wesen der Welt und den Weg der Erlösung. In Masken schreitet die Idee vom stellvertretenden Leiden, die dem Christen geläufig ist, über die Bühne.

Zum Tragischen gehört das dualistische Weltbild. Nur wer unter der Spannung zwischen beiden Welten leidet und ohne den Untergang der sichtbaren Ordnung nicht in die unsichtbare zu gelangen glaubt, kann tragisch empfinden. Der *Inder* kann es nicht. Er sieht alles in transzendenter Einheit, über die sich der trügerische Schleier der Maya nur leichthin breitet. Die Erkenntnis dieser gegebenen Einheit und nicht das Mysterium des Todes ist für ihn das Erlösende. Es bedarf nicht der schmerzhaften Zertrümmerung des Einzelwesens, um die Ganzheit wiederherzu-

* Th. Lipps, Der Streit über die Tragödie S. 51.

stellen. Die Ganzheit ist immer da und braucht nur erschaut zu werden. Man braucht nur einen angestammten Denkfehler abzustreifen, und man hat in der Erotik die Einheit der Liebenden, in der Mystik die Einheit des Menschen mit dem Welturgrund. Daher erschlafft beim Inder die polare erotische Spannung, daher pflegt er mit Vorliebe die rauschlose Unendlichkeitsmystik mit ihren Versenkungen, und darum kennt er weder das Erlebnis der Katharsis noch den Begriff des Tragischen noch die Kunstform der Tragödie. Das indische Drama ist frühzeitig zu prächtigen Blüten gediehen, aber eine Tragödie hat es nicht hervorgebracht. Die indische Kunstregel verbietet den katastrophalen Abschluß des Spiels. Sie schreibt glücklichen Ausgang vor. Niemand darf auf der Bühne sterben oder sonstwie untergehen. Die Idee des tragischen Liebestodes, ohne den sich die Liebenden nicht zur vollen Einheit verschmelzen können, widerspräche ebensosehr dem Kanon des indischen Dramas wie dem Geist der indischen Erotik. (Daß sich indische Märtyrer mitunter zum »mystischen Liebestod« drängen, ist eine Abweichung von der allgemeinen Regel.) So bestätigen auch die Eigenheiten Indiens e negativo, daß sich mystische Ekstase, erotischer Rausch und tragische Katharsis im Urgrund der Seele berühren.

VIII

DIE ENTZWEIUNG DES EROS MIT DEN GÖTTERN

Mit einem Gemisch von Schmerz, Verbitterung und Grauen tritt der nachdenkende Mensch vor die Tragödie, die nun vor unseren Augen abrollt: die Entzweiung des Eros mit den Göttern. Wer einmal den tiefbegründeten, unzerreißbar scheinenden Zusammenhang zwischen Religion und Erotik erschaut hat, wer ihm in viele Winkel nachgegangen ist, fährt bestürzt vor der Frage zurück: Wie war es möglich, daß sie sich jemals verzwisten konnten? Was ging da in der Tiefe der menschlichen Seele vor sich? Wie bildete sich der blutige Riß, an dem die Menschheit nun schon seit Jahrtausenden leidet? Wer hat den Menschen vergiftet und ihm die Einheit der Seele geraubt? Der flache Beurteiler, der sich mit überkommenen Irrtümern abfindet, weiß es nicht anders, als daß sich Götter und Eros in bösartiger Spannung grimmig befehden. Aber der tiefsinnige Frager, der seinen Blick in unterste Schichten der Seele bohrt, steht benommen vor dem Rätsel aller Rätsel und dem Verhängnis aller Verhängnisse.

Die Grundfrage ist: Welche inneren Antriebe haben den Menschen dahin gebracht, daß er sich des Geschlechts schämte, es verbarg und ächtete, daß er die geschlechtlichen Verrichtungen beschränkte oder ganz aufgab und daß er sich zuletzt die geschlechtlichen Organe sogar von seinem Leibe abriß? Ihr schließt sich die Frage an: Hängen diese Antriebe mit der Religion zusammen? Es ist von vornherein zu vermuten, daß sie zusammenhängen. Denn wenn der Mensch dazu kam, auf das Geschlechtliche, die Quelle heißester irdischer Lust, zu verzichten, so muß er durch innere Erschütterungen genötigt sein, wie sie gerade das religiöse Erlebnis hervorruft. Nur wo es sich um letzte Fragen handelt, kann der Mensch auf den aberwitzig scheinenden Gedanken verfallen, das Geschlecht, den Lustspender und Allbeherrscher des Lebens, zu ächten.

Um klar zu sehen, muß man zwischen *gelegentlicher und totaler Askese* unterscheiden. Die geschlechtliche Askese kann zeitweise als Mittel zu bestimmten Zwecken dienen, und sie kann als Dauerzustand aufgesucht werden, als geschlechtsfeindliche Lebensform.

Ein asketischer Zug wohnt aller Geistigkeit, allen Versuchen und Ideen der Selbstvervollkommnung inne, dem Ideal der »pythagoreischen Lebensweise« in Hellas nicht anders als der Forderung des heiligen Wandels (brahma – cāryam) in den indischen Hochreligionen. Soweit die Kultur über die Natur hinausstrebt, kommt sie ohne asketische Haltungen nicht ganz aus. Denn will der Kulturmensch Abstand von der Stoffwelt gewinnen, um sich über sie und ihre Gesetze zu erheben, so darf er nicht mehr blind in das Leben hineinstürmen. Er darf sich nicht mehr frei und ungeprüft seinen Regungen überlassen, sondern muß an sich halten. Damit steht er vor dem Gebot der Askese – dieses Wort genommen im weiten und ursprünglichen Sinn der Übung und des Arbeitens an sich selbst. Ziel ist hier nicht die Knechtung, sondern die Lenkung der Triebe. Askese nicht als Selbstzweck, sondern als instrumentum perfectionis, das mit Maß und Vorsicht gehandhabt werden muß. Schon in den Taburegeln niederer Stämme taucht die Absicht asketischer Naturüberwindung und Menschenerhöhung auf. Hat ein Stamm mehr und strengere Verbote als andere, so faßt er das als eine Art Adelszeichen auf. Sich etwas versagen zu können gilt als Merkmal des Vorrangs und erfüllt mit dem Stolz, einer überlegenen Rasse anzugehören. »Ich bin nicht wie einer dieser elenden Thongas, die Fische essen«, lautet die selbstbewußte Äußerung eines afrikanischen Eingeborenen, die Junod mitteilt. (The Life of a South-African Tribe, II 67.)

Je straffere Zügel der natürliche Mensch seinen Begierden anlegt, vor allem den geschlechtlichen, die ihn am meisten verwirren, um so mehr erstarkt in ihm das Gefühl des Befreitseins, der Selbstsicherheit, der Macht. So bildet sich die Überzeugung, daß die Einhaltung der Tabuverbote, besonders die zeitweise Drosselung des Geschlechts, mit den übersinnlichen Mächten in günstige Berührung bringe und die magische Teilhabe des Menschen am Weltgrund vertiefe. Es entsteht die *magische Askese:* Askese als Mittel zum Machtgewinn, als Anwartschaft auf äußere Erfolge. Sie kann nach indischer Ansicht sogar den Göttern gefährlich werden. Indra zittert davor, daß ihn ein Überasket durch die unvergleichliche Macht seines tapas, seiner Büßung, seiner ausgesuchtesten Selbstpeinigung, vom Götterstuhle stürzt, um sich selbst darauf zu setzen. Als einziges Gegenmittel hält Indra seine verlockenden Apsaras bereit, die Lustdirnen des Himmels – eine hübsche Anspielung darauf, daß im Kampf um die Macht der gefühlsgetriebene Mensch schlechtere Aussichten hat als der triebentleerte, willensbewußte, der nicht bezwungen werden kann, solange er in schroff-asketischer Verhaltung beharrt. – Im christlichen Mittelalter war der Glaube an die magische Kraft der Keuschen weit verbreitet. Eine »reine Magd« stand im Ruf, sie könne Krankheiten vertreiben, und dem Blut von unschuldigen Kindern oder reinen Jungfrauen wurde nachgerühmt, daß es gegen den Aussatz helfe.

Als magisches Mittel kann die Askese auch zum Empfang von Offenbarungen dienen wie in der hellenischen Mantik, oder als ekstatische Hilfe zur Erzwingung von Rauschzuständen, ja, sie kann gepflegt werden zur erlernbaren planmäßigen Steigerung der Wollust, auf die Erfahrung begründet, daß die zeitweise Stauung der geschlechtlichen Kräfte Liebesgenüsse verheißt, die dem frei und rasch ablaufenden Naturtrieb entgehen. Indische Theoretiker der Liebeskunst wie Vâtsyâyana, der Verfasser der Kamasûtra, wissen um dieses Geheimnis des Geschlechts. Jede kluge Frau hat ein Gefühl dafür, daß sie ihre Vormacht über den Mann zum größten Teil verliert, wenn sie sich ihm widerstandslos hingibt. Je mehr sie auf Abstand dringt, je hartnäckiger sie um sich werben läßt, um so abhängiger macht sie den

Mann. Die Keusche, Unnahbare, sich Versagende, nicht die billig und beliebig sich Verschenkende hat den großen Liebeserfolg. Auch dieses oft berechnete Verhalten der zeitweisen Zurückhaltung ist eine Macht verbürgende Waffe von magischer Gewalt. Die Eigensucht und Eifersucht des Mannes tun das ihre dazu, um die geschlechtliche Selbstbeschränkung der Frau zu begünstigen. Denn der Freier verlangt zumeist die Unberührbarkeit der Braut. Aus Stolz und Eitelkeit dehnt er seine Forderung des ausschließlichen, ungeteilten Besitzes auch auf die Vergangenheit des Mädchens aus; es schmeichelt der Selbstgefälligkeit des Bewerbers, im Leben der Braut der einzige zu sein, mit dem sie etwas erlebt hat. Wo diese männliche Wertung vorherrscht, reift die doppelte Geschlechtermoral heran mit Liebesfreiheit des Mannes und Keuschheitsansprüchen an die unverheiratete Frau.

Manche Völker wie die Römer glauben an Unglückstage, an denen sie gewisse Handlungen, Heiraten, Verlöbnisse oder den geschlechtlichen Umgang überhaupt unterlassen. Wiederum ein Fall der zeitlich begrenzten Geschlechtsaskese, der auf eine allgemeine Abneigung gegen das Geschlechtliche nicht schließen läßt. Denn das Infizierende dabei sind die Tage und nicht die Handlungen, die an ihnen gemieden werden.

Keiner der aufgeführten Beweggründe – Selbstvollendungsdrang, magischer Machtwille, Genußsucht, weibliche Berechnung, männlicher Egoismus, Aberglaube – kann die Tiefe und die Endgültigkeit der Erosächtung erklären, wie sie sich im Buddhismus, Jainismus, in Seitenströmungen des Christentums und anderer Religionen behauptet. Das eine oder andere Motiv mag mitspielen, aber es kann nicht den Ausschlag geben. Wo also liegen die Wurzeln der totalen Askese? Es sind vier Motive, die nebeneinander herlaufen. Sie brauchen sich nicht auszuschließen. Sie können einzeln auftreten oder sich miteinander vermengen und durchdringen: das *Opfermotiv, das Störungsmotiv, der Weltekel und die Geschlechtsfurcht.*

Das *Opfermotiv* wird vom religiösen Urschauder erweckt. Es ist ein rein religiöses Motiv, jenseits aller Erotik. Wenn der

Mensch vor der Gottheit erbebt, so sucht er nach Mitteln, um sie zu versöhnen und günstig zu stimmen. Aus seiner Drangsal findet er schließlich einen Ausweg: er ersinnt das Opfer. Eine mildere Form des Opfers ist die Opferaskese. In ihr legt sich der Mensch äußere Beschränkungen auf, um innerlich freier zu werden. Er schmiedet seinen beiden mächtigsten Trieben schmerzhafte Fesseln an: dem Hunger und der Begierde. Er fastet und hält sich geschlechtlich zurück. Dadurch glaubt er die Götter für sich zu gewinnen, und wenn er sich schuldig fühlt, ihren Zorn zu besänftigen und die eigene Verfehlung zu sühnen. So wird die geschlechtliche Askese neben dem Fasten zur Grundform der religiösen Buße. Sehnsucht nach Befreiung vom Druck des Urschauders, des Ohnmachts- und Schuldgefühls und nicht etwa gesundheitliche Erwägungen haben den frühen Menschen zur Askese getrieben. In seiner Seele war das Erzittern vor den übersinnlichen Gewalten die stärkste Stimmungsmacht. Deshalb darf man den religiös aufgewühlten Urvätern des Menschengeschlechts nicht die platte naturalistische Betrachtungsweise unterschieben, durch die der moderne Europäer verrät, daß in seiner ausgedörrten Seele das heilige Erschauern »der Menschheit bestes Teil« nicht mehr aufkommt.

Die Askese als Opferform geht davon aus, daß das Geschlechtliche nicht nur etwas Erlaubtes, sondern etwas Schätzenswertes ist. Das Verbotene zu unterlassen, wäre überhaupt kein Opfer; das wenig Reizvolle aufgeben, wäre kein großes Opfer. Der Mensch des religiösen Urschauders aber will ein großes Opfer bringen, um vor den allmächtigen und gar vor den zürnenden Göttern mit einer achtbaren Leistung zu bestehen. Mag sein, daß er auch den Neid der Götter und Dämonen fürchtet und sich bemüht, sich so zu verhalten, daß sie keinen Anlaß zum Neide haben. Jedenfalls wählt er nicht aus Verachtung, sondern gerade wegen der Hochschätzung des Geschlechts die geschlechtliche Enthaltsamkeit neben dem Fasten als Opferform. Daher kennt die Opferaskese im Gegensatz zu anderen Arten der Askese keinen Haß gegen den Leib als Sitz der Geschlechtlichkeit oder gegen die Frau als geschlechtliche Versucherin, und die Gebote des Fastens und der Keuschheit treten regelmäßig nebeneinander auf. (Im Islam schließt das Fasten die geschlechtliche Enthaltung ein.) Die Opferaskese kann sich selbst in Religionen von glühender Sinnlichkeit behaupten, wie im Islam, wo die Ehelosigkeit, von der sufitischen Mystik gefordert, als Teufelsbetörung verschrieen ist. Die Römer, sicher kein geschlechtsfeindliches Volk, pflegten die geschlechtliche Askese als Sühnemittel während der Nudipedalia; bei andauernder Dürre suchten sie durch Enthaltung den Jupiter pluvius gnädig zu stimmen.

Zu einer Entzweiung zwischen Religion und Geschlecht zwingt die Opferaskese erst dann, wenn das Schuldgefühl und Sühneverlangen im Menschen derart anschwillt, daß er sein ganzes Bewußtsein durchflutet. Dann glaubt er, nur noch durch das Opfer *dauernder* geschlechtlicher Enthaltung sein Heil und seinen ewigen Frieden finden zu können, und so erweitert er die gelegentliche Askese zur asketischen Lebensform. Aus Frömmigkeit wird der Bußfertige zum Flüchtling vor dem Geschlecht und allen Empfindungen, die sich daran knüpfen. Schließlich meidet er nicht nur den Sexus, sondern auch den Eros, und meidet ihn für immer. Erst damit reißt er einen tiefen Spalt zwischen Religion und Erotik auf, so daß sich beide nicht mehr erreichen und sich ihrer Verwandtschaft und ihrer Gemeinsamkeit in der Aufgabe der Menschenerlösung nicht mehr erinnern. Schon in ihrer ältesten und untersten Schicht, in ihrer Furcht erweckenden Dämonie, birgt demnach die Religion den Stachel, durch den sie den Eros tödlich verwunden kann.

Das *Störungsmotiv* ist wie das Opfermotiv religiöser Natur, aber es rührt nicht von der dämonischen Seite der Religion her, sondern von ihrem Zuge zur Ausschließlichkeit. Religiosität hat immer die Neigung, sich in der menschlichen Seele auszubreiten und keine anderen Gefühle neben sich zu dulden, gleichartige noch weniger als gegensätzliche. Darin liegt die Gefahr, daß religiöse und erotische Empfindung zusammenstoßen, ohne zu einem Ausgleich zu gelangen. Je weiter sich das Religiöse im

Menschen ausdehnt, um so leichter kann es sich durch den Eros gestört und behindert fühlen. Daher ist das Störungsmotiv die seelische Gefahr der religiös besonders regsamen und lebendigen Naturen, nicht der Lauen und Schlaffen. Der von Gott erfüllte, Gott zugewendete Mensch gibt sich rückhaltlos in das gott-menschliche Verhältnis hinein und möchte durch kein irdisches Band mit der Vergänglichkeit verbunden bleiben. Den weltan-schaulichen Hintergrund dieses Gottgefühls bildet der unver-söhnliche Dualismus von Gott und Welt, von Leib und Seele. Das Sterbliche und das Ewige sind hier nicht aufeinander hin-geordnet, sondern sie streben voneinander fort. Das Grundver-hältnis beider ist Antinomie, nicht Harmonie.

Das Störungsmotiv ist das typische Motiv der *mystischen* As-kese. Weltabkehr als Ausdruck und Folge der überströmenden Liebe zu Gott und des Drangs zur gott-menschlichen Einigung ist von jeher das Merkmal der Mystik. Es findet sich selbst in der sufitischen Mystik gegen die Grundtendenz der islamischen Religion. Aus mystischem Gottverlangen ist die erosfeindliche Überzeugung erwachsen: ohne Virginität, ohne dauernde ge-schlechtliche Enthaltung gibt es keine volle, vorbehaltlose Hin-gabe an Gott. Sie ist das Mittel zur inneren Sammlung auf das Eine, Vollkommene. »Durch die Enthaltsamkeit werden wir gesammelt und zu dem Einen zurückgebracht, von welchem wir in das Viele zerflossen waren. Weniger nämlich liebt dich (Gott), wer neben dir etwas liebt, was er nicht deinetwegen liebt.« Mit diesen Sätzen kennzeichnet Augustin (Conf. X 29) das Störungs-motiv als Antrieb zur Keuschheit. Ähnlich in dem Bekenntnis: Mit Rücksicht auf die Freiheit meiner Seele habe ich mir vorge-nommen, kein Weib zu begehren oder heimzuführen (Sol. I 17). Auch 1. Kor. 7, 32; 33 enthält Hinweise auf die störende Wir-kung der geschlechtlichen Sphäre und das daraus gefolgerte Er-fordernis der Enthaltung.

Bei den Theoretikern des Störungsmotivs laufen zwei Erwä-gungen nebeneinander her: Das Erotische stört, weil es dem Religiösen widerstrebt, und es stört, weil es ihm gleichartig ist.

Die erste Meinung steht unter dem Gesichtspunkt des Gegensatzes, die zweite unter dem der Rivalität. Dort lehnt die Religion den Eros ab, weil sie anderes, hier, weil sie dasselbe will. Der Asketentypus der ersten Art streift alles ab, was zur Welt gehört, aber es rechnet – und das ist sein Grundirrtum – den *Eros,* nicht nur den Sexus, zur Welt statt zur Überwelt. Er zieht den Trennungsstrich zwischen beiden nicht richtig, nicht etwa, weil er von der Religion zu hoch, sondern weil er vom Eros zu niedrig denkt. Er stellt die Liebe zu einem Menschen mit der Begierde nach Sachen gleich. Er fürchtet, daß sich der Mensch an das Sachgesetz der Stoffwelt verliere, wenn er in geschlechtlicher Liebe entbrennt (so 1. Kor. 7, 38). Er verkennt, daß die liebeglühende Hingabe an eine lebendige Person etwas wesenhaft anderes ist als die Selbstpreisgabe an tote Gegenstände. Wer die Geliebte anbetet oder sich mit ihr zu einer höheren Einheit vereinigen will, hängt sein Herz nicht an Dinge dieser Welt, sondern sucht das Göttliche – in der Geliebten oder mit ihr zusammen. Wer sich durch den Eros von der Gottesliebe abgezogen fühlt, schätzt ihn zu niedrig ein, ihn mit dem Verschlingungstrieb verwechselnd, der das Begehrte wie eine Sache behandelt, der nur Vergängliches und nur zum vergänglichen Genusse haben will. Er sieht auf die Geschlechterliebe mit dem Auge des Begehrlichen, jedoch in entgegengesetzter Bewertung, und darum hält er die erotische Entflammung für einen Kniefall vor dem Gesetz des Stoffes, für Götzendienst, für Verrat an Gott. Aber die Pflege echter erotischer Kräfte kann der Religion niemals schaden. »Es kann gar nicht genug Liebe in der Welt geben« und »Alle Liebe, die diesen Namen verdient, ist ihrem Wesen nach dieselbe« – an diesen beiden Wahrheiten versündigt sich der vorstehend beschriebene Asketentypus.

Anders geartet ist derjenige, der den Eros abweist, weil er die Wesensverwandtschaft zwischen Religion und Erotik spürt. Er möchte das Erlösungsmotiv für die Religion allein in Anspruch nehmen. Er gönnt es keiner anderen, also auch nicht der erotischen Empfindung, so daß dem Geschlecht nur der schale

Gattungsdienst der Fortpflanzung verbleibt. Die Religion wird auf den Eros eifersüchtig; sie möchte sich nicht mehr mit ihm in die Aufgabe der Seelenbeglückung und Menschenerlösung teilen. Von diesem Beruf ferngehalten sinkt der Eros tatsächlich von seinem himmlischen Gipfel auf die tierische Ebene hinab, seiner aufwärtstragenden Schwingen beraubt. Das bekannteste geschichtliche Beispiel dafür ist die Art, wie die katholische Kirche den schwärmerischen Frauenkult der provenzalischen Minne behandelte. Sie engte ihn auf ein einziges weibliches Wesen ein, auf Maria, und übernahm ihn in dieser Form als *religiösen* Kult. Die anbetende Erotik dagegen wurde verworfen, denn sie macht aus der Geschlechterliebe mehr, als ihr die Kirche zugesteht. So entrollt sich vor uns das seltsame Bild: Der veredelnde Frauendienst, der erste Durchbruch seelischer Geschlechterliebe in Europa, konnte vor dem eifersüchtigen Auge der Kirche nicht bestehen. Der nackte Gattungstrieb aber, das tierische Geschäft der Zeugung, konnte es!

Der vom Störungsmotiv bestimmte Asket hat das göttliche Ziel vor Augen, zu dem er aufstrebt. Der vom *Weltekel* getragene sieht nur die ungöttliche Welt, von der er sich fortsehnt. Entsetzt über die Gestalt des irdischen Daseins will er heraus aus dem samsara der Buddhisten, aus dem κύκλος τῆς γενέσεως der Orphiker, ohne immer klar zu wissen, wohin. Im Weltekel verschiebt das Erlösungsmotiv den Akzent nach der verneinenden Seite und erzeugt so den nihilistischen Erlösungstypus, den nihilistischen Asketen. Wenn der Mensch dieser Art in· seiner tiefen, echt männlichen Verbitterung die Welt verwünscht und sterben sehen möchte, so ächtet er vor allem das Geschlecht als die unversiegliche Erneuerungsquelle des Daseins, sodann den Leib als Sitz des Geschlechts, als Sinnbild und Fessel des Vergänglichen, und schließlich die Frau als die unermüdliche Bewahrerin des Lebens, als die Versucherin zum Leben, als Bürgin der Lebensewigkeit. Daher treten der Weltekel und die daraus abgeleitete Askese regelmäßig im Bunde mit Leibhaß und Frauenverachtung auf. Hier ist die Seele nicht der Sinn des Leibes, sondern der Leib das Grab der Seele (wie in dem orphischen Wortspiel σῶμα – σῆμα), und die Frau ist nicht Madonna, Erlöserin oder magna mater, sondern des »Teufels Pforte« (so Tertullain und Hieronymus). Der Mann fühlt, daß asketische Forderungen im tiefsten Grunde die Natur des Weibes verletzen, die angelegt ist auf Fruchtbarkeit und Lebensbewahrung. Als nihilistischer Erlösungstypus haßt er in der Frau ihr Bündnis mit der Natur, ihren Einklang mit den Mächten der Welt, indem er sich als das transzendente, die Frau als das immanente Prinzip empfindet. Sein Erlösungs- und Weltüberwindungsdrang artet zuletzt in offenen Welthaß aus und kann schließlich in das eigentümlich Zerstörende der männlichen Natur einmünden. Wiederum enthüllt das Männliche seine Richtung auf den Tod, auf das Töten. Denn wer die Welt verneint, tötet sie in Gedanken. Ein eigenartiges Bild: Der nihilistische Erlösungstypus und der Machttypus, von entgegengesetzten Punkten ausgehend, begegnen sich im Willen zur Zerstörung. Beide gefallen sich in Mißachtung von Lebenswerten. Man übersehe nicht das Herrische in den strengen Ächtungsurteilen des nihilistischen Asketen! Es ist die Gebärde eines Caesaren, der das natürliche Dasein abweist.

Alle Asketen stimmen darin überein, daß sie die Erlösung nicht durch den Eros suchen. Der Mensch des Störungsmotivs sucht sie *ohne* den Eros; er will von ihm nicht behelligt sein. Der Mensch des Weltekels sucht sie *auf Kosten* des Eros. Es ist ein Weg zum Schöpfer über die Ruinen seiner Schöpfung. Es gilt nichts Geringeres als durch Ausschaltung der geschlechtlicherotischen Kräfte die Welt lahmzulegen, bis sie ausgehölt in sich zusammenfällt. Typisch dafür ist die Art, wie sich Augustin gegen den Einwand verteidigt, durch Keuschheit sterbe die Menschheit aus: »Oh, daß doch alle dies täten (sich geschlechtlich enthalten), um so schneller würde der Gottesstaat erfüllt und das Ende der Zeiten beschleunigt.«

Auch der Weltekel ist ein religiöses Motiv, ohne es immer zu wissen. Daß wir das Vergängliche um uns auf das Ewige in uns beziehen, ist der tiefere Grund dafür, daß uns die Erde nicht mehr genügt und wir uns auf ihr nicht mehr glücklich fühlen. Die sichtbare Welt widert uns nur deshalb an, weil wir sie unablässig, wenn auch oft unbewußt, mit der Überwelt vergleichen, deren Bild wir – sei es noch so verhangen – in uns tragen. Ohne jede Ahnung eines vollkommenen Reiches fiele uns die Unvollkommenheit unserer Umwelt nicht auf. Wer nur das Natürliche kennt und anerkennt, muß alles natürlich finden und gelten lassen. Jeder tiefe, über augenblickliche Verstimmung hinauswirkende Pessimismus ist schon dämmernde Religion. Wenn der Mensch aus Weltekel den Eros ächtet, so bewegen ihn religiöse Kräfte, die sich freilich oft genug im Dunkel halten. Wie beim Opfer- und Störungsmotiv ist es auch beim Weltekel das *Religiöse*, das den Keil zwischen Eros und die Götter treibt. Tiefere Ursache dieses Zwiespalts ist die Spannung zwischen Welt und Überwelt. Sie begründet von Anbeginn die Gefahr, daß Gnade und Natur zusammenstoßen, daß die Gnade die Natur aufhebt, statt sie zu sich heraufzuheben. Dann reift der tiefe, leidenschaftliche Pessimismus heran, den ich Weltekel nenne und der immer der Todfeind des Eros sein und bleiben wird. Denn der Eros ist zwar ein göttlicher Gestalter, aber sein Stoff ist das Vergängliche. Er bedient sich des Geschlechts. Er ist Mittler zwischen beiden Welten. Der Weltekel aber duldet keine solche Vermittlung. Für ihn ist die Welt endgültig abgetan.

Der Weltekel kann die Menschen derart bannen, daß sie darüber sogar die Götter vergessen, ohne die es ihn nicht gäbe. So ist es im *Buddhismus*. Das Besondere dieser Religion ist, nur vom Weltekel zu reden, während sie von der Gottheit schweigt, so daß europäische Flachköpfe auf den Gedanken kamen, sie sei gar keine Religion. Der Buddhist fühlt sich, wenn er vom Weltekel loskommt, beschenkt, aber er sieht den Schenker nicht; »Gottesgeschenk ohne Schenker« nennt er das Nirvana. Der Sinn der buddhistischen Lehre ist, alle Brücken zur Welt abzubrechen und sie sich selbst zu überlassen, bis sie zuletzt ohne das erlöste Subjekt in ihren hoffnungslosen Samsarakreisen weiterläuft. Daher darf der Mensch nicht mehr triebhaft reagieren. Bewußtsein und Wille bestimmen in übermännlicher Einseitigkeit das menschliche Verhalten, während alles organische, frei fließende Leben, wie es der weiblichen Natur zusagt, geächtet ist. »Ein Mönch hat das Herz in seiner Gewalt und nicht ist er in der Gewalt des Herzens.« Buddha versucht, alles, selbst die animalischen Verrichtungen des menschlichen Körpers, in das überscharfe Licht des Bewußtseins zu rücken und dem vernunftgeleiteten Willen zu unterwerfen. Nicht mehr Trieblenkung, sondern Triebknechtung ist das Ziel. Darin stimmt er mit Kant überein, dem anderen großen übermännlichen Denker. So, wie es nach Kant nur eine Sittlichkeit gibt, die dem natürlichen Empfinden widerstreitet, gibt es nach Buddha keine Heiligung ohne die Niederlage des Gefühls. Nach Kant führt der Weg zur Moral, nach Buddha zur Erlösung über hingemordete Triebe. In dieser Welt kann der Eros nicht mehr atmen. Er erfriert unter dem Eishauch der Erkenntnis. Kantische Philosophie und buddhistische Religion sind unerotisch und sind es bewußt. Kant scheidet die Liebe aus den Moralfaktoren aus, und Buddha sieht in ihr das größte Hindernis auf dem Heilspfad des Menschen. Mit Nachdruck lehrt der Gautama: »Man muß die Liebe verwinden«, und zwar jede Art von Liebe. Das bedeutet: Der Mensch muß vom Eros erlöst werden, nicht durch den Eros. Denn Liebe – und Geschlechterliebe besonders – ist ja das Band, das mit der vom Weltekel verworfenen Welt verknüpft; sie ist eine Sonderart des Durstes (tanha), ein Mittel des »Anhaftens« an den Scheinwerten der Endlichkeit. Der Buddhist soll sich die Liebe als Ursache aller Leiden so lange vor Augen halten, bis »Was da in mir an Verlangen und Liebe ist, verleugnet ist«. Ein anderes Buddhawort lautet: »Nicht, ihr Mönche, nahm ich eine Form wahr, die den Geist des Mannes so gefangen nimmt wie die weibliche Form, und nicht, ihr Mönche, nahm ich irgendeine Form wahr, die den Geist des Weibes so gefangen nimmt wie die Form des Mannes.«

Gleichwohl hat der Buddhismus einen Liebesbegriff entwikkelt, aber einen, der jede Erotik, ja sogar Mitleid und Anteilnahme ausschließt. Die buddhistische Liebe (meta) duldet keine Hingabe an einen Menschen oder höchsten Wert. Der Buddhist ist ein Liebender, wenn er in teilnahmsloser Güte nicht mehr zum Anstoß fremden Leidens wird. Sich vor der Welt zurückzuziehen, bis sie uns nicht mehr fühlt – das ist das buddhistische Liebesideal. Es ist nicht Hingabe, sondern Unspürbarkeit, nicht Hilfsbereitschaft, sondern ein Sein, als sei man nicht. Daher bewehrt sich der Bikkschu des Nachts mit Glöckchen, Schellen oder Klappern, um durch Geräusch das Getier zu warnen, das seinen Weg kreuzt, Schlangen, Kröten, Käfer, Schnecken usw. Denn es wäre lieblos, auch nur dem niedersten Wesen und auch nur aus Unachtsamkeit zum Anlaß von Schmerzen zu werden. Derselbe Buddhist kann gegen menschliche Bitten taub sein bis zur Unbarmherzigkeit! Er verharrt während seiner Versenkungen in tiefem Schweigen und läßt sich auch dann nicht stören, wenn ihn die eigene Frau mit dem hungernden Söhnchen auf dem Arm um Nahrung anfleht. Damit spiele ich auf die bekannte buddhistische Erzählung an, die von abendländischen Moralisten so oft mißverstanden und zu Angriffen auf die buddhistische Ethik mißbraucht worden ist. Buddha billigt die Haltung des Asketen und schilt das Weib, weil jener um das ewige Heil seiner Seele ringe, während ihn die Frau um ihrer bloßen Notdurft willen beinahe im letzten Augenblick um die Frucht seiner langen Bemühungen zu bringen drohe. Schwer verletzt dieses Urteil den im christlichen Liebesbegriff erzogenen Menschen. Das buddhistische Liebesideal kann eben nur aus der Grundstimmung des ungemilderten Weltekels verstanden werden.

Es liegt nahe, daß eine Religion, die ganz von ihm beherrscht wird, den *Leib* und die Frau mit Schärfe verdammt. »Der Körper ist Maro, die Empfindung ist Maro, die Wahrnehmung ist Maro, die Gemütstätigkeit ist Maro, das Bewußtsein ist Maro«, heißt es in Samyutta-nikaya III, XXIII, 11–22. Dabei ist Maro Tod und Teufel in einem. Die Kasteiung allerdings lehnt Buddha ab, nachdem er es zwei Jahre lang vergebens mit diesem

Heilsmittel versucht hatte. Hängt das vielleicht damit zusammen, daß er die geschlechtlich-erotische Seite der Kasteiung fühlte, daß er sie durchschaute als Kehrseite der anbetenden Liebe? Verwarf er die Selbstverwundung, weil er die Liebe verwarf? Ist seine Lehre so unerotisch, daß sie sich selbst der Kasteiung schämt? Wir wissen es nicht. Jedenfalls steht der buddhistische Asket anders zu seinem Leib als derjenige, der durch Fasten und Keuschheit ein Opfer bringen will. Dieser hat – wie der Opfergedanke selbst – einen Stich ins Masochistische. Er will in seinem Leibe leiden; er sucht durch Entbehrung den Schmerz des Leibes. Der buddhistische Asket dagegen will am liebsten ohne Leib sein; er sucht die Schmerzlosigkeit des Entleibtseins.

An Kundgebungen der *Frauenverachtung* leidet die buddhistische Literatur und Praxis keinen Mangel. Nach dem Dhammapadam »klebt Ausschweifung am Weibe wie Schmutz«. Nur ein Mann kann die Buddha-Würde erlangen, nicht Tiere, nicht Weiber. Nur Männern steht ursprünglich der Orden (sangho) offen. Gautama ließ sich von seiner Tante lange bitten, bis er sich entschloß, auch Frauen aufzunehmen. Wiedergeburt in einem weiblichen Körper gilt als Strafe für ein lasterhaftes Vorleben. In den Schilderungen des Paradieses Sukhavati wird als Vorzug hervorgehoben, daß es dort keine Frauen gibt. Dem Priester ist strenges Zölibat verordnet.* »Solange nicht« – heißt es im Dhammapadam – »das geringste Verlangen des Mannes nach dem Weibe ausgerottet ist, solange ist sein Geist gefesselt wie das saugende Kalb an die Mutterkuh.« Immer wieder schärft Buddha seinen Schülern ein: Hüte dich vor dem Weibe, der listigen Versucherin, die durch Geschlecht und Liebe in die Welt zurücklockt, der der Weise entflieht. »Wie, oh Herr, sollen wir uns zur Frau verhalten?« fragt der Lieblingsschüler Ananda. »Sieh sie nicht an, Ananda!« »Wenn wir sie aber sehen, Herr, wie sollen wir uns verhalten?« »Sprich nicht mit ihr, Ananda!« »Wenn sie uns

---

* In Japan 1872 durch Regierungserlaß aufgehoben.

aber anspricht, Herr, wie sollen wir uns verhalten?« »Dann, Ananda, sei besonnen!« (Digha Nikaya 16.) Ein Kenner des menschlichen Herzens gab der Meister seinen Jüngern die weise Verfügung, für den täglichen Bettelgang die Zeit zu wählen, zu der sie nicht befürchten mußten, Weibern in nachlässiger oder unzureichender Kleidung zu begegnen.

Keine Religion hat mit solcher Schroffheit und Folgerichtigkeit die asketischen Folgerungen aus dem Weltekel gezogen wie der Buddhismus. Freilich, einer allerletzten Unlogik macht auch er sich schuldig: Er zwingt zur geschlechtlichen Enthaltung, aber die Aufnahme der Nahrung verbietet er nicht. Auch der buddhistische Bikkschu darf, zwar ohne Begierde und Lust, dem Körper geben, was er braucht, um nicht dahinzuwelken. Das Ideal der nihilistischen Vollaskese hätte erfordert, dem Leib auch die Speise zu sperren, um das wahre Selbst des Menschen (atman) so rasch und sicher wie möglich aus dem Geflecht des Samsara zu ziehen.

Opfer und Störungsmotiv können auch Frauen zur Askese führen. Schon der Weltekel ist vorwiegend ein Sondererlebnis des Mannes. Ganz in den männlichen Empfindungskreis gehört die *Geschlechtsfurcht*. Sie zerreißt den natürlichen Zusammenhang zwischen Religion und Erotik nicht von der Religion, sondern von der Erotik her. Sie wurzelt im erotischen Urschauder, im geschlechtlich-dämonischen Urerlebnis des Mannes. Deshalb kann sie sich, anders als der Weltekel, auch in lebenbejahenden Religionen und Kulturen entfalten, wie es in Hellas geschah, und sie erfaßt immer nur das Geschlecht und die Frauen als das »Geschlecht des Geschlechts«, nie jedoch den Leib als Ganzes. Das Infizierende ist allein das Geschlechtliche, nicht allgemein das Leiblich-Vergängliche. Mit dem Geschlecht wird natürlich auch der Eros getroffen. Denn das Geschlecht ist ja die Stelle, an der er ansetzt. Wird es geächtet, so versperrt man dem Eros das Einfalltor in die Wirklichkeit.

Zur Geschlechtsfurcht verdichtet sich im Mann die Verwunderung über das Rätsel »Weib«. Er betrachtet die Frau in ihrer vitalen Sicherheit, wie sie am Busen der Natur ruht und wohlgeborgen atmet, das Wesen des reinen, ungebrochenen und unbeirrbaren Instinkts. Er sinnt über das Mysterium des Muttertums nach, über die Lebenskräfte, die in geheimnisvoll-unheimlicher Weise aus dem Schoß des Weibes ins Dasein quellen. Er beobachtet sich selbst im Zustand der Geschlechterliebe, und es scheint ihm, daß das Geschlechtliche als fremde, ja feindliche Macht in ihn einbricht, während sich das Weib darin wie in seinem eigensten Elemente bewegt. Oft ist für den Mann die Erotik ein Sturm, den er fürchtet, für das Weib ein Strom, der es gleichmäßig und sicher dahinträgt. Die Genitalien des Weibes und Mannes in ihrer verschiedenen Gestalt sind dem grübelnden Mann ein Sinnbild dafür, daß das Geschlecht zum Wesen des weiblichen Daseins gehört, tief darin eingebettet, während es dem männlichen Leib und Leben nur äußerlich und lose anhängt. Der männliche Körper verändert sich unter den Pfeilen des Eros, der weibliche bleibt von Erregungsspuren frei. Der weibliche Körper ist unmittelbar fähig zur Vereinigung, nicht so der männliche. Beim Manne erschöpft sich die Geschlechtslust im Samenerguß, beim Weibe überdauert sie ihn. Diese Entdeckungen werden dem Mann frühzeitig zu Merkmalen von symbolischer Bedeutung. Das Weib erscheint ihm als das eigentlich erotische Wesen. Tatsächlich ist ja auch der Eros tiefer in die weibliche Natur eingesenkt als in die männliche. Platon verrät seine durchdringende Kenntnis der menschlichen Seele, wenn er im Gastmahl die tiefsinnigsten Aussprüche über die Liebe einer Frau in den Mund legt, der Diotima aus Mantinea. Sokrates, der weiseste der Männer, läßt sich von ihr belehren und trägt ihre, nicht seine Ansicht vor. Das will besagen: Aus eigener Einsicht und Erfahrung kann der Mann vom Eros nicht viel wissen. Das tiefste erotische Geheimnis wird vom Weibe bewahrt.

Der Mann fühlt sich dem Weib erotisch unterlegen. Das ist der Urtatbestand der Geschlechtsfurcht. Sie ist ein männlicher Affekt, der den Mann zwingt, sich zu wehren, und er wehrt sich, indem er Weib und Geschlecht gemeinsam ächtet. Er dehnt seine Abneigung gegen das andere Geschlecht auf alle Geschlechtlichkeit aus.

Er steigert seine Frauenscheu zur Scheu vor jeder Erotik. Vor allem trennt er Weib und Geschlecht von der Religion. Er verweist beide aus den Tempeln, und mit der Frau zugleich den Mann, der ihren Sinnen diente. Das Geschlechtliche wird unrein, unheilig, unvereinbar mit dem religiösen Kultus. Τὰ ἀφροδίσια μιαίνει, wie die Griechen sagten. Das ist die Rache des Mannes am Weibe, eine Rache aus erotischem Motiv, aber mit religiösen Mitteln. Das darauf beruhende asketische Ideal, vorgetragen im Namen der Moral, umkleidet mit dem Glanz einer religiösen Leistung, eines gottgewollten Verhaltens, ist im letzten Grunde ein männlicher Akt der Selbsthilfe, der Abwehr, der Rache am erotisch überlegenen Weibe. Ein möglichst liebearmes, unerotisches Dasein – das war die Lebensform, in der der Mann hoffen durfte, das Weib zu überwinden und in der er es dann tatsächlich überwand.

Bei der Askese aus Geschlechtsfurcht ist der Frauenhaß Ursache und nicht nur, wie beim Weltekel, Zubehör. Diese Askese ist eine durchaus männliche Forderung, geboren aus einer männlichen Seelennot. Der Mann verwirft den Eros, weil er das Weib verwirft. Er setzt den Eros herab, um das Weib zu entmächtigen. Daher halten hier Erosächtung und Frauenverachtung gleichen Schritt. Er haßt in der Frau seine eigene geschlechtliche Gebundenheit, die Ursache seiner Spannungen und Qualen und seines beklemmenden Gefühls der Schwäche. Aus Ressentiment, aus gekränktem Stolz, aus Sehnsucht nach Wiedergewinn des verlorenen Seelengleichgewichts, zu allerletzt aus Durst nach Macht und Übermacht verwandelt der Mann die Frau, das natürliche Liebeswesen, in den Inbegriff der Sünde, in die große Versucherin, in das böse Prinzip. Damit hetzt er den Zorn der Götter auf ihre Spur, und damit entzweit er den Eros und die Götter. Schließlich bürgerte sich die Eros-Ächtung ein und wurde Gewohnheit, ohne daß man noch recht wußte, woher sie gekommen und wie es ihr gelungen war, sich durchzusetzen. Die Vorstellung, daß sich der Eros nicht in die Nähe des Heiligen wagen dürfe, wird als etwas Selbstverständliches ungeprüft hingenommen.

Als der Mann das Rätsel Weib vor sich sah, hatte er zwei Möglichkeiten, die Frau in religiösen Dingen zu behandeln. Er brachte sie entweder mit der Gottheit in besonders enge Verbindung, oder er verdächtigte sie des Umgangs mit Dämonen. Beide Möglichkeiten sind im reichen Maße Wirklichkeit geworden. Älter als die männliche ist die weibliche Prophetie und das weibliche Priestertum. Man denke an die Sibyllen, an Pythia, Kassandra, Sappho, an die Druidinnen, an die »weisen Frauen« der Kelten und Germanen, an die Veleda bei den Brukterern, an die vornehmen Priesterinnen der ägyptischen Göttin Neith. Uralt ist die Überzeugung, daß die Gottheit weibliche Opfer vor den männlichen bevorzugt. Mädchenblut wurde vergossen, um den Frevel des Adjas zu sühnen. Die mediale Natur der Frau ihr tiefes ahnungsreiches Gottesbewußtsein machte sie in den Augen des Mannes zur Hüterin und Nutznießerin übernatürlicher Kräfte, über die er nicht verfügte. Die besondere Anlage der Frauen zur Eusebeia, ihren vorzugsweisen Beruf zur Pflege der Gottesfurcht macht Pythagoras zum Ausgangspunkt seiner Anrede an die Krotoniatinnen, und nach Platon hebt es Strabon hervor, daß von jeher die Deisidaimonia vom weiblichen Geschlecht gepflegt und über die Männerwelt verbreitet worden sei.

Wo jedoch die Geschlechtsfurcht des Mannes am Werke ist, gerät das Weib in die vertraute Gesellschaft der Dämonen. Schon in ältesten Zeiten schwelgt die erregte männliche Phantasie in der Ausgestaltung weiblich-dämonischer Götter, der altmexikanischen Tlacoltcotl, der bösen indischen Seuchenstifterin Kâli, der nordischen Unholdinnen. Als Parze und Norne hält das Weib die Fäden des Schicksals in Händen. Das griechische Grauen vor dem Weibe lebt in den Erinnyen und Eumeniden, in Hekate mit ihrem Gefolge dämonischer Hunde, in den Gorgonen, die mit ihrem Schlangengürtel um giftgeschwollene Leiber so furchtbar anzusehen sind, daß zu Stein erstarrt, wer sie betrachtet.

Unter dem Druck der Geschlechtsfurcht öffnet sich in der männlichen Seele ein Riß zwischen religiöser und geschlechtlicher Regung. Der Konflikt zwischen beiden wird vergegenständlicht und mythologisch verwandelt in einen Streit der Götter und Dämonen. Dabei setzt der Mann sich selbst mit den Göttern, Weib und Geschlecht mit den Dämonen in Beziehung. Wie er in sich den Zusammenstoß der religiösen und geschlechtlichen Leidenschaft fürchtet, so fürchtet er um sich die Begegnung der Götter und Dämonen. Um sie zu verhindern, schreibt er vor: Frauen sollen die Gottheit nicht anrufen und das Heiligtum nicht betreten; wer von Männern den Göttern naht, der Tempelbesucher und vor allem der Priester, muß sich unmittelbar zuvor des Weibes enthalten, auch des angetrauten Weibes; der geschlechtliche Umgang mit der Gattin befleckt nicht weniger als der mit der Dirne; das Geschlechtliche an sich ist unrein, unabhängig von den beteiligten Personen. In allen geschlechtlichen Dingen haben die Dämonen ihre Hand im Spiele. In den Zuständen geschlechtlicher Erregung ist ihnen der Mensch besonders ausgesetzt. Gerade in diesen Augenblicken haben böse Geister besondere Lust und Macht, sich an ihn heranzumachen und seiner Herr zu werden.

Das sind die asketischen Überzeugungen, die die männliche Geschlechtsfurcht aus sich hervortreibt. Sie lassen sich bis in den Tabubegriff des Totemismus verfolgen. Tabu sind die Frauen während der Monatsblutung; ebenso gilt die Wöchnerin, weil in besonderem Maß mit dämonischen Kräften geladen, als unrein und unberührbar. Bei vielen primitiven Völkern, mancherorts auch in Indien werden sie außerhalb des Dorfes in besonderen Hütten untergebracht (Menstruations- und Entbindungshäuser). Der »böse Blick« der Schwangeren wird noch heute gefürchtet. Entsühnende Reinigungen nach der Entbindung sind vielfach vorgeschrieben. Nach katholischem Ritus, der sich erhalten hat, wird die Wöchnerin »ausgesegnet«. Bei den alten Persern wurde sie einer grausamen Diät unterworfen: sie mußte Ochsenharn trinken und hungern. In Hellas galt das Haus, worin ein Kind zur Welt kam, als unrein. Kein Priester durfte es betreten. Photius berichtet, man bestreiche die Häuser bei der Geburt von Kindern mit Pech, um die Dämonen zu vertreiben, die den Vorgang der Geburt belauern. Die Wöchnerin wurde auf 40 Tage vom Tempelbesuch ausgeschlossen. Nach dem Volksglauben macht sich auch die gespenstige Hekate in der Nähe des Wochenbetts zu schaffen. In der Totemreligion ist der Säugling ebenso tabu wie die Leiche, denn er lockt die Geschlechtsdämonen an wie die Leiche die Totengeister.

Die Vorgänge der Zeugung und des Sterbens sind dem natürlichen Menschen in gleicher Weise unheimlich. Die meisten Hochzeitsbräuche – unter zivilisierten Völkern in ihrer ursprünglichen Bedeutung nicht mehr erfaßt und höchstens noch als matte Scherze gehandhabt – sind darauf berechnet, die böse Tabumacht des Weibes zu neutralisieren. Der Lärm am Polterabend soll die Dämonen verscheuchen, denn dem Brautpaar sind sie besonders gefährlich. An manchen Orten werden Brautleute und Brautführer gleich gekleidet, um die Dämonen zu täuschen. Allenthalben zieht im Volksglauben das Weib die Dämonen an. »Als Gott das Weib formte, rührte der Teufel den Lehm an«, lautet ein russisches Sprichwort. Die Japanerinnen stehen noch heute im Ruf, daß sie, von ihrem Liebhaber treulos verlassen, bei der Bereitung des Rachezaubers den Beistand gefährlicher Geister finden. Die sibirischen Schamanen verbieten den Weibern wegen ihrer Dämonie, die Götter anzurufen. Auch die Frauen der Ainus (Japan) dürfen nicht beten. In China dürfen Frauen den Tempel nicht betreten. In anderen Religionen wie in der mosaischen ist ihnen mindestens das Allerheiligste verschlossen. Im Alten Testament redet Gott nur mit Sara, sonst mit keinem Weibe. Der Sendungsruf Jehovahs ergeht nur an den männlichen Teil Israels, ohne Frauen und Kinder. Das sind deutliche Auswirkungen der Frauenverachtung (vgl. auch die verschiedene Wertabschätzung der Geschlechter im 3. Mose 27, 3–7 und die Warnungen des Jesus Sirach vor dem Weibe Kap. 25; 42, 14).

Ist aber das Weib von Dämonen umschwebt, so ist es auch der Mann, der sich mit dem Weibe geschlechtlich abgibt. Daher die Pflicht zu reinigenden Waschungen oder anderen entsühnenden Zeremonien nach dem Beischlaf. Von den Eingeborenen in Neupommern wird berichtet, daß sie sich allgemein nach dem Geschlechtsakt umständlichen Reinigungen unterziehen müssen. Die Mohammedaner müssen es wenigstens vor der Kultushandlung. Besonders vor wichtigen Unternehmungen, vor dem Auszug zu Jagd und Krieg und vor dem Gottesdienst haben sich die Männer, das ist eine weitverbreitete Sitte – des Weibes zu enthalten. In Madagaskar darf kein Geschlechtsverkehr gepflogen werden, solange man die Felder bebaut; auch während der Jagd- und Kriegszüge müssen die Daheimgebliebenen keusch sein. »Der Tempelbesucher muß dem Weibe fernbleiben«, verlangt eine rhodische und pergamenische Inschrift. Dasselbe fordern Lev. 15, 18 und 21, 7 für den hebräischen Kultdiener. Der jüdische Hohepriester muß sich vor dem Versöhnungstag enthalten, der eleusinische Hierophant während der Festperioden (er benutzte Schierling in Form von Einreibungen, um sich seine Keuschheitspflicht zu erleichtern). Gleiche Enthaltungsgebote sind den Azteken, Indern, Arabern und anderen Völkern geläufig, ebenso den frühen Christen zur Zeit, als sich das Zölibat noch nicht durchgesetzt hatte. Den Samaritanern war der Beischlaf am Sabbat verboten. Als Moses die Erscheinung Gottes auf dem Sinai erwartet, müssen sich Männer und Weiber meiden (2. Mose 19, 15), ebenso beim Empfang der heiligen Brote (1. Samuel 21, 5; 7) und bei Kriegsbeginn, denn der Krieg gilt als heilig (1. Sam. 21, 6; 2. Sam. 11, 8–11). Hinter all diesen Tatsachen steht dieselbe Grundanschauung: Geschlechtsakt und heilige Handlung schließen sich aus. – Aus Verachtung des weiblichen Prinzips hielten die alten Ägypter den Skarabäus heilig. Sie hatten beobachtet, daß dieser Käfer seine Eier in das Erdinnere, am liebsten in den warmen Nilschlamm legt, so daß die Brut dort aus dem Nichts ohne Mitwirkung des Weibchens zu entstehen scheint. Daraus schlossen sie, er müsse ein göttliches Wesen sein. – Bei den Römern darf den Bienen, die als heilig gelten, weil sie den Himmelstau sammeln, nur nahen, wer purus a venereis rebus ist (Plinius, hist. nat. XI 16). Casta placent superis – singt der antike Dichter. Auf die Jungfräulichkeit der Vestalinnen wurde streng geachtet.

Auch der Kultus der Junoschlange in der heiligen Grotte von Lanuvium verlangte keusche Priesterschaft. In Hellas kam es vor, daß man priesterliche Verrichtungen durch Kinder und Greise vornehmen ließ, durch den noch nicht oder den nicht mehr geschlechtsfähigen Menschen, manchmal auch durch Jungfrauen, die keusch zu bleiben hatten wie die Dienerinnen der Artemis in Paträ, des Triton in Triteia. Selbst in die Dionysien schlich sich die Geschlechtsfurcht mit ihren asketischen Ansprüchen ein; in Unteritalien war den bacchanalischen Mysten vor dem Empfang der Weihen zehntägige Keuschheit vorgeschrieben.

Der Geschlechtsfurcht entsprang ein Idol, das sich ebensowenig wie seine Ursache auf eine bestimmte Religion oder Nation beschränkt; *das Idol der Jungfraugeburt*. Hierbei müssen zwei Motive geschieden werden: das Bedürfnis nach dem Wunderbaren und die Abscheu vor dem Geschlecht. Schreitet ein Großer – sei er Heros oder Heiliger – über die Bühne der Welt, so möchte ihn die Volksgunst aus dem Rahmen der Alltäglichkeit heben. Sie möchte ihn vom Joch des Naturgesetzes befreit sehen. Sie umgibt ihn mit Wundern vom ersten Atemzug an. So reift die Legende von der übernatürlichen Geburt. Das naive Bewußtsein sucht sich das unfaßbare Geheimnis vom Erscheinen des Genius dadurch begreiflich und sinnfällig zu machen, daß es seine leibliche Geburt aus dem Zeugungszusammenhang herausreißt. Die natürliche Geburt wird geleugnet, nicht, weil sie etwas Verwerfliches, sondern weil sie etwas Alltägliches wäre. Herakles gilt als Sproß der Götter. Sueton behauptet dasselbe von Augustus. Dietrich von Bern soll der Verbindung eines Dämons mit einem Weibe entstammen, Alexander durch einen Blitzstrahl empfangen sein, der seiner Mutter in den Schoß fuhr. Nach der 50. Rune des Kalevala wurde die Mutter des finnischen Heilands durch eine Preiselbeere befruchtet. Einige Indianerstämme denken sich die Erzeugung ihres Heilsbringers als außergeschlechtlichen Vorgang. Dem Vernehmen nach kreist gegenwärtig unter primitiven Völkerschaften Rußlands das Gerücht, auch Lenin und Stalin seien auf wunderbare Weise zur Welt gekommen.

Neben dem Motiv der Wunderfreude taucht das andere des Abscheus vor der Geschlechtlichkeit auf, und nur dieses ist aske- tisch. Man will dem Heiligen die Schande ersparen, aus einem anstößigen Naturakt hervorgegangen zu sein. Die Ägypter glaubten, der Apisstier werde von einer jungfräulichen Kuh ge- boren, die ihn von einem befruchtenden Mondstrahl empfange. Den Müttern der Religionsstifter Buddha und Jesus schreibt die fromme Legende übernatürliche und damit unbefleckte Emp- fängnis zu. Am weitesten geht die christliche Religion in der Ausgestaltung dieses Gedankens. Maria hat ihren Sohn nicht nur ohne männlichen Samen empfangen (Matth. 1, 18), sondern ohne jede Verletzung ihres Leibes geboren. Dem Empfängnis- wunder reiht sich also das Geburtswunder an (Clemens von Alex- andrien und Origenes machten sich diesen Glauben als theologi- sche Doktrin zu eigen). Ein weiterer Schritt: Der unzweideutige Bibeltext berichtet zwar von Geschwistern Jesu, die Legende aber will davon nichts wissen, sondern kennt nur die unbefleckte Empfängnis Jesu: Maria ist die ewige Jungfrau, semper virgo. Ein letzter Schritt: Sie selbst ist unbefleckt empfangen worden. Schon bei ihrem Eintritt in die Welt mied die Gottesmutter den Makel der Geschlechtlichkeit, ein Glaube, an dem Luther keinen Anstoß nahm und den Pius IX. 1854 zum Dogma erhob. Als unbefleckt empfangende Mutter des Gottessohnes erscheint uns Maria in einer neuen Gestalt: neben die Madonna, die göttliche Geliebte und die Theotokos, das vergottete Sinnbild gebärenden Muttertums tritt die Immaculata, die Schutzheilige der Asketen, das geschlechtslose und nur darum völlig sündlose Wesen, dem die Erfüllung des zölibatären Wandels unangefochten gelang. Die Theotokos verkörpert die Macht des Geschlechts, die Imma- culata den Abscheu vor dem Geschlecht.

In ungewöhnlichem Maße zeichnet sich der klassische *Hellene* durch *Geschlechtsfurcht* aus. In seinem Parallelitätsgefühl sucht er das Gleichgeartete und Gleichgerichtete, nicht das polar Ent- gegengesetzte. Darum ist die ideale Beziehung der Griechen nicht die Geschlechterliebe, sondern die Männerfreundschaft. *Homo-*

erotik ist die Form, in der sich das griechische Parallelitätsgefühl erotisch äußert. Es ist ein Grieche gewesen, Platon, der erstmals den Eros als aufwärts tragende Kraft, als Zug zum Geistigen, als etwas Übersinnliches verstand, aber er verknüpfte seinen geläuterten Erosbegriff mit dem leidenschaftlichen Hang des Mannes zum Mann, nicht zum Weibe. Darauf, nicht auf die Geschlechterliebe, bezog er das Erlösungsmotiv, das er entdeckt hatte, und darin liegt eine bewußte Herabsetzung der Geschlechterliebe. Diese verwies Platon ausdrücklich in das niedere Reich der Aphrodite πάνδημος, die Knabenliebe aber ins Reich der Aphrodite οὐρανία. Nur sie sei »frei von Ausschweifung«, und nur sie sei sinnvoll, weil in ihr der Jüngling das von Natur Starke, Harte und Vernünftige liebe. »Die Männerliebenden sind die besten unter den Knaben, weil sie die mannhaftesten sind. Sie lieben das ihnen Ähnliche nicht aus Schamlosigkeit, sondern aus Mut und Mannheit. Sie wollen im anderen das erwecken, was an und für sich schön ist.« Weiter wird im Gastmahl, in der Rede des Pausanias vorgetragen: Die Aphrodite πάνδημος habe in ihrer Entstehung am Männlichen und Weiblichen teil, die Aphrodite οὐρανία, des Uranos mutterlose Tochter, habe nicht am Weiblichen teil. Das ist derselbe Gedanke, der die ägyptische Verehrung des Skarabäus trägt. Wie Platon geht Xenophon in seinem »Gastmahl des Kallias« davon aus, daß die Knabenliebe ein großes und edles Gefühl sei, unvergleichlich erhabener als die Geschlechtsliebe.

Der Grieche fürchtet und meidet im Weibe die unklare, nächtliche Seite des Daseins. Die sinnliche Begierde ist ihm in ihrer Unberechenbarkeit und in dem Mangel jeglichen Ebenmaßes verdächtig. Sie widerstreitet seinem harmonischen Grundgefühl. Deshalb verbannte er das Weib von der Agora und vom Symposion und suchte den geselligen Umgang der vertrauten Geschlechtsgenossen. Er trachtet nach Steigerung des Männlichen in Jagd, Sport und Krieg. In Männerbünden mit ihren Aufschwüngen und Entrückungen sieht er die vollendete Lebensform, den Ansporn und Erzieher zur Staatstüchtigkeit. Die hellenische Kultur ist eine Männerkultur. Im Theater spielen Männer für Männer, anders als im christlichen Mysterienspiel, wo Frauen auch die Männerrollen gaben. Staat, Politik, Kunst und Philosophie sind in Hellas Sonderbezirke des Mannes. Das Weib ist nur Werkzeug der Gattung. Seine Verachtung der Frau drückt der Grieche durch den Mythos aus, Zeus habe sie dem Menschen aus Rache für den prometheischen Feuerraub gegeben. Die Furcht vor der Frau spiegelt sich in der mythischen Gestalt der Medusa, einem Sonderfall der Sagengeschichte. Denn in ihr erscheint das Weib wider jede biologische Erfahrung nicht als Lebensquell, sondern als Ursache der Erstarrung, des Todes. Dem Griechen ist das Weib das lebensfeindliche Prinzip! Aus Geschlechtsfurcht schuf er sich eine männliche Erotik. Goethe sah nicht tief genug, als er sie auf Gründe der Schönheit zurückführen zu müssen glaubte. Der Mann sei – äußerte er zum Kanzler F. v. Müller – nach rein ästhetischem Maße schöner, vorzüglicher, vollendeter als die Frau.

Die Griechen liebten Jünglinge nicht, weil sie sie für schöner als Frauen hielten, sondern sie hielten sie für schöner, weil der Hang zum Gleichgearteten im harmonisch-statischen Wesen der apollinischen Griechen tief begründet ist. Zwar hat gerade der Grieche die Einehe eingeführt und streng auf sie gehalten, aber aus Gründen der staatlichen Ordnung. Das Ideal der Lebensgemeinschaft, der Überwindung von Einsamkeiten durch einen Geschlechterbund, stand ihm dabei nicht vor Augen. Die Ehe war nichts als Fortpflanzungsform, weshalb Platon sie geringschätzte und Theognis sie mit der Viehzucht verglich. In Platons Gastmahl heißt es: »Die edleren unter den Männern lenken nicht von Natur den Sinn auf Ehe und Kindererziehung, sondern sie werden dazu durch das Gesetz genötigt. Sie selbst wären zufrieden, miteinander ehelos zu leben.« In Platons Kriton fragt Sokrates: »Nahm nicht aus Gehorsam gegen die Gesetze Dein Vater Deine Mutter zum Weibe und zeugte Dich?« Die Ehe wird also auf den Gedanken der Staatspflicht, nicht auf die Naturtatsache des Geschlechtstriebs oder gar auf die Heilstatsache des Erlösungsmotivs gegründet. Verachtet werden Männer, die sich durch Frauenbeziehung vom Dienst am Staate ablenken lassen. Das leibliche Kind wird im Werte niedriger angeschlagen als die ruhmreiche Tat. Die Spartaner gestatteten ihren Frauen das Beilager mit anderen Männern, wenn sie länger vom Hause abwesend waren, etwa zu Zeiten des Krieges – ein Beweis für die rein gattungsmäßige Auffassung der Ehe. Wo, wie in Hellas, die Geschlechterbeziehung nicht zu den höheren Seelentätigkeiten gezählt, sondern jedes ideellen Einschlags beraubt wird, bleibt für sie nur die tierische Funktion übrig, und zwischen dieser und dem Göttlichen lassen sich keine Bande knüpfen. Deshalb ist die *griechische Homoerotik die allerschärfste Ächtung der Geschlechterliebe.* Sie wiegt weit schwerer als die Auffassung unentwickelter Völker, die über den Verschlingungstrieb noch nicht hinausgelangten. Das Besondere am Griechen ist, daß er den geistigen Zug des Eros, das erotische Erlösungsmotiv, erkennt, es aber der Geschlechterbeziehung fernhält, so daß sie nun erst, gehalten gegen die verklärten Ideale der Männererotik, in ihrer ganzen tierischen Armseligkeit dasteht, beschämt, geächtet, meidenswert. Wenn gleichwohl der homerische Grieche nicht ob der Vorstellung errötete, die jedem Asketen unerträglich wäre: daß Zeus und Hera sich begatten, ja, daß Zeus sich mit sterblichen Weibern paart, so beweist das nicht, wie hoch er die Geschlechterliebe, sondern wie niedrig er seine Götter einschätzte.

Flach und laienhaft ist angesichts dieser Zusammenhänge die weitverbreitete Meinung, das Christentum habe mit der Last seines Kreuzes in Hellas eine blühende Liebeskultur erdrückt. Im Gegenteil: Nicht das Christentum hat den Gedanken der Erosächtung in die Antike, sondern der niedergehende Hellenismus hat asketische Tendenzen in das Christentum gebracht. Außer der typischen Geschlechtsfurcht des klassischen Hellenen drangen durch gebildete Schriftsteller der Stoa und des Neuplatonismus müde Stimmungen des Weltekels in das junge Christentum ein, das ursprünglich nicht asketisch war. Um über diesen Sachverhalt Klarheit zu schaffen, mußte die Sonderart der griechischen Erotik ausführlicher behandelt werden.

IX

CHRISTENTUM UND ASKESE

Die Einstellung des Christentums zu Geschlecht und Erotik ist für das Kulturschicksal des Abendlandes von größter Bedeutung. Es handelt sich um eine Frage, die nicht einfach zu entscheiden ist. Denn es gibt keine einheitlich christliche Auffassung, die zu allen Zeiten und in allen Bekenntnissen wesentlich dieselbe gewesen wäre. Man muß auf die lange und verwickelte Geschichte des Christentums angespannt und mit Geduld zurückblicken, um den Sachverhalt richtig zu erfassen.

Man kann es nicht oft genug wiederholen: In ihrem Ursprung ist die christliche Lehre, wie sie sich in den Evangelien vor uns ausbreitet, nicht asketisch. Nur durch sehr gewagte Folgerungen lassen sich der beglaubigten Lehre Christi asketische Anweisungen entnehmen. Im persönlichen Umgang mit *Frauen* zeigt *Jesus* nicht die geringste Spur asketischer Ängstlichkeit. Anwandlungen von Geschlechts- und Frauenfurcht entstellten ihn nicht. Nach Joh. 4, 27 wunderten sich seine Jünger sogar über die freie Art, wie er sich in Unterredungen mit Frauen einließ – fast befremdlich für jüdisches Befinden. Nach Joh. 11, 5 liebte Jesus die Bethanierinnen Martha und Maria und ihren Bruder Lazarus. Die Nennung beider Schwestern und die Miterwähnung des Bruders schließt es zwar aus, dieser Bibelstelle eine erotische Bedeutung beizulegen, sie zeigt aber, daß es Jesus nicht ablehnte, sich Frauen innerlich verbunden zu fühlen, und daß er diese Gefühle nicht verbarg. Die Frauenverächter können sich also nicht auf ihn berufen. Mit welch selbstverständlicher Güte beruhigt er das von ihren Blutungen geplagte Weib (Mark. 5, 25–34), wie gerecht urteilt er über die Ehebrecherin (Joh. 8), Mann und Weib in der Schuldfrage gleichstellend (Calvin und Luther wollten die Ehebrecherin getötet wissen!). Und dann die Begegnung mit dem gefallenen Weibe im Hause des Pharisäers (Luk. 7, 36 ff.)! Ein schroffer Asket vom Schlage Tertullians oder der Puritaner wäre dieser großzügig vergebenden Liebe, dieser erstaunlichen Sicherheit in der Frauenbehandlung niemals fähig gewesen. Worte wie »Ihr sind viele Sünden vergeben, denn sie hat viel geliebt« und »Wem nicht viel zu vergeben ist, der hat auch nicht viel geliebt« (Luk. 7, 47) rechtfertigen jede, auch die erotische Liebe. Daß die Zuneigung der Sünderin zu Jesus Geschlechterliebe war, Liebe eines Weibes zu dem Manne, den sie mehr als alle bewunderte, wird kein Kenner des weiblichen Herzens bezweifeln. Die Frau sieht auch im Heiligen zuerst den Mann, den sie liebt!

Verächter Jesu haben zu seiner Zeit wie zu allen Zeiten gern darüber gespottet, daß er sich gerade in der Umgebung von Dirnen am wohlsten befunden habe. Sie verkennen den Sinn, der diesen Begegnungen zukommt, und die Absicht der Heiligengeschichten, die das Zusammentreffen mit Sorgfalt schildern, nicht nur im Christentum (Buddha speist gelegentlich im Hause eines Freudenmädchens, und eingehend wird dargestellt, wie sich die Dirne Vimala von einem seiner Jünger bekehren läßt). Nicht weil sie Dirnen sind, sondern obwohl sie es sind, sucht der heilige Mensch sie auf. Das hetärische Weib, die Heilige der Naturreligion, ist für den Heiligen der Erlösungsreligion eine mißratene Kreatur. Daran ist nicht zu rütteln. Aber weil niemand ganz verloren ist, gibt er sich selbst mit Dirnen ab. Aus Barmherzigkeit neigt er sich diesen verstoßenen Geschöpfen der Gesellschaft zu. Gegen eine angesehene Persönlichkeit gütig zu sein, bewiese nichts. Gerade am Verworfensten, am Schmutze muß der Heilige seine reinigende Kraft bewähren. Und oft ergeht es dem Heilsbringer wie dem Gott in Goethes Bajadere: »Er siehet mit Freuden durch tiefes Verderben ein menschliches Herz.« Im Gegensatz zu Buddha wies Jesus die Frauen nicht zurück, wenn sie sich ihm als Jüngerinnen anschließen wollten (Mark. 14, 3; 15, 40, Matth. 27, 55, Luk. 8, 2; 10, 38).

Dem persönlichen Verhalten Jesu im Umgang mit Frauen entspricht seine dogmatische Behandlung der Frau. In Mark. 10, 6 und Matth. 19, 4 betont er die göttliche Herkunft des Mannes *und* der Frau. »Habt ihr nicht gelesen, daß derjenige, der den Mann gemacht hat, auch das Weib gemacht hat?« (So lautet der Text von Matth. 19, 4 nach der altsyrischen Übersetzung.) Bewußt mit jüdischen Auffassungen brechend stellt Jesus den Grundsatz von der Ebenbürtigkeit der Geschlechter auf – auch dies ein Beweis, daß er von jeder Geschlechtsfurcht frei war. Denn sonst hätte er den sozialen und den Wertvorrang des Mannes nicht angetastet. Nur Männer, die sich der Frau überlegen oder durchaus gewachsen fühlen, können ihr gleiche Rechte zugestehen. Es sind gewöhnlich die Schwächlinge, die die Frau äußerlich in höriger Stellung wünschen zum Ausgleich dafür, daß sie ihr innerlich unterlegen sind. Um freiwillig Gleichheit zu gewähren, muß man der Stärkere sein. – Dem Grundsatz der Ebenbürtigkeit der Geschlechter entsprach es, daß Jesus die Stellung der Frau auch rechtlich zu heben versuchte. Zu diesem Zweck griff er das jüdische Scheidungsrecht mit seiner Ungerechtigkeit und Härte an. Danach gab es Scheidung nur für den Mann. Er konnte sich des Weibes durch einfachen Scheidebrief, also durch einseitige Willenserklärung entledigen. Demgegenüber betont Jesus die grundsätzliche und uranfängliche Unscheidbarkeit der Ehe für beide Teile (außer im Fall des Ehebruchs, Matth. 19, 8–11). Damit brach er wiederum eine Lanze für die Frau. Sie haben die Würde, die er ihnen verlieh, und die Gleichberechtigung, um die er kämpfte, nicht vergessen. Schon unter den ersten Aposteln sind Frauen gewesen (Matth. 28, 5–10, Luk. 23, 55; 24, 9). Apostelgesch. 9, 36 erwähnt eine Jüngerin Tabea. In den Jahrhunderten, die folgten, strömten Frauen in solchen Scharen dem Christentum zu, daß es zeitweilig als religio mulierum verschrieen war. Das grundsätzlich Neue in der Frauenbewertung Jesu wurde auch von seinen männlichen Zeitgenossen alsbald erkannt, und zwar als gefährliche, tief in den Volkskörper einschneidende Neuerung von revolutionierender Kraft, die unter Männern fast überall Anstoß und Widerwillen erregte.

So wenig wie das Urteil Jesu über die Frau lassen seine erotischen Lehren asketische Ansatzpunkte erkennen. Im Judentum seiner Zeit fand er fast keine asketischen Stimmungen vor. Die mosaische Religion ist in ihren Grundzügen nicht asketisch. Nur spärlich, als Ausnahmen, sind geschlechtsfeindliche Äußerungen in sie eingestreut, etwa die Erscheinungen, die ich unter dem Stichwort Geschlechtsfurcht behandelt habe, oder das Lob der Kastraten in Jes. 56, 3–6 (unvereinbar mit der Bibelstelle 5. Mose 23, 2, die den Verschnittenen den Tempel sperrt), oder Psalm 51, 7 mit der Ächtungsformel »in Sünden empfangen«. (Aber soll dies nicht heißen, daß der Sprecher außerehelich oder im Ehebruch erzeugt ist?) Asketisch war zur Zeit Jesu die palästinensische Sekte der Essäer, die in ordnungsmäßiger Abgeschlossenheit ehelos und in Gütergemeinschaft lebten. Im ganzen aber hielt sich das Judentum des 1. Jahrhunderts noch in den geschlechts- und lebensfrohen Anschauungen seiner Väter, und die Spuren der Naturreligion sind darin noch nicht ganz ausgelöscht. Von dieser Seite ist Jesus mit asketischen Neigungen nicht belastet.

In der Mitte der *erotischen Lehren Jesu* steht das Bibelwort Mark. 10, 7: »Darum wird der Mensch seinen Vater und Mutter verlassen und wird seinem Weibe anhangen, und werden sein die Zwei ein Fleisch. So sind sie nun nicht zwei, sondern ein Fleisch.« Diese Sätze sind wörtlich der Genesis entlehnt (1. Mose 2, 24). Sie enthalten ein unzweideutiges Bekenntnis zur mystischen Erotik, zur umarmenden Geschlechterliebe, also zu jener Liebesart, in der der Eros mit seiner verschmelzenden Gewalt Leib und Seele, nicht nur die Seele allein ergreift. Das Geschlecht, das »Fleisch«, soll veredelt am erlösenden Zug des Eros teilnehmen und nicht, wie bei der anbetenden Liebe, davon ausgeschlossen bleiben. Jesus sagt nicht: Mann und Weib sollen ein Geist oder eine Seele werden, sondern ein Fleisch. An eine Liebe ohne körperliche Berührung kann er daher nicht gedacht haben. Er bejaht die sinnliche Umarmung als Gleichnis für das Eingehen der Liebenden in übersinnliche Einheit. Die Ehe ist danach die Lebensform, in der sich nicht nur das Männliche mit Weiblichem, sondern auch die Seele mit dem Körper, der Geist mit den Sinnen versöhnt. In ihr gleicht der Mensch seine triebhafte und geistige Natur miteinander aus. Deshalb ist die geschlechtliche Umarmung der von wahrer Geschlechterliebe Getragenen ein gottgewolltes Geschehen. Mark. 10, 9 deutet auf diesen übersinnlichen, gleichnishaften Charakter der (ehelichen) Geschlechtsverbindung. Es ist das Erlösungsmotiv, das den Geschlechtsrausch adelt, und nicht der Fortpflanzungszweck. Jesus rechtfertigt die Liebesumarmung nicht aus der tierischen Gabe oder Aufgabe des Leibes, sondern er befreit den Menschen von der Tyrannei der Gattung und gibt der Geschlechterliebe ihre Würde und übersinnliche Natur zurück. Das war ein jäher Bruch mit der jüdischen Zeugungsbesessenheit, die um der Volksvermehrung willen sogar die Blutschande guthieß.

Jesus selbst ist unverheiratet geblieben. Er legte auch seinen Jüngern nahe, ihre Familien zu verlassen (Matth. 19, 29; Mark. 10, 29; Luk. 18, 29). In Luk. 14, 26 wird diese Forderung verschärft: »So jemand zu mir kommt und hasset nicht seinen Vater, Mutter, Weib, Kinder, Bruder, Schwestern, auch dazu sein eigen Leben, der kann nicht mein Jünger sein.« Es ist nicht statthaft, diesen Bibelstellen einen geschlechtsfeindlichen Sinn unterzuschieben. Daß sie ihn nicht haben sollen, zeigt schon die Reihenfolge in der Aufzählung der Personen, die verlassen werden mögen; die Ehefrau wird nirgends an erster Stelle genannt, und unter dem Hassenswerten in Luk. 14, 26 wird das Leben des Hassenden miterwähnt. Es handelt sich hier um heroische Anforderungen, die nur für die Auserkorenen in der nächsten Umgebung Jesu gelten. Ihre einmalige, weltbedeutsame, apostolische Sendung vertrüge sich nicht mit dem Einschließen des Geistes in den engen Kreis der Familie. In diesem Sinn ist auch die Unbeweibtheit Jesu zu bewerten. Eine allgemeine Regel sollte damit nicht aufgestellt werden. Für den Durchschnittsfall bleibt vielmehr Mark. 10, 7 bestehen: Der Mann soll Vater und Mutter verlassen um – seinem Weibe anzuhangen! – Auf der heroischen Linie liegen auch die ingrimmigen Bibelsätze Matth. 5, 29; 18, 8; Mark. 9, 43 (Ärgert dich ein Glied, so reiß es aus usw.). Nicht die Aufwallung asketischen Leibhasses, sondern die Sorge um den unbedingten Vorrang des Geistes hat diese Lehre ihrem Verkünder eingegeben. Der Körper soll dem Geiste dienen wie das einzelne Glied der Körperganzheit. Diesen stolzen Bekenntnissen einer freien und männlichen Denkart wird man auch Matth. 19, 12 anreihen müssen. »Denn es sind etliche verschnitten, die sind aus dem Mutterleib also geboren; und etliche sind verschnitten, die von Menschen verschnitten sind; und sind etliche verschnitten, die sich selbst verschnitten haben um des Himmelreichs willen. Wer es fassen mag, der fasse es.« Allerdings, ein dunkles Wort und ein Wort mit verhängnisvoller Geschichte. Es findet sich nur bei Matthäus, während es bei den anderen Synoptikern fehlt. Vielleicht wäre es besser, daß es auch im Matthäusevangelium fehlte, und wer weiß, ob es immer darin gestanden! Behandelt es die Stellung des Christentums zur Frage der Kastration? So faßte es Origenes auf und entmannte sich (nach dem nicht unbestrittenen Zeugnis des Eusebius). In reiferen Jahren aber rang er sich zu einer bildlichen Auslegung der Bibelstelle durch und bedauerte die Übereilung seiner Jugend.

Die Selbstverstümmelung, gegründet auf Matth. 19, 12, läßt sich schon für die Christen des 2. Jahrhunderts quellenmäßig belegen (Justin, Apol. I, 29). Epiphanios teilt ohne ein Wort des Tadels mit, nicht wenige Mönche hätten sich kastriert. Athanasius erzählt von einem Presbyter Leontios, der Hand an sein Glied gelegt hatte. Die Unsitte griff derart um sich, daß sich das Konzil zu Nizäa veranlaßt sah, dagegen einzuschreiten (Harnack, Medizinisches aus der ältesten Kirchengeschichte S. 27, 52). Die Vorschriften der Canones berühren aber immer wieder diesen heiklen Punkt (Canones apost. 21–23 des Konzils zu Nizäa). Kyrill von Alexandrien hat ein Fragment gegen die Eunuchen hinterlassen, die das göttliche Werk der πνευματικὴ εὐνουχία entstellen. Justin (Apol. I, 15) und Gregor von Nazianz (in der einzigen vorhandenen Rede über einen evangelischen Text) legten die Bibelstelle bildlich aus. Sie verstehen unter den Verschnittenen die Enthaltsamen, diejenigen, die sich »alle Lüste abschneiden«, und zwar seien die aus dem Mutterleib verschnitten Geborenen: die von Haus aus geschlechtskalten Naturen; die von Menschen Verschnittenen: die durch philosophische Lehren zur Keuschheit Gekommenen; und die um des Himmelreichs willen Verschnittenen: die durch Christus zur Einsicht Gelangten. Unlogisch wählt Hieronymus für die ersten beiden Gruppen die buchstäbliche, für die dritte Gruppe die übertragene Deutung. Die entsetzlichsten Folgerungen aus der buchstäblichen Auslegung hat im 19. Jahrhundert die russische Kastratensekte der Skopzen gezogen, auf die ich später eingehen werde. Die weit überwiegende Mehrheit der christlichen Schriftsteller und Erzieher trat für die bildliche Deutung ein und dafür spricht ja schon der Schlußsatz: »Wer es fassen mag, der fasse es.« Danach soll hinter dem Bibelwort mehr gesucht werden, als ihm auf den ersten Blick anzusehen ist. Man deutet die Verschnittenen als die Keuschen und das Verschneiden als den Läuterungsprozeß der Selbstüberwindung. Lobenswert – so argumentiert Augustin De Sancta virg. 23 – kann nicht das Unvermögen sein, sondern nur der angestrengte Wille der Selbstheilung. Da die Sünde im Herzen und nicht im Geschlechtsorgan des Menschen niste, könne ihn Selbstverstümmelung Gott nicht nähern. Es sei klein und unwürdig, von dem Akt der Selbstverwundung das Heil zu erwarten, und beleidigend für Jesus, ihm zuzutrauen, er habe die Eunuchen gepriesen. Auch bei dieser einschränkenden Deutung der Bibelstelle läßt sich die Tatsache nicht aus dem Wege räumen, daß sie einen Aufruf zur Keuschheit enthält, und zwar einen allgemein gehaltenen Aufruf, der sich – im Gegensatz etwa zu Luk. 14, 26 – nicht nur an den eng begrenzten Kreis der Auserkorenen wendet. Insofern steht Matth. 19, 12 innerhalb der Evangelien vereinzelt und läßt sich mit den übrigen erotischen Lehren Jesu nicht recht in Einklang bringen, am wenigsten mit Mark. 10, 7. Soweit Jesus geschlechtliche Zurückhaltung empfiehlt oder vorschreibt, geschieht es, um Kräfte für die apostolische Sendung freizumachen. Es ist also das Störungsmotiv, allenfalls das Opfermotiv, zu dessen Gunsten er die erotischen Möglichkeiten eindämmt (vgl. das Gleichnis in Luk. 14, 20). Selbst hinter Matth. 19, 12 kann man nur diese beiden Motive suchen, während sich für Weltekel und Geschlechtsfurcht, die beiden mächtigsten und gefährlichsten Antriebe zur Askese, bei Jesus nirgends Ansatzpunkte zeigen.

Geschlechtsfurcht zieht erst mit *Paulus* in das Christentum ein. Er ist der *Vater der christlichen Askese.* Ihre Magna Charta ist das 7. Kap. des 1. Kor.-Briefes. »Es ist dem Mann gut, daß er kein Weib berühre.« Das ist eine andere Luft als in den Evangelien. Das ist nicht mehr Jesu Unbefangenheit und großherzige Bejahung natürlicher Vorgänge, sondern Ächtung der Erotik – aus Furcht vor dem Geschlecht. Für Paulus ist das Geschlechtliche etwas, das besser nicht wäre, ein notwendiges Übel. Weil es ein Übel ist, bekämpft er es. Weil es notwendig ist, muß er ihm Zugeständnisse machen. So landet seine Sexualethik in einem unschönen Kompromiß: »Wer heiratet, tut gut. Wer nicht heiratet, tut besser... (7, 38). Um der Hurerei willen* habe ein jeglicher sein eigen Weib und eine jegliche ihren eigenen Mann (7, 2) ... Besser freien als Brunst leiden« προῦσθαι 7, 9). Das Geschlechtliche ist meidenswert, aber die Natur verlangt, einen bestimmten Bezirk des Geschlechtlichen abzustecken und dem Trieb zu überlassen. Dieses eingezäunte Gebiet, mit Warnungstafeln versehen für Neugierige – das ist die paulinische Ehe! Erlaubte Brunst, legalisierte Notdurft, genehmigte Sünde, sonst nichts. Jenseits der abgesteckten und scharf bewachten Grenzen taucht wieder die ursprüngliche Verworfenheit des Geschlechtlichen auf. Für das Erlösungsmotiv ist in diesem Ehebegriff kein Platz. Wie vielsagend ist der schlaue Rat an die Eheleute: Ent-

---

* Nach der Übersetzung Weizsäckers: Wegen der Unzuchtsverrichtungen...

haltet euch nicht zu lang, daß euch nicht der Satan versuche (7, 5). Paulus traut dem Keuschheitsfrieden nicht. Drum besser, in der Ehe mehr sündigen als außerhalb der Ehe wenig.

Das ist Kapitulation der Religion, nicht vor dem Eros, sondern vor dem Sexus. Hier macht die Religion nicht den leisesten Versuch, die Geschlechterbeziehung – in der Sprache Pauli: das Fleisch – in ihren Dienst zu nehmen. Sie ächtet das Geschlechtliche im allgemeinen und gestattet es im besonderen, in der Ehe. Daher die scharfe Scheidung zwischen ehelichem und außerehelichem Geschlechtsakt, der für die ganze christliche Kulturentwicklung so bezeichnend und verhängnisvoll geworden ist. (Sie brachte zeitweilig die Juristen auf die Idee, die Unterhaltspflicht des außerehelichen Vaters als debitum ex delicto aufzufassen.) Besser ohne Liebe als Liebe ohne Ehe – dieses erosfeindliche mächtige Bürgerurteil hat in der paulinischen Sexuallehre seine zähe Wurzel. Und noch zu etwas anderem ist darin der Grund gelegt: zu jenem Argument für die Sakramentalität der Ehe, das in die amtliche Begründung des katholischen Ehedogmas (Eph. 5, 23; 25) nicht mit überging: das Verwerfliche dadurch unschädlich zu machen, daß man es legalisiert. Als man die Ehe zum Sakrament erhob, wollte man kein Zeugnis ablegen für die Verwandtschaft des Eros mit den Göttern. Man empfand (eheliche) Geschlechterliebe und Religion nicht als Mächte, die einander zugeordnet, sondern gegeneinander gerichtet sind. Man wollte das Geschlecht, das an sich Anstößige, die Unzucht, die concupiscentia und fornicatio, entsündigen durch den Segen der Kirche. Dieses Motiv spielte in die Sakramentalisierung der Ehe zweifellos herein, wenn es sich auch vor dem Angesicht der Öffentlichkeit versteckte. Eine dritte Entwicklungsreihe hat von der paulinischen Sexualethik ihren Ausgang genommen: die Scheidung in einfache und vollkommene Christen, jene Lehre vom doppelten Christentum, der Clemens und Origenes Bürgerrecht in der christlichen Kirche erstritten. Danach nimmt Gott die Keuschen und die Verehelichten an; beide Wege sind ihm gefällig, aber die Keuschen stehen seinem Herzen näher, *weil* sie keusch sind. Nur sie sind ganze, vollendete Christen. Sie sind die Begnadeten oder die Verdienstlichen (beide Meinungen werden vertreten). Es ist entweder eine Gnade, von den Liebeskräften des Geschlechts unbehelligt zu bleiben, oder es ist entlohnenswertes Verdienst, sich zur Askese durchzukämpfen. In diesen Auffassungen schlummert schon der Keim des monastischen und des zölibatären Ideals, für das geschlechtliche Askese und sittliche Vollkommenheit Wechselbegriffe sind.

Der Grad der Geschlechtsfurcht eines Menschen läßt sich an der Frauenverachtung ablesen, deren er fähig ist. Auch bei Paulus! Da ihn die Geschlechtsfurcht bedrängte, konnte er den Grundsatz der Ebenbürtigkeit der Geschlechter nicht beibehalten. Er senkte die Stellung der Frau, sich wieder jüdischen Auffassungen nähernd, und verfocht das Ideal der patriarchalischen Ehe, gegründet auf den zeitlichen und sittlichen Vorsprung des Mannes (1. Tim 2, 13; 14; 1. Kor. 11, 8). Der Mann ist des Weibes Haupt (1. Kor. 11, 3). Nur der Mann ist Gottes Ebenbild (1. Kor. 11, 7). Ein Weib lerne in der Stille mit aller Untertänigkeit (1. Tim. 2, 11). Das Weib ist um des Mannes willen da, nicht umgekehrt (1. Kor. 11, 9). Die Weiber sollen den Männern untertan sein (1. Petr. 3, 1; Eph. 5, 22). In der Gemeinde soll die Frau schweigen (1. Kor. 14, 34). Lehren und disputieren darf sie nicht (1. Tim. 2, 12). Hier wurzelt das kirchliche mulier taceat in ecclesia. Paulus sieht in der Frau weniger das gotterschaffene Wesen (1. Kor. 11, 12) als die Mutter der Sünde (1. Tim. 2, 14). Da ist sie wieder, die nackte, schuldbeladene Eva des Alten Testament! Seine allgemeine Frauenverachtung hinderte Paulus aber nicht, sich der Hilfe einiger Mitarbeiterinnen zu bedienen, die er hoch schätzte, wie die Phöbe, Priscilla, Julia und Maria (Römerbrief 16, 1–3; 6; 15). Mitunter findet er auch warme Worte für Geschlechterliebe und Ehe, die sich von der Hauptlinie seiner erotischen Lehren trennen. »Weder ist der Mann (trotz seines Vorrangs) ohne das Weib noch das Weib ohne den Mann in dem Herrn« (1. Kor. 11, 11). In diesem schönen Ausspruch setzt Paulus die wechselseitige Ergänzung der Geschlechter mit ihrem Aufstieg zum Göttlichen in nahe Beziehung. In Eph. 5, 23; 25 vergleicht er das eheliche Geschlechterverhältnis mit der Stellung Christi zu seiner Kirche. In der Betonung des Reinmenschlichen und Christlichen als des Wesentlichen an beiden Geschlechtern (Gal. 3, 28) und in der Unterstreichung der unterschiedslosen beiderseitigen Treupflicht (Hebr. 13, 4) bricht der Grundsatz der Ebenbürtigkeit durch, den Paulus sonst verleugnet.

Zwei Umstände haben die Hinwendung des Christentums zur Askese sehr stark gefördert: die Enttäuschung über das Ausbleiben des nahe geglaubten Weltuntergangs und die Entartung der antiken Naturreligion.

Solange die Christen den Zusammenbruch der sichtbaren Weltordnung in naher Zukunft erwarteten, machten sie sich keine Gedanken über den Widersinn dieser Welt. Sie hofften, daß sie sich durch göttliche Fügung schlagartig in das Gottesreich verwandeln werde. Ungeheuer muß die Enttäuschung gewesen sein, als sich langsam die Erkenntnis durchsetzte: Die alte Welt in ihren verderbten Formen bleibt, und das Gottesreich kommt nicht. Nun erst griff der asketische Gedanke mit unwiderstehlicher Gewalt um sich. Nun erst trat der Weltekel als asketische Macht auf, genährt durch die Altersstimmungen der verfallenden Antike. Nun erst reifte das mönchische Ideal mit seiner Flucht in die Weltentrücktheit als die große Rettungsidee heran. Die christliche Askese verbreitete sich in demselben Maß wie die eschatologischen Hoffnungen schwanden. Ansatzpunkte zu dieser Entwicklung bot der erste Johannisbrief (2, 15–17). Dort bereits öffnet sich der tiefe Riß zwischen Welt und Überwelt, und die Liebe zur Erde wird den Gläubigen mit allem Nachdruck widerraten. Vom erstarkenden Weltekel wurden fortan die ganze Schöpfung und mit ihr die erotischen Kräfte, die Bürgen für das Fortbestehen der Welt, tödlich getroffen.

Daneben sorgte der Anblick der entarteten Naturreligionen für ein Anwachsen des Abscheus vor allem Geschlechtlichen, wie er die ganze Apokalypse durchzittert (in Apok. 14, 4 werden die auserwählten 144 000 als die mit Weibern nicht Befleckten gepriesen). Es war für die Entwicklung des Christentums von größter Bedeutung, daß es an der Grenze zwischen weiblicher und männlicher Weltbewertung die Naturreligion in einem Zustand der Verzerrung vorfand, der die reine Grundidee verdeckte, so daß sie weder von ihren Anhängern noch von ihren Feinden begriffen wurde. Der Mensch hatte die enge Fühlung mit der Natur eingebüßt. Das Geschlechtliche erschien ihm nicht mehr in kosmischen Zusammenhängen von elementarer Gewalt, sondern war zu Akten erniedrigt, die der Mensch sich selbst zu seinem Genusse bewilligt. Die Kulte der Naturreligion waren zur Jugendzeit des Christentums tatsächlich das geworden, was sie ursprünglich nicht gewesen: Durchbrüche ausschweifender Sinnenlust. Vor dem sich türmenden Schmutz nahm sich die strenge asketische Forderung als die einzig mögliche religiöse Haltung aus. Geschlecht und Gott in einem Atem zu nennen, konnte angesichts der entstellten Naturreligionen nur noch der Zyniker wagen.

Immer breiter wurde im Christentum die Straße der Geschlechtsfurcht und des Weltekels. Im 2. Jahrhundert tauchte das Ideal der geschlechtslosen Ehe im Hirten des Hermas auf, einer in Rom verfaßten Schrift. Im 4. Jahrhundert war die Keuschheit bereits der Punkt, um den das Denken der Christenheit in Dogma, Moral und Lebenspraxis kreiste. Der paradiesische Sündenfall und das »Abschütteln des Jochs der Sünde« wurde nunmehr geschlechtlich aufgefaßt. Die Sittlichkeit zog sich zur Sexualmoral zusammen. Das 6. Gebot wurde das wichtigste. Das Christentum verwandelte sich aus der Religion der Liebe in eine Religion der Keuschheit (gegen 1. Kor. 13, 13). Die Kirchenväter dieser Zeit gefallen sich in Ausfällen gegen das Fleisch, caro, worunter sie die Geschlechtlichkeit verstanden. Fast jeder von ihnen verfaßte eine Schrift zum Lob der Virginität. Die höheren Grade der Hierarchie blieben den Ehelosen vorbehalten (wie in der russischen Orthodoxie bis 1917). Das Zölibat zwar wurde vom Konzil zu Nizäa abgelehnt, aber die

Verheiratung schon geweihter Priester nicht mehr zugelassen (das volle Zölibat setzte – mit Hilfe des Mönchtums – erst Gregor VII. im Jahr 1074 durch; Dogma ist es seit dem Tridentinum). Für unbeschränkte Enthaltsamkeit traten Manichäer und Gnostiker ein. In besonders seltsamer Weise kämpfte im 2. Jahrhundert die gnostische Sekte der Adamiten gegen die geschlechtliche Versuchung. Sie wichen ihr nicht aus, sondern schritten ihr mutig entgegen, indem sie, Männer und Weiber, zum Gottesdienst nackt erschienen. Aber oft erging es ihnen wie den Pikardisten des 13. Jahrhunderts: die Versuchung war stärker, und zuletzt glichen – wider die anfängliche Absicht – die Kulte mehr den Astartefeiern als den geistlichen Übungen einer asketischen Gemeinde.

Von den geschlechtsfeindlichen Stimmungen hat sich auch *Augustin* tragen lassen. Aus den leidvollen Erfahrungen einer wenig gezügelten Jugend schuf er eine antierotische Sexualethik, die für die katholische Kirche ebenso bestimmend wurde wie für das älteste Luthertum. Augustin litt unter der eigentümlich unberechenbaren und unaufhaltsamen Natur der sinnlichen Begierde. Sie war ihm unheimlich und verdammlich, weil sie den Menschen der Leitung der Vernunft entzieht. So wurde sie vor seinem Auge zum Träger der Sünde schlechthin. Nach Augustin ist das Geschlechtliche der trübe Kanal, durch den die Sünde von Generation zu Generation weiterfließt. Die christliche Taufe sei bestimmt, dieses Gift zu neutralisieren, aber auch für den Getauften bleibe das Geschlecht eine üble Mitgift. Das Geschlechtliche ist das Schlechte. Nach dieser Grundauffassung muß der Enthaltsame den unbedingten Vorrang vor dem Unkeuschen haben. In der Ächtung der Erotik ist demnach Augustin über Paulus hinausgeschritten. Erst Augustin brannte der Geschlechtsliebe das unauslöschliche Schandmal auf. Erst er versah sie mit jenem Makel, der sie aus den Tempeln verbannt. Er ließ den (ehelichen) Beischlaf nur gelten, wenn dabei die »innere Absicht« auf Zeugung gerichtet sei. Augustin wußte mit dem Geschlechtsinstinkt nichts anderes anzufangen, als daß er ihm die Aufgabe der Fortpflanzung zuwies. Das war der einzige Versuch Augustins, ihn zu rechtfertigen, während jeder Anlauf, ihn mit dem Heilsverlangen des Menschen zu verknüpfen, diesem größten christlichen Denker fernlag. Dabei hätte der christliche Aufruf zur Selbstverleugnung (Mark. 8, 34) vom erotischen Entselbstungsdrang gerade am ehesten verstanden werden müssen. Die christliche Nächstenliebe hatte allen Grund, in der echten Geschlechterliebe den natürlichen Bundesgenossen zu sehen. Aber statt die Verwandtschaft anzuerkennen, säte man Feindschaft aus. Die christliche Sexualethik floh vor der Genußliebe (durchaus mit Recht), aber nach unten, in die Notdurft (Paulus) oder in die Fortpflanzung (Augustin) statt nach oben, in den erlösenden Eros, und das geschah durchaus zu Unrecht. Paulus und Augustin sind die Väter des geschlechtlichen Naturalismus, unter dem wir heute stöhnen, und bis in die Geschlechtsmoral der Bolschewisten lassen sich ihre Spuren verfolgen.

Wie tief Augustin die *Sexuallehren des Katholizismus* beeinflußte, kann man daraus ersehen, daß nach katholischer Auffassung auch heute noch die Fortpflanzung den einzigen Daseinszweck und Rechtfertigungsgrund des Geschlechtsinstinkts bildet. Folglich ist der Beischlaf mit Verhütungsmitteln verpönt, und folglich macht die Geschlechtsunfähigkeit (allerdings nur impotentia antecedens, nicht imp. superveniens) die unscheidbare Ehe nicht nur auflösbar (für die Zukunft), sondern nichtig (von Anfang an). Diese Nichtigkeit wird, wenn der Tatbestand offenkundig ist, über den Kopf der Beteiligten hinweg von Amts wegen ausgesprochen (canon 1068 des corp. jur. can.). Solches Gewicht legt die Kirche auf die geschlechtliche Potenz! Gegen den Verschlingungstrieb ankämpfend drängt sie dem Mann das Weib als genus-Wesen auf, weil sie es ihm als Genußwesen versagt.

Zeitweise hat der Katholizismus auch die rigorose Enthaltungsmoral der Manichäer erneuert. Mit dem Trierer Domprediger Hunolt kam eine Generation herauf, die sich nicht genug tun konnte, die Gräßlichkeit der Geschlechtssünde auszumalen.

Die Keuschheit wird zur »Königin der Tugenden« erhoben, ein Ausdruck, der im asketischen Schrifttum und der Jugendliteratur des Katholizismus häufig wiederkehrt. A. v. Doß und Fürstbischof Zwerger verfaßten besondere Schriften, um die Lehre vom Primat der Keuschheit zu begründen. Hunolt hielt die Unkeuschheit für eine ärgere Sünde als selbst »die Verleugnung des Glaubens oder die Abgötterei eines Christen« (Christliche Sittenlehre III, 257), und viele katholische Prediger wie Stolz, Bußl, Zollner und Frassinetti sprachen es ihm nach. »Von 100 Verdammten«, meint Tihamer Tóth, »werden 99 ausschließlich der Unzucht wegen verdammt.« Solche Urteile verschieben den Akzent der christlichen Sittlichkeit und geben ihr einen neuen Mittelpunkt. Indem sie das Geschlechtliche für Todsünde erklären, machen sie das Geschlechtsproblem zur religiösen Hauptfrage, mit deren Entscheidung die ganze Religion steht und fällt.

Obwohl *Frauen* zur Verbreitung des Christentums einen reichen Beitrag geleistet und obwohl nicht wenige in vorbildlicher Standhaftigkeit das Martyrium ihres Glaubens getragen haben, hat die junge christliche Kirche den evangelischen Grundsatz der Ebenbürtigkeit der Geschlechter nicht aufrechterhalten. Je stärker hellenische Geschlechtsfurcht in das Christentum einströmte und je mehr es sich dem Weltekel ergab, die im Weib die Bürgin der Weltverewigung und damit das Hindernis der Welterlösung verdammt, um so frauenfeindlicher wurde die neue Lehre. Augustin teilte vorbehaltlos die antike Geringschätzung des Weibes (De civ. Dei XIV, 11). Tertullian, Hieronymus und Origenes sind ausgesprochene Frauenverächter. Die Frau erscheint ihnen als »porta inferni, als Weg des Unrechts, als Stachel des Skorpions, als Gehilfin des Teufels«, die den Mann, das alleinige Ebenbild Gottes, zu Fall gebracht habe (Tert., De cultu feminarum I, 1). »Weib«, – ruft ihm Tertullian verbittert zu – »du solltest stets in Trauer und Lumpen gehen, die Augen voll Tränen. Du hast das Menschengeschlecht zugrunde gerichtet; um deiner Sünden willen mußte der Erlöser den Tod erleiden.« Simonides leitet die Weiber von den Tieren ab. Auf einer gallischen Provinzialsynode zu Macon wurde im 6. Jahrhundert breit und ausführlich erörtert, ob die Frau als Mensch anzusehen sei und ob sie eine Seele habe. Dieselbe Frage beschäftigte ein Jahrtausend später deutsche Theologen, die sich darüber in 51 ernstgemeinten Thesen mit Sorgfalt äußerten. Die christliche Urkirche war eine männliche Anstalt. Der Geist dreier männlicher Völker – Hebräer, Griechen und Römer – hat ihre Form geprägt. Die kirchliche Zurückdrängung des Weibes, die schon im frühen Mittelalter den Niedergang karitativer Liebestätigkeit nach sich zog, bedeutet einen Sieg antiken Denkens über christliches Denken. Durch ihn eroberte die Antike einen Teil des Gebietes zurück, das sie an das Christentum verloren hatte. Als die christliche Lehre in ihrer vermännlichten Form zu den Germanen kam, hatte sie mancherorts die Wirkung, daß man das Wergeld für Frauen senkte, entsprechend dem niedrigen Wert, den der neue Glaube dem Weibe beizumessen schien. Daß nur der Mann das Ebenbild Gottes und die Frau die geborene Magd des Mannes sei, ist im Grunde auch der Standpunkt des kanonischen Rechts.

Daneben freilich laufen andere Strömungen. Die katholische Kirche ist die einzige religiöse Gemeinschaft auf Erden, in der die Frau schöpferische Kräfte entfalten konnte. Frauen haben nicht nur die Stufe der Heiligkeit erlangt, sondern religiöse Schriftdenkmäler von hohem Werte geschaffen wie Hildegard von Bingen, Mechtild von Hackeborn, Mechtild von Magdeburg, Teresa, die beiden Katharinen, die beiden Ebnerinnen usw. Meisterhaft verstand es Vinzenz v. Paolo, die Liebeskräfte des Weibes für karitative Zwecke nutzbar zu machen. Die amtliche Auffassung der Kirche allerdings ist dem Weibe und seinem natürlichen Liebesberuf nicht günstig. Seit dem Tridentinum wird jeder mit dem Anathema belegt, der Mutterschaft und Ehe über die Jungfräulichkeit stellt. Das ist die denkbar schroffste Absage an die Fühlweise des Weibes und zugleich an den Grundgedanken der Naturreligion. Frauenverachtung, bis zur Gemütsroheit getrieben, setzte sich in der Theologia moralis des Alphons von Liguori ein Denkmal. Er bürdet der Frau selbst in schwerer Krankheit die Pflicht des Beischlafs auf, weil sie sonst den Mann zu Ehebruch oder Onanie, also schweren Sünden, verleite. – Unter dem Einfluß der Romantik jedoch konnte sich eine edlere Würdigung der Geschlechterliebe auch in katholischen Kreisen verbreiten, und damit hob sich die Stellung der Frau. Nun wurde betont: Nicht erst kraft kirchlicher Weihe, sondern ihrer Natur nach sei die Ehe Sakrament, die Gatten selbst spenden es sich; die verbindende Liebe, nicht die Institution sei das Heilige daran. Damit steigt die Ehe zum sanctum coniugium auf, zur gottgestifteten, ordensähnlichen Liebesgemeinschaft, zum Sinnbild der Caritas, zu einer Lebensform von metaphysischem Gewicht. Aber auch die katholische Romantik vermeidet es, das Geschlechtliche in das Ehe- und Liebesideal mit hineinzunehmen. Sie kommt nur zu einer Geschlechterliebe ohne leibliche Unterlage: Die Liebe hat nichts mit dem Geschlecht, das Geschlechtliche nichts mit der Liebe zu tun.

Mit dem asketischen Gedanken hat die *Reformation* grundsätzlich gebrochen. Die Heirat des Augustinermönchs mit der Nonne war dafür ein symbolischer Akt, ein weithin sichtbares Zeichen. Luther gab der Frau die Mutterwürde zurück und schuf das protestantische Familienideal, indem er das bürgerliche Heim nicht nur zu einer Stätte der Kinderzeugung, sondern auch der Kindererziehung, der Führung junger Seelen im christlichen Glauben machte. Seinen Reformen auf geschlechtlichem Gebiet maß er mit Recht große Bedeutung bei. Wiederholt suchte er hohe kirchliche Würdenträger zur Heirat zu bewegen. Er bemühte sich ernstlich um die Heilung des Risses zwischen Religion und Geschlecht. Aber sein Vorhaben ist ihm nicht gelungen. Sein Verhängnis war, daß er von Augustin nicht loskommen konnte. Daher ist seine erotische Haltung ebenso zwiespältig wie seine religiöse. Trotz einiger geschlechtsbejahender Sätze, mitunter von derber Drastik, teilt Luther die Grundüberzeugung Augustins: Das Geschlechtliche ist schlecht. Es ist die Brutstätte der Sünde, und daran kann weder die christliche Taufe noch die Heirat etwas ändern. Auch in der Ehe ist der Beischlaf ein sündiger Akt. »Alle sind wir Hurentreiber.« Für Luther ist wie für Paulus die Ehe letzten Endes doch nur ein Zugeständnis an die Schwäche der Menschen, und wie Augustin lehrt auch er: Nur die Fortpflanzung rechtfertigt den Geschlechtsinstinkt. Luther war so wenig wie seine großen Vorgänger imstande, dem Geschlecht einen tieferen Sinn zu geben. Die ganze sexuelle Sphäre war ihm unheimlich. Er wurde des Wahnes nicht ledig, daß ihn der Teufel gerade von dieser Seite packen wolle. Daher pries er die Gnade der Virginität, »die Gnade über die Natur«. »Wer da will und kann, der nehme es an!« Luther löste zwar die Askese vom Gedanken der Verdienstlichkeit, aber daß man in ihr »Gott besser pflegen könne«, meinte auch er. Der Asket bleibt also doch der begnadete, der echte Christ.

Schwankend ist auch Luthers Urteil über die Frau. Bald bemitleidet er sie als »ein arm' Ding«, das der männlichen Führung bedürfe, bald schalt er sie »Priesterin des bösen Feindes«. Keinesfalls erkannte er sie als ebenbürtige Gefährtin des Mannes an. Dagegen sagte ihm das mosaische Frauenideal rastlosen Gebärens zu. »Mögen sie sich ruhig zu Tode tragen, das macht nichts, sie sind drum da.« – Der schlimmste Mißgriff Luthers war die Verweltlichung der Ehe. Dadurch trennte er die Geschlechterliebe endgültig von ihrem metaphysischen Hintergrund und machte sie zur bloßen Angelegenheit der Menschen. »Du bist Gott nichts schuldig als glauben und bekennen. In allen anderen Sachen gibt er dich los und frei ... Gott läge nichts daran, daß der Mann das Weib ließe. Denn was hat er davon, daß du solches tust oder lässest? Wider Gott kann man hierin nicht sündigen, sondern wider den Nächsten.« Damit war die Auflösung der Ehe eingeleitet, die schon Luther selbst »ein äußerlich' weltlich' Ding« genannt hat. Ihrer sakramentalen Weihe beraubt verflachte sie rasch zum Vertrag und schließlich zum Geschäft. Die Zivilehe, die Luther anbahnte, stellt das Prinzip des staatlich genehmigten Beischlafs dar. Statt der Kirche zieht fortan eine weltliche Behörde die Grenze zwischen zulässig und verboten. Die kirchliche Sakramentalität wird durch staatliche Formalität ersetzt. Das war ein schwerer Schlag für die Erotik überhaupt; sie verlor mit der heiligen Ehe ihren letzten religiösen Berührungspunkt.

Für seine Kirche erreichte Luther allerdings, daß das religiöse Denken nicht mehr um die Geschlechtsfrage kreiste, weder gierig noch mit asketischer Feindseligkeit. Er erreichte aber nicht, daß Religion und Erotik sich versöhnten. Er glaubte die Spannung zwischen beiden dadurch zu lösen, daß er den Eros aus der Religion in die Weltlichkeit hinauswarf und ihn dort in den Grenzen der Ehe gewähren ließ. Damit diente er nur scheinbar der Religion und schadete sichtlich der Erotik. Die vermeintliche Reinigung des Heiligen bezahlte er mit der Entheiligung des Geschlechtlichen. Sein Einfluß auf das Geschlechtsleben läßt sich dahin zusammenfassen, daß er zwar den Sexus befreite, aber nicht den Eros. Zu einer religiösen Auffassung der Erotik hat er ebensowenig beigetragen wie zu einer erotischen Gestaltung der Religion. Luthers Christentum ist – vom Menschen her betrachtet – keine Religion der Liebe, sondern des Gehorsams, der blinden Unterwerfung unter den Willen Gottes, auch darin (wie in seinem Eheideal) dem Geist des Alten Testaments näher als dem des Neuen. Auf dieser Bahn konnte später Kant, der Schöpfer einer Ethik des Gehorsams, weiterschreiten. Wie Luther die Liebe aus den Heilsmitteln, so schied Kant sie aus den sittlichen Antrieben aus, »weil sie sich nicht gebieten lasse«. Auch das war ein Schlag gegen die Erotik, den wir wiederum dem Protestantismus ins Schuldbuch schreiben müssen. Am heftigsten haben die Calvinisten und unter ihnen wieder die Puritaner gegen das Geschlechtliche gewütet. Sie vor allem befreundeten das Abendland mit dem Rigorismus der Manichäer. Freilich verlangt die Gerechtigkeit, festzustellen, daß der Katholizismus den von den Reformatoren überspannten Gegensatz zwischen Welt und Überwelt in keiner Frage so mitbetont wie in der geschlechtlichen. Darin sind sich Katholizismus und Urprotestantismus einig. Für beide ist das Fleischlich-Geschlechtliche das schlechthin Ungöttliche; zwischen Gott und Geschlecht gibt es grundsätzlich keinen Zusammenhang und keinen Ausgleich, sondern nur unüberbrückbare Kluft.

Erst *Schleiermacher* hat mit den geschlechtlichen Vorurteilen der späteren christlichen Kirchen aufgeräumt und gutzumachen versucht, was Paulus und Augustin verdorben und Luther nicht gebessert hatten. Als echter Romantiker sah er »das Geistigste und Sinnlichste nicht nur nebeneinander, sondern in jeder Äußerung und in jedem Zuge aufs innigste verbunden«. Beseelt vom Drang nach Einheit, abgeneigt jeder gewaltsamen Absicht, wollte er Leib und Seele, Sinnliches und Übersinnliches, Welt und Gott, Mann und Weib, Religion und Erotik in harmonische Zusammenhänge eingeordnet wissen. Entschlossen bekannte er sich zum Grundsatz der Ebenbürtigkeit der Geschlechter, ein Beweis, daß er sich der Geschlechtsfurcht nicht mehr beugte. Er brandmarkte Augustins Lehre von der inneren Absicht als anmaßend, »weil man es doch eigentlich nicht kann« und zugleich als »niedrig und frevelhaft, weil dadurch etwas in der Liebe auf etwas Fremdes bezogen wird«. Daher die Warnung: »Du sollst nicht absichtlich lebendig machen.« Erst Schleiermacher überwand das asketische Ideal, nicht durch Freigabe der Sexualität, sondern durch die mystische Erotik, die er in Schlegels Lucinde (1799) vorbildlich gestaltet sah. »Die Liebe ist wieder ganz geworden und aus einem Stück, eine Erscheinung aus einer künftigen, Gott weiß wie weit noch entfernten Welt.« Schleiermacher lehrte: »Niemand darf außerhalb der Ehe bleiben wollen.« Damit stellte er den erotischen Menschen über den asketischen und gab dem erotischen Heilsweg den Vorzug vor dem Heilsweg der Askese. Der Romantik, dieser stark religiösen Bewegung, gehört der letzte ernsthafte Versuch, die Geschlechterliebe wieder mit der Religion in Beziehung zu setzen. Mit dem Hinsterben der Romantik zerriß der feine Faden, der beide verknüpft, und ward in den Schmutz getreten.

Mit Entsetzen gleitet der kundige Blick über das Trümmerfeld der *Verwüstung*, das die christliche Askese geschaffen. Er nötigt zur Erkenntnis, daß es neben Askese keine Erotik gibt, wohl aber Sexualität, keinen erotischen Idealismus, wohl aber geschlechtlichen Naturalismus. Dieser ist die Kehrseite der Askese. Wer *sie* bejaht, muß auch *ihn* bejahen. Wer den Eros ächtet, verfällt dem Sexus. Zuletzt rächt sich der Eros, in seiner Göttlichkeit geleugnet oder angezweifelt, als zerstörender Dämon, einem Strome ähnlich, der künstlich errichtete Dämme abwirft und sich mit verheerender Wildheit über fruchtbare Striche ergießt. Wer den Geschlechtsinstinkt nicht hinaufzieht, den zieht er hinab. Wer sich den Trieb zum Feinde macht, den macht sich der Trieb zum Sklaven. Nichts macht von der Begierde abhängiger als der befohlene Kampf gegen sie. Immer muß der Asket auf der Hut vor ihr sein. So beschäftigt er sich mehr mit ihr als der Mensch, der ihr das natürliche Gefälle bietet. Das ist die tückische Rache des Eros, durch die er sich seinen Widersachern in peinliche Erinnerung bringt. Durch die Askese hat man der Geschlechterliebe das Flußbett abgegraben. Nun drängten ihre Wasser nicht mehr dem Meer der Unendlichkeit entgegen, sondern wälzten sich in stickiges Sumpfgebiet, wo sie nur noch trübe Blasen treiben. Man hatte die geschlechtlichen Kräfte von ihrem natürlichen Zusammenhang mit der göttlichen Ordnung losgerissen; nun stürzten sie in die Tiefe hinab und verbündeten sich mit den Mächten der Hölle. Eros, von den Göttern verlassen, sucht den Satan auf und findet seinen Beistand. Der Entzweiung von oben – durch die asketisch gewendete Religion – folgt die Entzweiung von unten – durch die sexuell verunreinigte Erotik. Damit ist der Bruch zwischen Gott und Geschlecht endgültig und beinahe hoffnungslos.

Daß es so kam, ist das Werk der Askese, die geschichtliche Schuld asketischer Eiferer. Die Freudsche Furcht vor der Verdrängung – oder wie man die Rache des gekränkten Geschlechts sonst nennen mag – ist nicht unbegründet. So sehr ich die Sublimierungstheorie Freuds verwerfe, so wenig kann ich seine Verdrängungshypothese bezweifeln. Sie wird durch zahlreiche geschichtliche Erfahrungen bestätigt. Der gewaltsam eingeklemmte Sexualtrieb ist eine Macht der Zersetzung statt der Lebenserhöhung. Die übermäßig gestaute Geschlechtskraft treibt keine Kulturleistungen hervor, sondern infiziert mit Krankheit. Naturam expellas furca, tamen usque recurret. Wenn es nicht gelingt, die geschlechtlichen Kräfte zu veredeln und in den Dienst der Gottheit zu stellen, so wüten sie auf eigene Faust oder im Dienste des Teufels. Der Asket stellt die entscheidende Frage falsch. Man hat nicht die Wahl zwischen Geschlechtlichkeit und geschlechtslosem Wandel, sondern nur zwischen veredelter, Gott angeschlossener Geschlechterliebe und roher Brunst, heiße sie Notdurft oder Verschlingungstrieb. Die Askese tötet nicht den Sexus, sondern den Eros; den Sexus kann sie nicht töten. Daher ist die Geschichte der Askese eine Geschichte sterbender Erotik und zugleich ein Verzeichnis schwelender Begierden. Man denke an das schwüle, mit geschlechtlicher Spannung geladene Gewölk, das manchen Beichtstuhl umlagert. Man denke an die Gewissenskrämpfe der im Zölibat stöhnenden Priester, die in den Laienstand nicht mehr zurücktreten dürfen, auch wenn sie die Erfahrung machen, daß sie nicht zur Keuschheit taugen. Wieviel namenloses Elend brachte allein diese eine asketische Institution über den katholischen Klerus aller Jahrhunderte, so daß die Geschichte der erzwungenen Ehelosigkeit mit Recht zu den dunkelsten Seiten der christlichen Entwicklung gerechnet wird. Man denke an die theologische Spekulation über das sigillum virginitatis, an die wollüstige Ausmalung der anatomischen Einzelheiten, hinter denen sich das Geheimnis der übernatürlichen Gottesgeburt verbirgt – ein Vorstellungsgebiet, auf dem die überreizte Phantasie der Unbeweibten unbehelligt umherschweifen konnte. Man denke vor allem an die Moraltheologie und die Pastoralmedizin, die sich oft unter dem Vorwand wissenschaftlichen Ernstes an den ausgefallensten Perversionen ergötzt. Welche riesenhafte kasuistische Geschlechtsliteratur gedieh auf dem faulen Boden, den die Askese vergiftet hatte! Es genüge, neben Dens, Saettler und Debreyne den Namen Liguori zu nennen (und gerade ihn erhob die nachtridentinische Kirche zu ihrem einzigen Doctor ecclesiae!). Durch ihn wurde manche Nische des weiten

Kirchenraumes in einen Augiasstall des Lasters verwandelt. Debreyne stellte ein ganzes Buch aus den erdenklichsten Ausschweifungen zusammen, auf die der Beichtvater seine Fragen richten solle. Durch die Einschnürung des Geschlechtlichen, das man Unzucht nannte, schuf man erst die Unzucht, die dem Geschlecht von Natur nicht anhaftet. Wie die Moraltheologie die Gemüter verpestet, darüber eine katholische Stimme, die nicht in den Verdacht konfessioneller Voreingenommenheit geraten wird. Ludovico Sergardi, römischer Prälat unter Papst Alexander VIII., urteilt: »Die Moraltheologie ist derart, daß sittenreine Jünglinge sich hüten sollten, mit ihr in Berührung zu kommen, sonst fallen sie in schädliche Fallstricke und wenden sich der Schlechtigkeit zu. Welchen Schmutz enthalten nicht die moraltheologischen Lehrbücher, welche Schändlichkeiten breiten sie nicht vor der Öffentlichkeit aus! Wo gibt es soviel Schmutzlappen wie dort Seiten. Jedes Bordell in der Subura muß im Vergleich mit diesen Büchern schamhaft genannt werden. O unselige Moraltheologie, die zur Kupplerin zwischen der Jugend und den Bordellen geworden ist.« (Sergardi, Orationes et cum I. Mabillionio epistolarum commercium, Luccae, 1783, S. 205).

Man muß den Mut haben, diese Übelstände aufzudecken, sonst läßt sich das wilde Gestrüpp nicht mit der Wurzel ausreißen. Gerade wer die katholische Kirche liebt, verehrt und ihre ewigen Vorzüge bewundert, muß um so strenger über ihre Mißbildungen richten. Mit feigem Schweigen ist der christlichen Wahrheit nicht gedient. Man muß endlich erkennen, daß die Askese den Sittenverfall mitverschuldet hat, durch den sich der päpstliche Hof im späten Mittelalter ebenso auszeichnete wie die Mehrzahl der Klöster. Die Bildung der Bettelorden und die Bewegung der Geißler war die Mahnung der ehrlichen unter den Christen an die abtrünnigen unter ihnen. Einige Nonnenklöster trieben es so toll, daß sich die staatlich genehmigten Freudenhäuser wegen dieses unlauteren Wettbewerbs beschwerten und keine Abgaben mehr zahlen wollten. Wechselweiser Besuch von Mönchen und Nonnen war an der Tagesordnung. (Manche Männer- und

Frauenklöster waren miteinander durch unterirdische Gänge verbunden, um sich den sündhaften Verkehr hinter dem Rücken der Öffentlichkeit zu erleichtern.) Nicht wenige Mönche hielten sich Konkubinen. Priester lebten sich mit ihren Haushälterinnen aus. Bissig geißelt der Decamerone die Verwahrlosung in den Klöstern seiner Zeit. Ein grauenhaftes Bild der Verkommenheit – im Schatten des Kreuzes! Man sehe nicht über die weltgeschichtliche Seite dieser Entartung hinweg. Bis in diese Bereiche dringen die Wurzeln der Reformation. Luthers Romerlebnis, das ihn mit Abscheu vor dem katholischen Klerus bis zum Bersten lud, wäre ohne die entsittlichende Wirkung der Askese nicht möglich gewesen. Es besteht ein viel engerer Zusammenhang, als man gewöhnlich vermutet, zwischen christlicher Erosächtung und der Spaltung der Christenheit. Die Reformation ist – das ungerechnet, was sie sonst noch war – auch ein Racheakt des Eros, ein geschlechtlicher Protest gegen das asketische Trugbild, gegen verwilderte Priester, Mönche und Nonnen, ein Aufruhr reiner Triebhaftigkeit gegen Widernatur und Heuchelei, das Eindringen scharfer frischer Luft in den trüben Dunstkreis des Lasters. Bisher ist das Kapitel über die erotischen Ursachen der Reformation noch nicht geschrieben worden, so wenig wie das Buch über den Eros und die Mächte der Geschichte.

Ohne die Luft anhaltender Überreiztheit, wie die Askese sie um sich verbreitet, hätte sich auch der *Hexenwahn* nicht bilden können, der vom Ausgang des Mittelalters bis zur Aufklärung Europa verwirrte, wohl die grauenhafteste Entladung der Geschlechtsfurcht, von der die Geschichte weiß. Daß Geschlechtsfurcht dabei die treibende Macht war, läßt sich schon daran erkennen, daß nur Frauen der Hexerei verdächtigt wurden. In der Hexenverfolgung steigerte sich die furchtgetragene Ablehnung der Frau zu einem rasenden Rache- und Vernichtungsfeldzug gegen sie. Wie hat man damals gegen die Frauen gewütet! In keinem orientalischen Harem ist sie so entwürdigt worden wie vor den Hexengerichten des christlichen Erdteils. Lüsterne Henker folterten nackte Weiber mit Behagen, brannten ihnen die Schamhaare ab und suchten nach Stigmata des Teufels »an den heimlichen Ausgängen des Körpers«. Eine frauenfeindliche Literatur begleitete diese Bewegung des Wahnsinns. In unflätigen Berichten über den Teufelskoitus oder in Untersuchungen der Frage, ob dem Umgang mit dem Teufel Nachkommenschaft entsprießen könne, entlud sich die widernatürlich gehemmte Geschlechtskraft. In der Hexennovelle Innozenz VIII. (1484) werden Menschen und Frauen als Gegensätze unterschieden. Vielfach werden Weiber zum Vieh gezählt. Der Jesuit Spruge glaubte die religiöse Minderwertigkeit der Frau schon aus dem Wort femina ableiten zu können (fê = Glaube, minus = minder). Auch der Hexenhammer, lange das gelesenste Buch der Zeit, zeichnet die Frau als das schlechthin verdorbene und dem Mann unterlegene Wesen, in ihrer moralischen Schiefheit schon daran kenntlich, daß sie aus einer krummen Rippe des Mannes geschaffen worden sei. Dieses frauenfeindliche Schrifttum hat den Charakter einer männlichen Selbsthilfe; es entspringt dem Wunsch, die Geschlechtsfurcht auszugleichen und dadurch das gestörte Gleichgewicht in der Seele des Mannes wiederherzustellen. Denn die Geschlechtsfurcht war damals riesengroß und erzeugte bis tief hinein in die Reihen der Gebildeten eine Männerpanik von kaum noch begreiflichem Ausmaß. Bei der Krönung Richard I. von England durften sich keine Weiber blicken lassen, weil sie alle der Hexerei verdächtig waren! Selbst die Ohnmacht, der die gefolterten Frauen verfielen, galt als Teufelswerk, als »Teufelsschlaf«, als Beweis dafür, daß der Teufel seinen Hexen in der Stunde der Marterung beistand. So tief reichte die Angst vor den unerklärlichen Kräften der Frau.

Der vom Hexenwahn befallene Mensch erlebte das Weib in der ganzen Gewalt der Schöpfungswonne, als das mit den Urmächten der Zeugung geheimnisvoll verbundene Wesen, aber er erteilte ihm nicht seine rauschhafte Zustimmung, sondern bespie es mit dem Geifer der Geschlechtsfurcht. Er sah auf das hetärische Weib als Asket. Er fühlte die Schöpfungswonne nach, aber in umgekehrter Bewertung, und so verwarf er sie mit eifernder

Energie. Er hetzte die Immaculata gegen die Theotokos. Diesem Zusammenprall des asketischen und orgiastischen Elements entfuhr die Hexe, das mit dem Teufel buhlende Geschlechtswesen, ein Angstbild des Mannes, worin sich die ganze Zerrissenheit der männlich-asketischen Seele spiegelt.

Der Furcht vor dem Weib gesellte sich eine zweite zu, und erst die Verbindung beider macht das Eigentümliche des Hexenwahnes aus: Mit der Geschlechtsangst mischte sich der dämonische Schauer, der einst das religiöse Erlebnis der Menschheit eingeleitet hat. Im Hexenwahn brechen der erotische und der religiöse Urschauder aus ihrer gemeinsamen finsteren Quelle hervor. Die Hexe ist zugleich das Erzeugnis der Furcht des Mannes vor der Frau und der Furcht des Menschen vor Dämonen. Das Grauen vor dem Teufel – dem Dämon – verschlingt sich mit dem Grauen vor der Hexe, der Verkörperung weiblich hetärischer Geschlechtlichkeit, und erneuert inmitten der Kulturwelt Europas die ursprüngliche dämonische Einheit der erotischen und religiösen Empfindung.

Ein anderes, nicht minder grauenhaftes Beispiel religiösen Wütens gegen das Geschlecht bietet die *russische Kastratensekte der Skopzen,* die Andrej Iwanow (gest. 1832) gegründet hat. Auch sie kamen von der Geschlechtsfurcht zur Askese, und zwar zur Askese in ihrer aktivsten Form: zur Kastration. Die Verschneidung erschien den Skopzen als der einzige, von Gott gewollte und gewiesene Heilsweg. Auch sie stützen sich, wie einst Origenes, auf die verhängnisvolle Bibelstelle Matth. 19, 12, daneben auf Jes. 56, 3–6; Matth. 5, 29; 18, 8; Phil. 3, 3; Kol. 3, 5; 4, 11; Röm. 8, 5. Unter dem biblischen Begriff der Taufe und der Wiedergeburt verstanden die Skopzen die Kastration, die sie mittels eines glühend gemachten Messers vornahmen, weil in Matth. 3, 11 von der »Taufe mit Feuer« die Rede ist. Entweder wurden nur die Hoden oder nur das Glied oder Glied und Hoden abgebrannt, und zwar bis auf die Knochen! An Frauen wurden Geschlechtsteil und Brüste verstümmelt (bezeugt im Saratower Skopzenprozeß, 1834). Auch Beschneidungen von Kindern sind nachgewiesen. Der Teilverstümmelte erlangte Engelsrang, der Vollverstümmelte (Glied und Hoden) Erzengelsrang. Der Verschnittene hieß »Weiße Taube«. Ziel der Kastration war, die Seligkeit und den Frieden des geschlechtslosen Lebens zu gewinnen. Es war nicht auf den Schmerz des Verschneidens, sondern auf die religiöse Reinheit als angebliche Folge der Verschneidung abgesehen. Also ist die Sekte nicht masochistisch, sondern asketisch. Daß sie unter den Nichtverstümmelten den Geschlechtsverkehr, auch der Eheleute, mit Abscheu verwarfen, versteht sich von selbst. Graß (Die russischen Sekten II, 728) berichtet von einer Skopzin, die sich 1836 die Kehle durchschnitt, weil ihr der Mann beiwohnen wollte. Kennzeichnend für die Geschlechtsfurcht als treibende Macht ist die Frauenverachtung der Skopzen. Sie fassen die Wollust als etwas eigentümlich Weibliches auf. Die Frauen gelten als Verführerinnen zur Sünde und werden »die Stinkenden« genannt. Man gibt ihnen nicht die Hand und ißt nicht gemeinsam mit ihnen. Hat eine Mutter ihrem Sohn ein Hemd gewaschen, so muß sie es auf einen Stuhl oder Tisch legen, in die Hand geben darf sie es ihm nicht, um ihn nicht zu beflecken (Graß a. a. O. II, 736).

Die Skopzen haben den Kastraten zum Heiligen gemacht. Dasselbe geschah in manchen Naturreligionen. Aber aus wie verschiedener Grundgesinnung! Die Skopzen heiligten im Selbstverstümmler den Asketen, der das Geschlecht tötet. Naturreligionen ist er heilig, weil er die eigene Geschlechtskraft dem Gott der Fruchtbarkeit weiht. Den Kastrationen der Skopzen liegt Ekel vor dem Geschlecht, denen der Naturreligionen die Vergottung des Geschlechts zugrunde. Weil es auf die Gesinnung entscheidend ankommt, ist es möglich, daß derselbe Akt in Religionen mit entgegengesetzter Typik den Grad der Heiligkeit sichert.

Das christlich-asketische Ideal hat nicht nur die sittliche Haltung überzeugter Christen bestimmt, sondern auch das Werturteil vieler Personen, die sich von der Religion getrennt haben. Die ganze Kulturentwicklung des Abendlandes ist von der christlichen Askese entscheidend beeinflußt worden. Auch wo die Gottesvorstellung längst aufgegeben und das Gottesgefühl unbewußt oder hinfällig geworden ist, sind die *mittelbaren Folgen christlicher Erosfeindschaft* zu spüren. Die geschlechtliche Verwilderung, die im Rokoko und nach der Romantik die Menschen und Völker Europas ergriff, wäre nicht möglich gewesen, wenn nicht zuvor die Religion den Eros von den höheren Mächten getrennt und in die Niederungen des menschlichen Lebens verstoßen hätte. Zwar haben sich Rousseaus Nouvelle Héloise, Goethes Werther und Schlegels Lucinde dieser Abwertung der Liebe entgegengestemmt, aber sie konnten den allgemeinen erotischen Niedergang nicht aufhalten. Schon in der zweiten Hälfte des 19. Jahrhunderts und gar erst im 20. haben sie keine Nachfolger mehr gefunden. Die Verflachung der Erotik, ihr Verlust an Tiefe, Würde und Ernst, konnte in der Neuzeit nur deshalb so rasch fortschreiten, weil die religiöse Erosächtung den Boden dafür geebnet hatte. Der späte Europäer, religiös gleichgültig oder ausgesprochener Gegner der Religion, lehnte zwar die christlichen Dogmen und Riten ab, aber dem christlichen Urteil über die Geschlechterliebe unterwarf er sich weitgehend, ohne es immer zu bemerken. Auch in den Augen vieler Gebildeter, die der Religion fern stehen, klebt am Geschlechtlichen etwas Verächtliches, etwas, was die erotische Liebe näher an die Zote als an das religiöse Dogma heranrückt, und der Eros, entkräftet durch seinen jahrhundertelangen Hader mit der Religion, konnte sich gegen diesen Verruf nicht wehren.

Für den Ungläubigen hat das religiöse Enthaltungsgebot keinen Sinn. Darum gab er es auf. Aber die erotische Geringschätzung, die mit dem Keuschheitsideal verbunden ist, behielt er vielfach bei. Sie ließ sich nicht einfach abstreifen. So geriet der moderne Mensch in eine eigenartige Spannung. Er folgte einem Trieb, den er nicht voll anerkannte und den er nicht ganz rechtfertigen konnte. Sein Triebleben litt unter ererbten Vorstellungen, unter geistigen Schranken, die ihren religiösen Sinn verloren hatten. Aus diesem Zwiespalt entwickelte sich die moderne »sexuelle Frage«, desgleichen eine unleidliche Prüderie mit Angst nicht vor der Sünde, sondern vor dem Skandal, mit zur Schau getragener Sittenstrenge und heimlicher Lüsternheit. Diejenigen aber, die nicht darauf verzichten konnten, den Eros in kosmischer Perspektive zu sehen, wandten sich von der asketisch getönten Christlichkeit ab und hielten dem Eros die Treue, ein schwerer Kraftverlust für das Christentum. Denn es sind nicht etwa die ausschweifenden und gemeinen Naturen; die sind sowohl für die Religion wie für die Erotik verloren. Es sind die Tiefgründigen, die an der Frage leiden: Darf eine Religion bejaht werden, die mit dem Eros bricht?

Die zweite ungewollte Folge christlicher Erosfeindschaft ist der *Ausfall der erotischen Kräfte in der Kulturgestaltung.* Von der Religion verworfen, hatte der Eros keine Möglichkeit, an den höheren Lebenstätigkeiten mitzuwirken. Deshalb verfiel der moderne Mensch so rasch und leicht den geistigen Irrtümern, unter denen er heute stöhnt, dem Rationalismus, dem Individualismus und der Versachlichung des Daseins (Materialismus im weitesten Sinn). Gegen diese Übel hätte gerade die erotische Haltung und Schulung einen gewissen Schutz geboten. Die volle Lebendigkeit der Liebeskräfte hätte die schwere Krise des Gefühls verhindert oder gemindert, die dem Glauben an die Allmacht der Vernunft teils voranging, teils folgte. Auch hätte der erotische Entselbstungsdrang den verknöcherten Individualismus, der den Menschen in die Enge seiner zeitlichen Person einschließt, nicht aufkommen lassen oder doch in Schranken gehalten, so daß die Krise des Ganzheitsempfindens mit ihrer zersplitternden Wirkung weniger schwer geworden wäre. Die enthusiastische Natur des Eros endlich hätte das bürgerliche Ordnungsideal einzudämmen und hin und wieder die starre Mechanik zu durchbrechen vermögen, die aus der übertriebenen Planung des menschlichen Daseins folgt. Denn der Eros ist, wie der Todfeind des Individualismus, so auch der grimmigste Widersacher der Bürgerlichkeit, des gliedernden Rechtsdenkens und der Versachlichung des Lebens, weil in einer bürgerlich durchgeformten Welt die Geschlechterliebe mit ihren Ausbrüchen, Aufschwüngen und Verzückungen keinen Platz mehr findet. Sie hat zuviel vom Wunder, vom Geheimnis und Mysterium an sich. Es ist die dämonische Seite der Liebe, ihre Besessenheit und ihre Wahnsinnsnatur, die dem ruhegewohnten Bürger mißfällt. Denn es ist die Geschlechtsfurcht, die auch in der Bürgerkultur ihr Wesen treibt. Sie gab H. Spencer die verstiegene Idee ein, daß die Liebe immer überflüssiger werde; das Endziel der Menschenentwicklung sei die absolut liebeleere Welt, die bei voller Solidarität der Interessen sich selbst im »sozialen Gleichgewicht« behaupte. Hier reckt unverkennbar die Angst vor jeder Art Liebe das Haupt aus dem Dunkel. Die Bürgerkultur kämpft gegen erotischen Überschwang aus dem gleichen Grunde wie gegen den Begriff der ira Dei: Sie liebt das Unberechenbare nicht. Einen ernsten Kampf mit ihr konnte der entrechtete Eros nicht wagen. So zog er sich zurück und überließ ihr das Feld. Mit ihm wich das dionysisch-schöpferische Element aus der abendländischen Kultur und schließlich – das religiöse. Die Schwächung des Eros rächte sich zuletzt an der Religion, die die Schwächung verschuldet hatte, und damit wird der Religion wider ihren Willen in drastischer Weise bewiesen, wie nah sie mit der Erotik verwandt ist.

Auch die asketische Frauenverachtung reicht mit ihren Ausläufern bis in die jüngste Zeit herein. Sie schuf die Voraussetzungen für die *moderne Frauenemanzipation*. Diese bedeutet eine Unterwerfung der Frau unter die männliche Weltbewertung. Die Emanzipierte versucht nicht die eigentümlich-weibliche Art gegen die männliche durchzusetzen (Demut gegen Hochmut, Schöpfertum gegen Kritik, Ganzheitsdrang gegen Teilungsmanie, organisches Empfinden gegen Mechanik). Sie geht vom (angeblichen) Vorrang der männlichen Werte aus und möchte der Frau lediglich den vollen Mitgenuß dieser Werte und die Teilnahme an ihrer Ausgestaltung sichern. Das ist kein Kampf um die Ebenbürtigkeit der Geschlechter, um die Gleichwertigkeit der männlichen und weiblichen Typik, sondern nur ein Kampf um die äußere Gleichberechtigung der Frau in einer männlichen Welt.

Die Frauenemanzipation streitet für ein Nicht-Weibliches, und sie streitet überdies mit männlichen Waffen. In beiden gleicht sie dem antiken Amazonentum, diesem frühesten Verrat des matriarchalischen Gedankens, daß Frauen wie Männer werden und wie Männer behandelt werden wollen, sprechen sie ihre Geringschätzung des eigentümlich Weiblichen aus. Insofern teilt die Emanzipierte der Neuzeit die Grundansicht des – christlichen Asketen.

Auch das *Störungsmotiv* taucht im unchristlich werdenden Europa der letzten Jahrhunderte wieder auf, wennschon, dem Zug der Zeit entsprechend, *verweltlicht*. Man drängt den Eros an den Rand des Lebens hinter Beruf, Geschäft, Staatsdienst und andere Betätigung. Die Geschlechterliebe wird bagatellisiert, sie wird schicksallos, bar jeder inneren Nötigung, Alltagsware, wohlfeil, im Preise immer tiefer sinkend. Es gibt heute eine ausgesprochene *Berufsaskese*, die schon Luther angebahnt hat. Sie opfert das Geschlechtlich-Erotische zugunsten der Arbeitsleistung, des beruflichen Erfolges und Ertrages, zugunsten aller jener Dinge, die – an bürgerlichen Maßstäben gemessen – mehr Zweck und Sinn als die Erotik haben. Der Mensch des religiösen Störungsmotivs will durch die Erotik nicht von Gott abgezogen werden. Darum wendet er sich von ihr ab und läßt sie achtlos liegen. Dasselbe tut – nur auf niederer Ebene – der Arbeitsfanatiker der europäischen Moderne. Daß es ihm weithin gelingt, verdankt er der asketischen Schulung Europas durch das Christentum.

Man kann die Geschlechterliebe nicht nur dadurch treffen, daß man wütend gegen sie ankämpft, sondern auch dadurch, daß man sie bis zur Winzigkeit verkleinert und ihr die Bedeutung nimmt, die ihr gebührt, und diese Form der Erosächtung ist die gefährlichere von beiden, genau so, wie der Atheismus der Gleichgültigkeit schlimmer ist als der der Empörung. Wo gekämpft wird, wird der Gegner ernst genommen. Ihn noch nicht einmal der Feindschaft zu würdigen, drückt das äußerste Maß der Mißachtung aus.

Das Störungsmotiv ist auch der Schöpfer der *bolschewistischen Geschlechtsmoral*. Ihr ursprünglicher Grundgedanke war: so wenig Geschlechtlichkeit wie möglich! Man verkündete eine »Liebe« des geringsten Kraftaufwandes, eine Liebe ohne die lästigen Umschweife der Galanterie, des Werbens, Kokettierens und Hofmachens, ohne Kampf um den geliebten Menschen, ohne jedes religiöse, sittliche oder ästhetische Beiwerk. Sie sollte bloßer Naturvorgang sein, unromantisch, undämonisch, eine gesundheitlich gebotene Handlung ohne höheren Rang, so belanglos und harmlos wie ein Schluck Wasser (Glas-Wasser-Theorie). Das ist nicht nur Verachtung der Erotik, sondern sogar der Sexualität. Man macht ihr das paulinische Zugeständnis der Notdurft und spürt, wie sehr man sie dadurch entwertet. Genau so dachten einst die griechischen Kyniker. Sie erklärten den Beischlaf für etwas Alltägliches wie die Mahlzeit und empfahlen, ihn öffentlich auszuüben, ohne Wahl und Scham, gleich den Mastageten, die von den Griechen verachtet wurden. Hinter solchen Versuchen der Liebesverkleinerung grinst wieder das Gespenst der Geschlechtsfurcht. – Der proletarische Mensch soll – so lehren die Theoretiker des Bolschewismus – seine Kräfte dem sozialistischen Aufbau widmen und dem Geschlechtlichen nur so weit nachgehen, daß es ihn nicht in seiner Arbeit stört. Durch den Beischlaf befreit sich der Proletarier von einer lästigen Leibesstörung und erneuert seine Leistungskraft zum Wohl des Kollektivs. Das Endziel ist, die geschlechtliche Energie in soziale Energie umzusetzen. Aufschlußreich für diese Vorstellungswelt ist die Abhandlung von A. B. Salkind »Die Geschlechtsfrage und die Sowjetöffentlichkeit« (Leningrad 1926, russisch). Sie legt die 12 Hauptpunkte der bolschewistischen Sexualmoral dar. Unter 10 heißt es: »Eifersucht ist unzulässig.« Unter 12: »Das Geschlechtsleben darf die Klasse nicht stören. Es hat ihr in jeder Hinsicht zu dienen.« Ersetzt man das Wort Klasse durch Gott, so hat man in Reinzucht das religiöse Störungsmotiv.

Der bolschewistische Staat gab das Geschlechtliche an die private Zone frei, weil er es verachtete. Sonst hätte er es verstaatlicht wie alles, was ihm wichtig schien. Die kommunistische Geschlechtsmoral wirft der bürgerlichen vor, daß sie die Geschlechterliebe immer noch zu ernst nehme und mehr daraus mache, als sie verdiene. Das war der Ausgangspunkt. Daraus hat sich nun aber etwas ganz anderes entwickelt als ihre Begründer wollten: eine Zügellosigkeit des Geschlechtslebens ohnegleichen. Das Geschlechtliche blieb nicht, wie man erwartet hatte, am Rande der Volksexistenz, sondern drang in ihre Mitte vor und zog stärker an als je. Auch diese Entfesselung des Geschlechts hängt noch mit der Askese zusammen. Freilich ist sie kein asketischer Ableger, aber sicher ein antiasketischer Protest. Die kommunistische Jugend verknüpfte die Begriffe Bürgertum und geschlechtliche Schamhaftigkeit miteinander. Um die bürgerliche Geschlechtsmoral (nicht das Geschlechtliche selbst) zu verhöhnen, glaubten sie, schamlos sein zu müssen. Die Apotheose der Schamlosigkeit wurde zur politischen Aktion. Die niedergehaltenen Kräfte des Geschlechts empörten sich unter politischen Formeln. Auch diesem rohen Ausbruch der Sexualität ist Erosfeindschaft beigemischt. Es ist die Verachtung des Geschlechts durch Vergeudung. Man verschleudert das Wertlose, nicht das Hochgeschätzte. In ihren Grundzügen stimmen so christliche und proletarische Erosfeindschaft überein, und schwerlich wäre es zur zweiten ohne die erste gekommen. Mag es auch auf den ersten Blick überraschen: auf ein und derselben Linie der Liebesächtung liegen die Sexuallehren von Paulus, Augustin und – Lenin.

X

DIE HEIMKEHR DES EROS ZU DEN GÖTTERN

Wer den Wesenszusammenhang zwischen Religion und Erotik erkannt hat, kann sich über ihre Verfeindung nicht genug wundern. Aber er wird nicht beim Erstaunen haltmachen, sobald ihm die ganze Bedeutung ihres Einklangs aufgegangen ist. Er wird aus der Einsicht in die Ursachen der Entzweiung seine Schlüsse ziehen und seine ganze Kraft daran setzen, den Eros mit den Göttern auszusöhnen. Wie ein guter Arzt wird er der Diagnose die Therapie folgen lassen.

Der Versuch muß von der erotischen und der religiösen Seite unternommen werden. In der Erotik gilt es vor allem, den *geschlechtlichen Naturalismus* zu überwinden. Der Geschlechtsinstinkt muß wieder als Paarungstrieb im wörtlichen Sinne, d. h. als Drang nach Ergänzung begriffen werden, der nur darauf wartet, daß ihn das Erlösungsmotiv, die Sehnsucht nach überirdischer Ganzheit erfasse. Er ist im Bereiche des Menschen nicht einfach Notdurft, »Entleerungstrieb«, Bedürfnis nach Lösung gespannter Gefäße. Er fällt auch nicht mit dem Fortpflanzungstrieb zusammen. Mit Recht hat die Wissenschaft vielfach bestritten, daß es – besonders beim Mann – einen Fortpflanzungstrieb gebe, d. h. einen Trieb, im Kinde fortzuleben. Der Wunsch nach Kindern kann den Beischlaf begleiten, aber dadurch verwandelt sich der Geschlechtsinstinkt nicht in Fortpflanzungsdrang. Die Fortpflanzung liegt nicht primär als Zielvorstellung im geschlechtlichen Erlebnis. Die Natur selbst lehrt in ihrer eindringlichen Sprache, daß sie es mit dem Geschlechtlichen und der Geschlechtslust nicht nur auf Fortpflanzung anlegt. Zu je höheren Formen das organische Leben emporschreitet, um so seltener und unergiebiger werden die Geburten. Im niedersten Tierreich bringen die Lebewesen Millionen von Keimen hervor, im höheren ist die Geburt nur *eines* Jungen die Regel. Außerdem: Je unfruchtbarer eine Tierart, um so lustvoller die Begattung. Die Geschlechtslust wächst im umgekehrten Verhältnis zur Fruchtbarkeit. Mit dem Aufstieg zu höheren Daseinsformen verliert die Fortpflanzung schrittweise an Bedeutung, nicht nur im Gesamt des Lebens, sondern selbst innerhalb des Geschlechtlichen. Wenn daher Augustin, Luther oder zeitgenössische Vitalisten den Sinn des Geschlechtlichen und sogar den Sinn der menschlichen Ehe nur in die Fortpflanzung legen, so setzen sie sich nicht nur zu jedem Versuch erotischer Vergeistigung, sondern auch zu einem Naturgesetz in Widerspruch, das über den Menschen hinaus wirkt bis ins Tierreich.

In Wahrheit sehnt sich der Geschlechtstrieb danach, vom Dienst an der Gattung entbunden zu werden. Unter Menschen darf der Geschlechtsakt kein bloßes Mittel zum Zwecke der Fortpflanzung sein, sondern muß als Vorgang von symbolischer Bedeutung gelten, und die Lust der Umarmung sei dem der Tierheit entwachsenen Menschen – außerhalb der Naturreligion – nicht Zeugungslust, sondern Seligkeit der Selbstvollendung durch Entselbstung. Um nicht mißverstanden zu werden: Ich predige mit keinem Wort die Kinderlosigkeit. Jeder wahrhaft Liebende wird sich von der Frau, die er liebt, Kinder wünschen. Aber im Kinde sieht er keinen pflichtgemäßen Beitrag an der Gattung, sondern das Sinnbild für die Liebeseinheit der Eltern. Das sind zwei grundverschiedene Betrachtungsweisen! Die Erotik vor dem Antlitz der Religion rehabilitieren heißt, die geschlechtliche Umarmung aus naturalistischen Klammern befreien und ihr den Symbolwert zurückerstatten. Um aber das Gleichnishafte dieses Vorgangs zu fühlen, muß man die menschliche Person selbst im Lichte ewiger Zusammenhänge sehen. Keine erotische Erneuerung ohne den Glauben an den unendlichen Wert der Einzelseele und ohne das anschauliche Erlebnis dieses Wertes! Wo nur Materie sich kuppelt, wo nur Atome und Zellen das Stoffgesetz der

Paarung vollziehen, fällt der Geschlechtsinstinkt für die Menschenerlösung aus. Um den Adel der Geschlechterliebe zu haben, muß man an die Göttlichkeit des Menschen glauben.

Zum göttlichen Wesen des Menschen gehört auch der *Leib*. Man kann die Erotik nicht heiligen, ohne dem Leib eine *neue Würde* zu verleihen. Geschlechtlicher Naturalismus und Spiritualismus, so sehr sie sich befehden, machen sich beide der Verachtung des Leibes schuldig. Jener entwertet den Körper, indem er ihn für etwas rein Stoffliches erklärt, dieser, indem er ihn zu Geist und Seele in Gegensatz bringt. Aber der Leib ist nicht nur Stoff, und der Mensch ist nicht nur Geist oder Seele. Der seelenlos oder entgeistet gedachte Leib ist Schale ohne Kern, Rahmen ohne Bild, Materie ohne Sinn, und die leiblos vorgestellte Seele ist ein Schemen, kraftlos im kalten Raum der Geistigkeit. Es bedarf einer neuen Symbolik des Leibes. Auch der Leib ist ein Werk Gottes. Gewiß soll er der Seele dienen, aber er soll nicht unter ihr leiden und nicht von ihr verachtet oder verspottet werden. Es ist ein Verstoß gegen die Schöpfung, den Leib von der erotischen Wonne auszuschließen, wozu die anbetende Liebe neigt, im Gegensatz zur umarmenden. In der Geringschätzung des Leibes ist schon ein Riß zwischen Sexualität und Erotik angelegt. Tizian hat nicht recht, wenn er die himmlische Liebe als bekleidete, die irdische Liebe als unverhüllte Frau darstellt. Leibliche Nacktheit ist kein Merkmal der niederen Liebe – und nicht der Unheiligkeit. Die Hindus sind, der Vorschrift gemäß, bis zum Gürtel nackt, wenn sie beten. In der christlichen Eucharistie ist der Leib gewürdigt, Sinnbild der Gottheit zu sein. Er ist geadelt im Sakrament der Sündenvergebung. Nicht nur die Seele, auch der Leib nimmt an der Auferstehung teil. Mit der religiösen Formel »Auferstehung im Fleische« ist die Wiedergeburt des ganzen Menschen gemeint; sie bildet den Inbegriff der christlichen Hoffnungen, besonders im ostkirchlichen Glauben.* Gott ist im Fleisch offenbart. Christus hat einen menschlichen Leib, keinen

* N. v. Arseniew, Ostkirche und Mystik, S. 5.

ätherischen oder kosmischen wie der Adam Kadmon der Kabbala. »Auch der Leib hat das Bild des im Fleische kommenden Christus angezogen«, heißt es bei Tertullian, und Paulus lehrt im 2. Korintherbrief: »Wir wollen nicht entkleidet, sondern überkleidet werden, damit das Sterbliche verschlungen werde vom Leben.« Diesem Ausspruch fügt Chrysostomus bewundernd hinzu: »Das sind Worte, durch welche die Lästerer der Natur des Leibes, die Ankläger unseres Fleisches vollständig geschlagen werden.« Wie verklärt Ephraim der Syrer den Leib in seinen Hymnen: »Der Leib wird seine Gefährtin, die Seele, hineinführen in sein Brautgemach und sie darin trösten... Mit Leib bekleidet war der Erstgeborene, der Sohn Gottes. Er gebrauchte ihn als Schleier seiner Herrlichkeit, der unsterbliche Bräutigam erstrahlte in seinem Gewande. So mögen erstrahlen eure Leiber – eure Gewänder.« Thomas von Aquino faßt die Seele als forma corporëitatis auf, als Formkraft des Leibes, als das den Körper formende Prinzip. Zusammenhang, nicht Feindschaft ist das Wesen der Leib-Seele-Beziehung nach christlicher Ansicht. Die Evangelien bieten keine Handhabe zur Ächtung des Leibes.

Es war einer der schwersten Irrtümer Luthers, daß er verkündete: »Der Leib ist Gott nicht verbunden, sondern frei von ihm gegeben zu allen äußerlichen Dingen.« Das war keine Befreiung, sondern Entheiligung des Leibes! Von da ist es kein weiter Weg zu Descartes, der Körper und Seele auseinanderriß, Verhängnis für die gesamte Entwicklung des Abendlandes. Nun erst konnte das, was mit dem Leibe zusammenhängt, als seelenfeindlich und darum als verächtlich gelten. Wo die Leibverachtung nicht schon Ausdruck des Abscheus vor dem Geschlechtlichen ist, zieht sie diesen Abscheu als unvermeidliche Folge nach sich. Gleichwohl hat die neuere Zeit noch einmal ein schönes Denkmal für die gleichnishafte Auffassung des Leibes geschaffen: im ›Denker‹ Rodins. In ihm spannt der Denkakt auch die Muskelkraft. Der ganze Leib denkt mit; der Gedanke fühlt sich nicht als Feind der Körperwelt und sucht sich nicht von ihr loszureißen, sondern sie zu durchströmen – eine prachtvolle Kundgebung der Leib-Seele-Einheit. – Neue Würdigung des Leibes setzt neues Leibgefühl voraus. Gefühle aber lassen sich nicht machen. Man kann das Schlummernde wecken, das Keimhafte pflegen, das Ansatzhafte entwickeln, mehr nicht! Erzwingen läßt sich nichts, auch nicht die Art, wie der Mensch seinen Körper erlebt. Diese Erkenntnis bewahre vor ausschweifenden Hoffnungen und übereilten Neuerungen.

Es versteht sich von selbst, daß das Geschlechtliche den Wiederanschluß an die Religion nicht finden kann, soweit es vom Verschlingungstrieb geprägt wird. Dafür hatte das Christentum immer einen sicheren Instinkt, weshalb es die Genußliebe mit Schärfe verwarf. Das Verhängnis war nur, daß man den Genuß nicht gegen die Wonne der Erlösung abgrenzte, so daß die erotische Heilssehnsucht des Menschen von der Ächtung des Genusses mitgetroffen wurde. Die katholische Lehre vom Fortpflanzungszweck des Geschlechtlichen hat im Abscheu vor dem Verschlingungstrieb ihre Wurzel. Der Grundgedanke ist: lieber zurück in die Tierheit und dem Gesetz der Gattung dienen als den Sinn des Geschlechtlichen in die persönliche Genußgier setzen. Oft aber ist der vermeintliche Dienst an der Gattung nur Genußliebe mit schlechtem Gewissen. Genießen, Hedonismus, gieriges Schlürfen von Lust stellt den Menschen unter die Tierwelt, die nur die natürliche Getriebenheit kennt, nicht das willkürliche Spiel mit der Lust des Leibes. Es nimmt der Geschlechtlichkeit die Tiefe und macht sie langweilig. Am Schluß trinkt man sich nicht den Rausch an, sondern den Ekel. Tiefgründige Naturen haben sich nie damit abfinden können, daß es mit dem Geschlechtlichen auf eine bloße Belustigung des Menschen abgesehen sei, auf einen Ausgleich für die vielen Nöte und Mühen seines Lebens. Sie halten es mit Platon, der im Gastmahl sagt: »Das Ziel kann doch wohl nicht nur die Gemeinschaft des Liebesgenusses sein, sondern offenbar will die Seele der beiden sich Vereinigenden etwas anderes, was sie aber nicht aussprechen kann, sondern nur andeutet und zu raten gibt.« Nur innerlich leere Kreaturen, wie sie heute häufig sind, suchen die grauenhafte Öde ihres Daseins durch Mißbrauch des Geschlechts zu beleben. Das Geschlechtliche als Mittel der Betäubung, als Kitzel überreizter Großstadtnerven – darein hat noch niemand, der ernst genommen werden wollte, den Sinn der Geschlechterliebe gelegt. Deshalb wird es bei denen, auf die es ankommt, leichter sein, der Erotik den Verschlingungstrieb fernzuhalten als das von der Kirche geschützte Vorurteil auszurotten, das Wesen des Geschlechtlichen erschöpfe sich in der Zeugung. Um die übrigen dem Verschlingungstrieb zu entziehen, ist ein homöopathisches Mittel nötig: eine neue asketische Zucht. Sie allein kann es dahin bringen, daß sich der moderne Mensch seiner sexuellen Unart, seiner Verdorbenheit in Urteil und Haltung entwöhnt und wieder rein und reif wird für die echte Geschlechterliebe.

Man wird fragen, ob nicht das gewaltige Erlebnis der Schöpfungswonne zur Annäherung von Religion und Erotik beitragen kann. An Versuchen, es zu erneuern, hat es ja nicht gefehlt. Man denke an den Panerotismus eines Lawrence oder Rosanow. Ich halte solche Bemühungen nicht für glücklich. Das Erlebnis der Schöpfungswonne kann dem Europäer nur noch in seltenen Ausnahmen zugänglich sein; im allgemeinen läßt es sich vorerst nicht erwecken. Denn der Mensch des Abendlandes ist generationenlang im Geiste der Erlösungsreligion erzogen worden, so stark und einseitig, daß er darüber die Existenz, ja, die Möglichkeit der Naturreligion übersah. Er kann sich keine Religion mehr denken, deren Anliegen nicht die Erlösung des Menschen wäre, und wenn er sie sich vielleicht noch denken kann, nach*fühlen* kann er sie kaum. In einer Kultur, die bis zur Selbstzerstörung männlich ist, fehlen alle Voraussetzungen, unter denen sich die Schöpfungswonne entfaltet, hervorbrechend aus den Tiefen der weiblichen Natur, als liebeberauschte Bejahung des Lebens. Ein notleidender Erdteil, der sich in Qualen krümmt wie das heutige Europa, ist dazu nicht fähig. Hier können sich Religion und Erotik nur unter der Erlösungsidee versöhnen, derart, daß die Kraft und Berufung der Geschlechterliebe zur Menschenerlösung neu entdeckt und sie selbst den religiösen Gnadenmitteln angeschlossen wird. Jeder andere Versuch des Friedensschlusses ist unter abendländischen Menschen des 20. Jahrhunderts ein leerer Wahn.

So sehr ist der moderne Mensch von der Erlösungsidee getrieben, daß er sie auch auf die vitale Welt überträgt. Alle Theorien, die eine Artveredlung, ein »Hinaufpflanzen« des Menschen fordern oder vorzufinden glauben, überschreiten den Rahmen der naturalistischen Denkweise. Selbst Schopenhauer, so ernüchternd er seine Metaphysik der Geschlechtsliebe aufzieht, schiebt der Natur und ihrem »Gattungszwecke« die heimliche Absicht der Artverbesserung unter; damit schreibt er ihr als Motiv das Ungenügen an der Schöpfung zu, an dem er selbst leidet. Man will keine bloße Wiederholung des Lebens, sondern seine Steigerung im Kinde. Das Kind soll mehr sein als die Eltern. In ihm sollen ihre Vorzüge wiedergeboren, ihre Schwächen und Mängel überwunden sein. Mit diesen Züchtungsträumen ist die moderne Eugenik die ins Biologische verlegte Fassung des Erlösungsgedankens, weit abliegend vom Erlebnis der Schöpfungswonne, die sich selbst genügt und sich selbst genießt.

Auf religiöser Seite sind zwei Hindernisse der Versöhnung zu überwinden: das Störungsmotiv und der Weltekel.

Die Auseinandersetzung mit dem Störungsmotiv führt vor das schwierige Problem *Eros und Freiheit*. Die Frage ist nicht, wieviel äußere Freiheit der Geschlechterliebe gelassen werden soll, sondern, wie weit sie zur inneren Freiheit beiträgt. Kein moralisches also, sondern ein psychologisches Problem. Der Erotik wird immer wieder vorgeworfen, daß sie den Gesichtskreis einenge und für andere Lebenstätigkeiten untauglich mache. Amor meus – pondus meum, stöhnt Augustin. Nun ist es wahr, daß die Liebe fesselt. Der kennt sie nicht, der nicht das rastlose Kreisen der Sinne um das Ziel ihrer Sehnsucht erlitt, nicht den quälenden Zustand der Gespanntheit, nicht die Kämpfe des Einswerdens der liebenden Seelen. Es ist der *Spannungszustand der Liebe*, das Streben nach Ganzheit, nicht schon das Ausruhen in ihr, die Begierde nach Harmonie, nicht die Harmonie selbst. Aber diese herzbeklemmende Unruhe kennzeichnet nur ein Teilstück des Weges, den die Liebe abschreitet. Wo sie sich vollendet, gelangt sie in ihren *Gnadenstand*. In ihm gelingt die Entselbstung. Er enthärtet, er nimmt dem Leben seine Bitterkeit und Schwere. Was sich mit der zeitlichen Person des Liebenden berührt, fällt von ihm ab ins Wesenlose. Im Gnadenstand der Liebe erblüht der ekstatisch freie Mensch. »Denn gleichsam in dir selbst zerrinnen, als ob du nicht wärest, ganz leer von dir selbst, ganz in ein heiliges Gefühl aufgelöst zu sein, das ward dem sterblichen Leben nicht verliehen, es ist der Zustand der Seligen« (Bernhard von Clairvaux). Solcher Art ist der Gegenstand der Liebe. Goethes Tasso preist die befreiende Gewalt der Geliebten.

> Ich fühle mich im Innersten verändert,
> Ich fühle mich von aller Not entladen,
> *Frei wie ein Gott,* und alles dank ich Dir.

Und Dante: »Du schufst mich Sklaven um zum freien Manne.«

Im Gnadenstand strömt der Liebende von grenzenloser Liebe gegen alles Lebendige über. Er sucht nicht mehr, sondern er will sich verschwenden. Nur das Unbefriedigte sucht, das Erfüllte verschwendet sich. Im Gnadenstand der Liebe zergeht der Ingrimm jeglichen Hasses. »Wenn sie (Beatrice) mir von irgendeiner Seite erschien« – gesteht Dante – »und ich auf ihren wonnesamen Gruß hoffen durfte, so gab es für mich keinen Feind mehr.« Feindschaften erlöschen, Freundschaften bahnen sich an. Kränkungen, die sonst verstimmen, werden gleichmütig hingenommen oder mit verzeihendem Lächeln belohnt. Die ganze Umwelt des Begnadeten strahlt vom Glanze seiner Seligkeit. Deshalb ist es auch ein Glück, einem Liebenden zu begegnen. Die Kräfte der Liebe, die auf das eine Geliebte gesammelt und gebunden waren, werden wieder frei und kehren zur Welt zurück. Im Gnadenstand hat die Geschlechterliebe den Drang, sich auch anderen als der Geliebten mitzuteilen. Sie weitet sich zur Nächstenliebe, zur All- und Gottesliebe. Das ist der Kreislauf der Erotik. Sie zieht nur dann von Gott ab, wenn sie ihren Kreis nicht rundet. Nur dann ist Schleiermachers Klage begründet, daß

»die Liebe gar zu sehr in sich selbst zurückkehrt.« Die Antike kannte den Gnadenstand der Liebe nicht. Sie wußte nur um das qualvolle Drängen der Liebe, um den dämonischen Eros des Sokrates. Platon jedoch spielt auf ihn an, wenn er das Wesen des Eros in das τίκτειν ἐν τῷ καλῷ setzt. Τὸ καλόν scheint dem, was ich den Gnadenstand der Liebe nenne, nahezukommen. Denn mit καλός umschrieb der Grieche sein Harmoniegefühl. Eine ästhetische Auslegung des platonischen Ausspruchs wird jedenfalls seinem Tiefsinn nicht gerecht. Er wäre etwa zu übersetzen mit: »Schöpferisch sein in harmonischer Haltung, im Gnadenstand der Harmonie.« Damit wäre zugleich ausgesprochen, daß der Gnadenstand nicht unfruchtbar macht, sondern neue Werte aus sich hervortreibt. Platon schreibt dem Eros die Richtung vom Besonderen auf das Allgemeine, vom Einzelgegenstand auf die Idee zu. Dieser Drang in die Weite ist aber der Liebe erst in ihrem Gnadenstand eigen. Bis dahin zieht sie sich auf das Geliebte zusammen. Also muß dem griechischen Denker der Gnadenstand der Liebe dunkel vor Augen gestanden haben, wenn er auch die beiden entgegengesetzten Bewegungen des Eros nicht klar genug unterschied, so wenig wie Augustin, der bald vom Gewicht der Liebe, bald von ihrer Klarheit spricht.

Daß man einen Menschen um Gottes willen lieben kann, wird niemand bestreiten. Aber auch das Umgekehrte ist möglich: Gott zu lieben um eines Menschen willen. An der echten Geschlechterliebe stirbt die Gottesliebe nicht, sondern sie rankt sich daran empor. Der Eros endet in Gott, wenn er den Kreis seiner Bewegung nicht vorzeitig abbricht. Erst vor dieser Erkenntnis erweist sich die ganze Schwere des unter religiösen Menschen viel verbreiteten Irrtums, die Liebe zu einem sterblichen Geschöpf schmälere die Liebe zur Gottheit.

Im Gnadenstand der Liebe übt der Mensch die gewährende, nicht die begehrende Liebe. Er liebt, wie Gott die Kreatur liebt, mit der Agape. Die Bindung an die Geliebte wird als Geborgenheit, nicht als Verlust der Freiheit empfunden. Frei ist gerade der im Gnadenstand Liebende, denn er ist entselbstet. Er lebt von einem anderen Wesen aus. Er hat sein eigenes, zeitliches Ich gleichsam im Rücken. Er ist nicht frei von Eros, sondern frei durch den Eros.

> Vor ihrem Blick wie vor der Sonne Walten,
> Vor ihrem Atem wie vor Frühlingslüften
> Zerschmilzt, so längst sich eisig stark gehalten,
> Der Selbstsinn tief in winterlichen Grüften.
> Kein Eigennutz, kein Eigenwille dauert,
> Von ihrem Kommen sind sie weggeschauert.
>
> Goethe, Elegie.

Der Gnadenstand der Liebe ist das Ziel, auf das sie von Anfang an, wenn auch unbewußt, hindrängt. Er ist ihr Sinn und ihre Rechtfertigung. Der Übergang vom Spannungs- in den Gnadenstand ist mit der religiösen Bekehrung und mit dem Vorrang der Reue verwandt. Alle drei Seelengeschehnisse werden oft von denselben Erschütterungen begleitet, von derselben inneren Bewegtheit, die sich schließlich in krampfhaftem Schluchzen erleichtert. Auch der Reue und Bekehrung ist ein überwältigendes Gefühl der Befreiung eigen. (In den zahlreichen Bekehrungsgeschichten, die W. James, Die religiöse Erfahrung in ihrer Mannigfaltigkeit, mitteilt, wird es immer wieder als Hauptmerkmal der relgiösen Wiedergeburt hervorgehoben.) Auch Reue und Bekehrung wandeln die Seele bis auf den Grund, und diese Wandlung wird als beseligend empfunden. Niemand hat die Verwandschaft des erotischen und religiösen Gnadenstandes tiefer gefühlt und schöner beschrieben als Goethe.

> Dem Frieden Gottes, welcher Euch hienieden
> Mehr als Vernunft beseliget – wir lesens –
> Vergleich' ich wohl der Liebe heitern Frieden
> In Gegenwart des allgeliebten Wesens;
> Da ruht das Herz und nichts vermag zu stören
> Den tiefsten Sinn, den Sinn, ihr zu gehören.

Der erotischen und religiösen Wiedergeburt folgt eine geläuterte Erdenliebe, ein freudiges Wiederbegrüßen der Welt, von der sich der Liebende, auf das Geliebte sich sammelnd, abgewendet hatte. Dieselbe Gefahr, die die Geschlechterliebe bedroht – daß der Liebende von dem einen Geliebten nicht wieder in die Weite des Alls hinaus finde –, schwebt auch über der Liebe zu Gott. Es kommt vor, daß die Erotik von Gott abzieht. Es kommt ebenso vor, daß die Liebe zu Gott von der Welt abzieht. Es kommt jedoch beide Male nur vor, wenn die Liebe nicht bis zum Gnadenstande ausreift. Der von Asketen erhobene Vorwurf, daß die Geschlechterliebe die Gottesliebe störe, trifft nur die unvollendet gebliebene Geschlechterliebe, nicht diese Liebe an sich, nur einen unvollkommenen Reifegrad der Erotik, nicht das Wesen der Erotik, und kann mit dem Hinweis auf gleichgelagerte Fälle unvollendeter Gottesliebe beantwortet werden. Weil so viele Mystiker über ihrer Gottseligkeit die Welt zu vergessen scheinen, sind nicht nur sie, sondern – zu Unrecht – die Mystik selbst in den Verruf der Weltflucht, der Müdigkeit und der Willenserschlaffung gekommen. Aber ihrem Wesen nach ist die Mystik nicht weltfeindlich. Im Christentum wurde die Gefahr, daß sie es werde, deutlich gefühlt und offen ausgesprochen, daß der mit Gott Geeinte seine religiöse Liebe an den Brüdern auswirken müsse. »So jemand spricht: Ich liebe Gott, und haßt seinen Bruder, der ist ein Lügner. Denn wer seinen Bruder nicht liebt, den er siehet, wie kann er Gott lieben, den er nicht siehet?« (1. Joh. 4, 20). Der flämische Mystiker Ruysbroek (Die Zierde der geistlichen Hochzeit I, 40 ff.) fordert, »der mit Gott Geeinte müsse alle Dinge in echter Freigebigkeit aus göttlichem Überfluß bereichern; ein solcher Mensch sei der berufene Mittler zwischen Gott und allen Menschen«. Nach Katharina von Siena »ist es Zeit, Gott zu ehren und dem Nächsten alle Kraft zu weihen«. Eine göttliche Stimme hatte ihr zugeflüstert: »Die Seele, welche von Liebe zu meiner Wahrheit erfüllt ist, hört nimmer auf, der ganzen Welt zu dienen.« Ein tamulischer Heiliger verkündet: »Die haben Gott nicht lieb, die nicht Liebe zu allen Menschen haben.« In universalem Liebesdrang glüht die Bhaktimystik der

Inder. Für Teresa ist die Aktivität des Liebeswirkens das Kriterium der Echtheit und Göttlichkeit aller mystischen Gnadenoffenbarung.

Mystik schließt die kraftvolle Mitarbeit an der Welt ebensowenig aus wie die Geschlechterliebe die Anbetung Gottes. Auch Jeanne d'Arc, die nationale Kämpferin, und Ignaz von Loyola, eine der tätigsten Naturen der Geschichte sind Mystiker gewesen. Die sich vollendende mystische Gottesliebe ist weltoffen, wie es schon Clemens von Alexandrien gefordert hatte. Ebenso ist aber auch die sich vollendende Geschlechterliebe Gott offen. Mehr noch: Wie die ausgereifte Gottesliebe die Erdenliebe nährt und zum Erdenwerk antreibt, so schürt die sich vollendende Geschlechterliebe den religiösen Glauben und die religiöse Inbrunst. Echte Geschlechterliebe ist daran zu erkennen, daß sie zu Gott hinführt. Macht oder läßt sie gottlos, so ist sie gerichtet. Geschlechterliebe und Gottesliebe stören sich nicht, sondern wachsen aneinander und reichen sich gegenseitig die leuchtende Fackel zu. Die Asketen des Störungsmotivs sind darüber im Irrtum, weil sie Halbheiten und Krüppelformen der Erotik mit dem Wesen der Erotik verwechseln, weil ihr Blick nur bis in den Spannungsstand, nicht bis in den Gnadenstand der Geschlechterliebe vordringt. Der Spannungsstand hebt die Wahlfreiheit auf oder mindert sie. Das ist richtig. Aber der Gnadenstand gewährt die Freiheit als sittliche Autonomie, als Erlöstsein aus der Enge der Person.

Der Vorwurf der religiösen Askese gegen die Erotik, daß sie unfrei mache, gleicht einem Vorwurf, den die Irreligion gegen die Religion erhebt. Der Atheismus rechtfertigt sich ja am wirksamsten dadurch, daß er sich mit der Freiheit, den Gottesglauben mit der Unfreiheit gleichsetzt. Man will den göttlichen Gebieter oder Zeugen los sein und auf eigene Faust sein Schicksal formen. Aber eine solche auf den Menschen gegründete Freiheit gibt es nicht. Man kann *durch* Gott frei sein, nicht *von* Gott. Nur die Zugehörigkeit zu einem Reiche göttlich-geistiger Ordnung gibt dem Menschen den Standort außerhalb und oberhalb der Natur, von dem aus auch der Gedanke einer Lenkbarkeit der Welt erst gefaßt werden kann. Wenn sich der Mensch von diesem Reiche ausschließt, gelangt er über das Stoffliche nicht hinaus. Den Stoff kann nicht der Stoff, sondern nur der Geist überwinden. Der Irrtum des gottfeindlichen Atheisten ähnelt dem Irrtum des eros-feindlichen Asketen. Das atheistische Freiseinwollen von Gott erinnert an das asketische Freiseinwollen vom Eros. Schon einmal begegnete uns der Asket in einer Reihe mit dem gottlosen Macht-menschen, dem Vertreter des Magischen. Dasselbe, was den magi-schen Typus hindert, den religiösen Weg zur Freiheit anzuerken-nen, hindert den Asketen, den erotischen Weg zur Freiheit zu gehen: es ist Hochmut, der die Selbstentäußerung ausschließt. Einen anderen lieben heißt, sich an ihn verschenken, sich an ihn los werden wollen. Die erotische Freiheit besteht darin, daß der Liebende die Sorgen des Tages, die Beschränkung auf das Ver-gängliche, im Angesicht eines geliebten absoluten Wertes aufgibt. Er ist »außer sich« vor Liebe. Er bleibt in der Welt, aber er bie-tet ihr oder dem geliebtesten ihrer Geschöpfe sein Leben als Opfer an. Die Opferidee ist von der Liebesidee nicht zu trennen. Opfer aber will der eigenwillige Atheist so wenig bringen wie mancher Asket.

Das Wesen der erotischen Freiheit ist ein beglückendes Hinaus-wachsen über das Zeitlich-Persönliche, ein Freiwerden durch Liebe. In diesem Sinne heißt frei sein: in einem höchsten Werte leben, des eigenen Ichs enthoben. *Der erotische Mensch geht aus sich heraus, der asketische zieht sich in sich zurück, und jeder von beiden nennt seinen Weg den der Freiheit.* Im Asketen ist häufig immer noch ein Rest von Eigensucht, von Stolz und Selbstbe-hauptungswillen; er ist nicht ganz im Banne der Demut; er gibt sich nicht ganz hin. Er ist auf Abstand von den Dingen und Menschen erpicht, damit sie ihn nicht stören. Während er auf alles in der Welt zu verzichten scheint, sucht er sich doch nur vor allem in der Welt zu bewahren. Den Gedanken der asketischen Freiheit als der Selbstbewahrung hat der Buddhismus rücksichts-loser und offenherziger zu Ende gedacht als irgend eine andere Lehre, damit aber auch gezeigt, wie sehr die erotische Freiheit an sittlichem Wert die asketische Freiheit überragt. Die erotische Freiheit ist gegenüber der asketischen nicht nur die würdigere, sondern auch die christlichere. Freiheit kann erlangt werden durch geschlechtliche und durch religiöse Liebe, durch Liebe zu einem Menschen und durch Liebe zu Gott, immer aber nur durch Liebe, durch Hingabe an das der Anbetung Gewürdigte, und sie ist in einem Fall soviel wert wie im anderen und im einen Fall so vollkommen wie im anderen. Auch die Geschlechterliebe ist zuletzt nicht Liebe zu einem Menschen, sondern zu einem ewigen Wert, für den der geliebte Mensch ein Sinnbild ist. Also ist der Eros keine Fessel, sondern der große Befreier des Menschen, und nur weil er befreit, kann er so tief beglücken.

Wer einmal den Zug des Eros zur Freiheit in seiner ganzen Bedeutung erkannt hat, muß das christliche Mönchsgelübde widersprüchlich finden. Von der Warte der Freiheit betrachtet ist das Armutsgebot begründet, denn es soll der Verstrickung in der Sachwelt entziehen. Auch das Gehorsamsgebot ist begründet, denn es soll den Eigenwillen brechen. Das Keuschheitsgebot aber ist unbegründet, denn es schließt die erotischen Kräfte von den Gnadenmitteln der Freiheit aus. Es konnte der Menschheit nichts Schlimmeres widerfahren, als daß man sie lehrte, der erotische Weg zur Freiheit sei ein Weg der Sünde. So wurde der Mensch irre an seinen heiligsten Möglichkeiten. Es ist Zeit, diesen Irrtum einzusehen und laut zu verkünden, daß es ein Irrtum, ein tragisches Mißverständnis war.

Ich gebe zu, daß der asketische Typus für bestimmte Zwecke tauglicher ist als der erotische. Gegenüber dem Helden der Genußliebe ist der asketische Typ sicher der höherwertige. Ich wende mich nur dagegen, daß man das asketische Ideal – und noch dazu vorbehaltlos – über das erotische und entsprechend den asketischen Befreiungsversuch über den erotischen stellt. Der erotischen Freiheit gebührt der Vorrang, weil der Eros befreit, ohne die Natur zu knechten, und weil er umwälzender und vollkommener befreit, als je die Askese vermag. Der erotische Mensch hat die Freiheit als glühende Allbejahung, der asketische hat sie als eisige Negativität.

Die Erkenntnis, daß der Eros zur Menschenbefreiung berufen ist, liefert die Grundlagen für eine *Wertelehre der Erotik,* für eine Lehre von den Wertstufen des Liebens: der Liebesarten und der liebenden Person. Eine Liebesart hat um so höheren Rang, je mehr sie über den Eigenwillen in das Ganze hinaushebt. Die unterste Stufe wird vom Verschlingungstrieb besetzt. Es folgt die Notdurft, dann die Gattungsliebe (Fortpflanzung, generelle Erotik) und schließlich, gleichberechtigt, die Schöpfungswonne (kosmogonische Erotik) und die erlösende Geschlechterliebe (soterische Erotik.).

Die liebende Person leitet ihren Wert nicht vom Wert des Geliebten ab. Der Liebende ist göttlich, das Geliebte braucht es nicht zu sein. Liebe geht auf den Menschen, unabhängig vom Wert. Wir können uns die Vorzüge der Geliebten wegdenken und lieben sie doch. Die erotische Konzentration auf eine bestimmte Person ist ein Geheimnis und reicht tief hinab in den Urgrund unseres Wesens. Der Rang des Liebenden darf auch nicht danach bemessen werden, wie weit sich seine Liebe den jeweils herrschenden Moralbegriffen fügt, sondern allein nach der Selbstüberwindung und Selbstheilung, deren seine Liebe fähig ist, einerlei, wie die Welt der Tatsachen sich damit abfindet. Chevalier Desgrieux, der für die verrufene Manon Lescaut aus Liebe alles hingab, hat im Wertreich der Erotik seinen bevorzugten Platz; daran kann die »bürgerliche Schande« nichts ändern, und der Geschlechtsakt aus ehrlicher Gewohnheit, ohne Liebe oder Gegenliebe, bleibt widersittlich, auch wenn die öffentliche Moral ihn deckt.

Religion und Erotik haben dasselbe Ziel: Sie wollen den Menschen verwandeln, sie erstrebten seine Wiedergeburt. Sie stehen im Zeichen des Bibelwortes: das Leben hingeben, um es zu gewinnen. Der religiösen und erotischen Liebe ist gemeinsam, daß in ihnen eine Vereinzelung durchstoßen und der Aufstieg zur Ganzheit versucht wird. So werden sie die *beiden Grundkräfte der Gemeinschaft,* die sich gegenseitig in die Hand arbeiten.

Ihnen beiden verdankt der Mensch, daß es ein Zusammenleben von Menschen gibt. Das Liebespaar ist der Ausgangspunkt aller sozialen Verbände, die Keimzelle der Familie und damit der Gesellschaft; die soziale Frage beginnt mit der Geschlechterliebe. (Die Gegenmeinung von Heinrich Schurtz, Altersklassen und Männerbünde, 1902, daß sich die Gesellschaft aus Männerbünden entwickelt habe, trifft höchstens auf den Sonderfall des homoerotischen Griechentums zu.) Die Liebe der Eltern zum Kinde verknüpft die Generationen und sichert dadurch eine gewisse Stetigkeit der Kulturentwicklung. Es sind Kräfte der erotischen Liebe, die den Grund der menschlichen Gesellschaft tragen. Aber sie allein würden dazu nicht ausreichen, wenn nicht von entgegengesetzter Seite aus die Religion das überpersönliche Bewußtsein des Menschen, sein Gefühl für Einheit und Ganzheit, durch den Glauben an den allumfassenden Gott entfaltete und wach erhielte. Ohne den Hintergrund des Gottesreiches zerfiele die menschliche Gesellschaft in unzählige Atome oder Atomgruppen, die miteinander in ständiger Fehde liegen. Dafür hat vor allem die katholische Soziologie, von Thomas über F. v. Baader bis zu Max Scheler, immer einen klaren Blick gehabt. Schon im Totemismus ist das Totemtier zugleich Sinnbild der Heiligkeit und der Gemeinsamkeit; durch religiöse Vorstellungen wird der Totemverband zusammengehalten. Je mehr sich primitive Völker als Gemeinschaft fühlen, um so stärker bilden sie den Glauben an Stammesgötter aus, die der Gemeinschaft ihre Weihe und ihr Erkennungszeichen geben. Der Eros begründet Gemeinschaft vom Einzelnen her, indem er ihn durch Liebe über sich hinaushebt. Die Religion begründet Gemeinschaft vom Ganzen her, indem sie dem peripheren Dasein der Menschen eine Mitte gibt, in der sie sich alle berühren. *Geschlechtsgemeinschaft und Gottesreich – auf diesen beiden Pfeilern ruht das Gefüge der Gesellschaft,* und es ist folgerichtig, daß der Bolschewismus, der diese organische Gesellschaft durch eine mechanische ersetzen möchte, Religion und Familie in gleichem Maße bekämpft.

Mit der Richtung der Religion und der Erotik auf das Soziale ist auch ihre *gemeinsame Beziehung zur Sittlichkeit* gegeben. Jede echte Moral ist mit dem Gemeinschaftsgedanken unlöslich verknüpft. Sie drängt immer dem Gebot der Selbstüberwindung und Nächstenliebe zu. Wer wie Mach, Nietzsche oder Stirner den rücksichtslosen Krieg aller gegen alle zur sittlichen Norm erhebt, begründet keine Ethik, sondern erkennt nur die naturgegebene Amoralität des Daseins an. Die älteste sittliche Beziehung, tief hinabreichend in die Tierwelt, ist die der Mutter zum Kinde. Aus Liebe säugt die Mutter das hilflose Kind; das natürliche Geschäft des Stillens ist zugleich ein moralischer Akt, und er ist geschlechtlich bedingt. Bei Tieren ist das Verhältnis von Mutter und Jungen nur in der Periode des Säugens innig; nach dem Abstillen tritt Gefühlsabstumpfung bis zu völliger Gleichgültigkeit ein. Dasselbe beobachtete Bastian an wilden Völkern. So sehr speist sich das früheste moralische Verhalten der Lebewesen aus geschlechtlichem Empfinden. Schon im Tierreich kommt es vor, daß das männliche Tier das Weibliche nach der Beiwohnung nicht verläßt, sondern bei ihm ausharrt und den Schutz der Brut übernimmt. Im Vater- und Gattengefühl steckt die erste sittliche Regung des männlichen Tieres; es schließt sich dem moralischen Mutterempfinden des weiblichen Tieres an. An Affen ist beobachtet worden, daß das Weibchen hoch im Gezweig das Junge stillt, während das männliche Tier am Fuß des Baumes Wache hält. – Der Eros hat den Drang, den zu vervollkommnen, den er berührt. Darin liegt bereits, daß er berufen ist, die moralischen Kräfte des Menschen zu entfalten. Mit Recht sagt Walter von der Vogelweide: »Minne ist aller Tugenden ein Hort.« Goethe bittet Frau v. Stein: »Vollende dein Werk und mache mich recht gut.« Weil die Liebe beseligt, stimmt sie gütig. Dies ist das Richtige an dem Gedanken Luthers: Nicht die verdienstlichen Werke führen zur Seligkeit, sondern Seligkeit bildet den Mutterboden, dem die verdienstlichen Werke erst entwachsen. Gerade der Eros ist berufen, den Fonds von Seligkeit zu schaffen und zu speisen, ohne den der Mensch mit den Mächten des Übels und des Bösen nicht fertig werden kann.

Auf der anderen Seite trägt die Religion das Gebäude der Moral. Ohne Religion ist keine dauerhafte Moral möglich. Wenn die Menschen keine absolute Macht über und hinter den sichtbaren Dingen anerkennen, wird keine weltliche Macht sie zwingen, die sittlichen Gebote zu achten, die das menschliche Gemeinschaftsleben verbürgen. Eine unmittelbare Nächstenliebe gibt es nicht. Sie geht entweder aus der Geschlechterliebe oder aus der Gottesliebe oder aus beiden zugleich hervor und empfängt von ihnen oder einer von ihnen ihre Lebenskraft. Unter Lieblosen und Gottlosen siecht die Menschenliebe, selbst die Achtung vor dem Nächsten, rasch dahin. Gemeinsamer Todfeind der Religion und Erotik ist die Eigenliebe. Sie ist das Gegenprinzip gegen beide. Sie in einem Akt der Wiedergeburt zu überwinden, ist die gemeinsame Bestimmung beider. Hält man sich den Zusammenhang von Geschlechterliebe, Menschenliebe und Gottesliebe, zwischen Erotik, Ethik und Religion vor Augen so muß man es nicht nur für Kraftvergeudung, sondern für eine eigentliche Kulturkatastrophe halten, daß im Namen der Religion die moralischen Kräfte gegen die erotischen aufgeboten werden. Es war eine wahrhaft tragische Stunde, als das Erlösungsbedürfnis des Menschen erstmals mit seinen erotischen Möglichkeiten in Widerspruch geriet, als man den Erlösungsdrang gegen den Eros hetzte, statt ihn durch den Eros zu stillen. Die daraus folgende Verkümmerung der erotischen Liebes- und Hingabefähigkeit mußte schließlich auch eine Erschlaffung der religiösen Demut nach sich ziehen. Wo der Sinn für das überschwebende Dritte, der aller echten Erotik eigen ist, erstirbt, geht auch allmählich die Fühlung mit der höchsten absoluten Einheit verloren, die über allen Weltwidersprüchen waltet: mit Gott. Deshalb wird in Indien dem Menschen die religiöse Pflicht zur Heirat auferlegt. Es geschieht nicht (wie bei den Hebräern) zur Vermehrung des Volkes, sondern damit der einzelne mit den ehernen Gesetzen des Kosmos im Einklang bleibe. Der Liebelose würde das Gewebe der Welt zerreißen. Diese Auffassung ist vorbildlich. Sie enthält ein offenes Bekenntnis zu den kosmisch ordnenden Kräften der Erotik.

Von ähnlichen Überzeugungen muß sich auch die abendländische Kulturwelt leiten lassen, wenn es ihr gelingen soll, die erotischen und religiösen Heilsströme wieder zu vereinigen, damit die gesammelte Kraft den Menschen seiner ewigen Bestimmung entgegentrage.

Wieviel verliert die Religion, wenn sie den Eros verliert! Die Geschlechterliebe schult in der Bereitschaft zu Hingabe und Opfer. Sie lockert den Seelengrund und macht das Gemüt weich und knetbar. Sie macht ihn offen für den Empfang von Intuitionen. Sie pflegt die enthusiastischen Kräfte und übt in der Geduld des Lauschens auf die Einflüsterungen der Überwelt. Mit Recht bemerkt Augustin: Res tantum cognoscitur, quantum diligitur. Wer im erotischen Gnadenstand liebt, hat die rechte Einstellung zu allen Dingen. Ihm wird die Liebe zur Quelle der Erkenntnis. Wir sehen die Natur mit anderen Augen an, wenn wir Liebende sind und mit der Gesinnung der Alliebe, die der Eros vermittelt, vor Dinge und Wesen treten. Furcht, Haß und Eifersucht fallen von uns ab; die Scheidewand zwischen Betrachter und Betrachtetem sinkt dahin, der Sinn für die Schau des Ganzen geht auf, und zuletzt gibt das Betrachtete in einem Akt der Gegenliebe sein Geheimnis an uns preis. Die Welt war für uns tot und ist durch Liebe wieder lebendig geworden. Dem liebend Hingegebenen erschließt sich die Wahrheit. Er wird sehend für die Liebeskräfte des Kosmos. Das bedeutet für eine Religion, die, wie die christliche, das Wesen Gottes in die Liebe setzt: der Eros öffnet die Augen für die Erkenntnis Gottes. Er macht tauglich für den Empfang von Offenbarungen. Er bringt Gott und Menschen zusammen. So fließen die Zustände des Liebens und Glaubens ineinander, und oft vertauscht der religiöse Sprachgebrauch die beiden Worte. In dieser Haltung der Liebe klafft kein Riß zwischen Glauben und Wissen, und keiner zwischen Schau und Schaffen. Auch die künstlerischen Kräfte brechen aus dem Liebenden hervor. Die Minneliebe erzeugte den Minnesang. »Man muß lieben, um zu dichten«, bekennt Goethe aus reicher Erfahrung, und Platon läßt im Gastmahl den Agathon sagen: »Jeder wird Dichter, den der Eros anfaßt, auch wenn er zuvor unmusisch war.« Der Liebende ist der Schöpferische; der Solipsist aber ist die schlechthin unfruchtbare Kreatur. Also hängt auch das Mysterium des künstlerischen Schaffens und das Rätsel der schöpferischen Genialität mit der dunklen, unergründlichen Macht der Geschlechterliebe zusammen. Nur weil der Eros sowohl mit den Quellen des Schaffens wie des Glaubens unterirdisch verbunden ist, kann er zugleich an der Religion der Schöpfungswonne (als kosmogonische Erotik) und an der Menschenerlösung (als soterische Erotik) beteiligt sein. Aus *einem* Stamm treiben beide Zweige der Erotik.

Die Doppelnatur des Eros legt die Erkenntnisse nahe, daß *Weltschöpfungs- und Welterlösungsgedanke* nicht in dem schroffen Widerspruch stehen, worin der vom Weltekel geprägte Asket sie sieht. In diesem Asketentypus geht dem Bruch mit dem Eros der Bruch mit der Welt voraus. Soll der Eros den Heimweg zu den Göttern finden, so muß er das Hindernis des Weltekels aus dem Wege räumen. Er hat die Bejahung des Lebens und seines Sinnes als weltanschaulichen Hintergrund nötig. Er bedarf der Weltliebe, nicht des Welthasses. So wird die Überwindung des Pessimismus, jener ätzenden, alles vergiftenden Weltverdrossenheit, die ich Weltekel nenne, zum erotischen Problem, zur Schicksalsfrage der Liebe und zu einer Aufgabe, in die sich Religion und Erotik teilen müssen.

Der Weltekel ist religiöser Natur. Er ist gebrochene Religiosität, eine, die nicht zum vollen Auslauf gekommen ist. Von der Überwelt angezogen, kann der Mensch die sichtbare Weltordnung vergessen; er kann sie aber auch hassen. Dann hausen (vermeintliche) Gottesliebe und Welthaß in *einem* Herzen. Dann betet der Gläubige Gott zwar an, aber er kommt nicht über die Frage hinweg: Warum schuf Gott die Welt, diese entsetzliche Welt? Es ist die große Gefahr der Religion, daß sie dem Menschen die Welt verleidet, daß sie ihn nur bis zum Welthaß, bis zur Verachtung des Sterblichen, treibt und daß er verwirrt den Weiterweg zur geläuterten Erdenliebe nicht findet, vergleichbar der erotischen Gefahr, daß der Liebende nicht über den Spannungsstand hinausgelangt und sich in Unruhe verzehrt, statt sich erlöst zu fühlen, vergleichbar der mystischen Gefahr, daß der mit Gott Geeinte über seiner Gotttrunkenheit den darbenden Bruder neben sich übersieht. Man kann darüber nichts Schöneres sagen, als es der englische Religionsphilosoph Friedrich von Hügel in einem Brief an seine Nichte getan hat: »Es ist ganz gut möglich, daß Dein jetzt lebendiger und tiefer Sinn für das Religiöse Dir nichtreligiöse Themen mehr oder weniger fade erscheinen läßt, daß Du es nach Tertullian und den Bekenntnissen als Belastung empfindest, Dich auf Homer oder Pindar konzentrieren zu müssen. Wenn das aber so ist oder wenn es später kommen sollte, so möchte ich, daß Du diese Mentalität nicht aufkommen läßt, daß Du Dich kräftig dagegen wehrst. Wenn es eine Gefahr für die Religion gibt – wenn es eine naheliegende, beinahe unwiderstehliche Neigung gibt, die während ihrer ganzen langen Geschichte ihre Macht untergraben und zu den zerstörerischsten Übertreibungen nach der entgegengesetzten Seite geführt hat – so ist es gerade diese: zuzulassen, daß die Anziehungsmacht der Gnade die Schönheiten und Pflichten der Natur tötet und nicht beachten läßt ... Keine Gnade ohne das Substrat, den Anlaß, den Stoff der Natur; und keine Natur ohne Gnade. Begreifst Du vollständig, worauf ich hinaus will? Daß ich gerade, weil Du Dich nach der Religion sehnst, möchte, daß Du auch die Tätigkeiten und Interessen, die nicht unmittelbar religiös sind, weiterpflegst und noch sorgfältiger und liebevoller pflegst. Und das nicht nur, weil wir natürlich essen müssen, natürlich unsere kleinen Entspannungen haben müssen, sondern viel mehr noch, weil Du ohne diese nicht unmittelbar religiösen Interessen und Tätigkeiten, wenn auch langsam und unbemerkbar, den Stoff verlierst, in dem und auf den die Gnade wirken kann.«

Wo sich das religiöse Erlebnis vollendet, führt es durch die Weltverfluchung hindurch zu einer Wiederanerkennung der Welt. Man kann nicht den Schöpfer lieben, wenn man seine Schöpfung verwirft. Das ist die letzte Erkenntnis der Religion. »Doppelbe-

wegung der Unendlichkeit« nannte Kierkegaard diese Wieder-
bejahung des Daseins, die ihm in seiner Lebenspraxis nicht gelang. Die geläuterte Erdenliebe hat mit dem Optimismus der
Feigheit nichts zu tun, nichts mit dem ängstlichen Vorbeischielen
an den Abgründen des Lebens, nichts mit der kindlichen Unkenntnis der Weltverdorbenheit. Die geläuterte Erdenliebe kennt
das Böse und Entsetzliche der Welt und bejaht sie doch. So war
die Lebensliebe Dostojewskijs. Gott zu lieben trotz der Mängel und Schrecken seiner Schöpfung – das ist die große Aufgabe,
die die Religion den Menschen stellt. Wäre die Welt vollkommen, so wäre die Weltliebe keine Leistung. Das Vollendete zu
lieben, kostet den Menschen nichts. Aber das Lückenhafte und
sogar das Mißratene zu lieben, ist eine Forderung, vor der nur
wenige nicht zusammenbrechen. Daß die Gottesliebe bis zur
Weltliebe ausreift, wird immer der Prüfstein für die Echtheit
menschlicher Gottesliebe sein. Deshalb ist die Überwindung des
Weltekels ein Kernproblem aller Religionen. Der Weltekel ist
eine Verhöhnung der Schöpfung und des Schöpfers und darum
genau so unheilig wie die Askese, zu der er treibt. Ist das erst
einmal in seiner ganzen Wucht und Schwere begriffen, so erstehen dem Eros, der immer die Welt bejaht und ohne den Glauben
an den Sinn der Schöpfung nicht atmen kann, gerade aus den
Reihen der Religion die streitbarsten Bundesgenossen.

Weltschöpfung und Welterlösung sind nicht Gegensätze, die
sich ausschließen, sondern verschiedene Stadien *einer* Entwicklung. Die Welterlösung fordert nicht die Zertrümmerung der
erschaffenen Welt. Von Anbeginn trägt die Kreatur den Keim
ihrer Erlösung in sich, die Gewähr ihrer Rückkehr in ihren göttlichen Ursprung. Die ganze Natur ist auf Erzeugung moralischer,
gottsuchender Wesen angelegt. Sie selbst treibt, sobald sie einen
bestimmten Werdegrad erreicht, den moralischen Kosmos aus
sich hervor. Sie muß nicht sterben, damit er erstehe. Begriffe wie
Goethes Gott-Natur oder Dostojewskijs Gott-Mensch deuten
darauf, daß Welt und Überwelt aufeinander eingespielt sind.
Sieht der Mensch in seinen Ursprung und in den Anfang des

Seins, so stößt er auf Gott, aus dem er hervorging. Sieht der Mensch auf sein Ziel, so stößt er wieder auf Gott, in den er einmündet, und überschaut er beides mit *einem* Blick, so steht ihm die in Gott verbürgte Einheit der Weltschöpfung und Welterlösung vor Augen. Weil es diese Einheit gibt, kann im Weibe das schöpferische und das erlösende Prinzip zugleich verbildlicht werden. Auch in der Betrachtung der Allnatur des Weibes hebt der Mensch den scheinbaren Widerspruch zwischen Weltanfang und Weltende auf. Schließlich liegt auch eine tiefe Symbolik darin, daß der Zeugungsakt und der Augenblick völliger Entselbstung (in der Liebesumarmung) zusammenfallen. Derselbe Akt, der die Kreatur in der Vereinzelung verewigt, erlöst sie auch aus ihrer Vereinzelung.

Wir müssen vermuten, daß sich der Gegensatz zwischen Naturreligion und Erlösungsreligion, trotz klarer wissenschaftlicher Unterscheidung, zuletzt doch in ein Scheingebilde auflöst. Wenn Ganzheit das Wesen des Religiösen ist, so müssen die beiden Hauptspielarten der Religion schließlich in ein gemeinsames Ganzes einmünden, von dem sie getragen werden. In äußerster Tiefe laufen sie in eine gemeinsame Wurzel aus: in Gott, von dem Paulus sagte, er sei alles in allem. Deshalb muß es einem reinen Auge möglich sein, Phallus und Kreuz, die heiligen Symbole der Schöpfung und Erlösung, nebeneinander zu sehen, ohne zu erschrecken.

Sieht man im Weltschöpfungsgedanken das weibliche, im Welterlösungsgedanken das männliche Prinzip, so führt die Spannung zwischen beiden auf die Urspannung zwischen den Geschlechtern zurück. So wie Mann und Weib, für die Zeugung und für die Erlösung, aufeinander angelegt sind, ihrer gegenseitig bedürfen und erst in der erotischen Einheit ihren Gegensatz ausgleichen, so müssen sich dann auch männliches und weibliches Prinzip, Logos und Bios, in einer höheren, überpolaren Einheit ausgleichen lassen. Die Erlösungsidee überheblich gegen die Schöpfung ausspielen heißt, die aus der Geschlechtsfurcht geborene asketisch-männliche Lösung des Geschlechtsproblems für die letzten Fragen des Seins in kosmischem Ausmaß wiederholen. Der Weltekel ist nichts anderes als die ins Metaphysische erhobene und gesteigerte Verachtung des Weibes. Aber so wenig wie die Ächtung des einzelnen Weibes kann die Ächtung des ganzes weiblichen Prinzips im göttlichen Heilsplan liegen.

Diese Erwägungen führen uns noch einmal auf den Ausspruch Platons zurück, der Sinn des Eros sei τίχτειν ἐν τῷ χαλῷ. Es scheint mir, daß Platon in diesem dunklen Wort das Mysterium der Schöpfung und der Erlösung verknüpft und miteinander in Einklang zu bringen sucht. Er sagt nicht einfach: Der Sinn des Eros ist das Schöpferische (τίχτειν), auch nicht das einfach Harmonische, Erlöste (χαλόν), sondern das Zeugen aus dem Gnadenstand heraus. Damit leitet er das Schöpferische aus der Seligkeit der Erlösung ab. Er macht das Überfließen des erotischen Gnadenstandes zur Quelle der Schöpfung. Danach hätte Gott, der permanente Gnadenstand, die Welt aus Überfülle geschaffen. Aber auch das Entgegengesetzte ist denkbar und ist gedacht worden: daß er sie aus Mangel und Sehnsucht erschuf. Dann mündete nicht die Erlösung in die Schöpfung ein, sondern die Schöpfung ginge aus dem Drang nach Erlösung, nicht aus vollendeter Erlösung hervor; das Erlösungsmotiv als das ursprüngliche und weitere schlösse die Schöpfungswonne in sich. Diesem Gedanken ist E. v. Hartmann nahe gekommen: »Einerlei, aus welchem Motiv der Schöpfer schafft: immer ist doch das Motiv zum Schaffen ein Wunsch nach Veränderung des bestehenden eigenen Zustandes, der ein volles Genügen in demselben ausschließt. Ein schlechthin und ununterbrochen genügsamer Gott kann nicht schaffen, weil das Schaffen einen Übergang von nichts zu etwas, das heißt, eine absichtliche Veränderung seines Zustandes einschließt, die bei vollem Genügen am bestehenden Zustand unmöglich ist.« Auch die christliche Vorstellung, Gott, der Weltschöpfer, sei zugleich suchende Liebe, legt beides, Schöpfungswonne und Erlösungsmotiv, in Gott hinein und legt sie in ihn zusammen als die beiden Seiten des göttlichen Wesens. Ohne Leiden und Erlösungsdrang Gottes keine Weltschöpfung!

Sie entsprang schon der geheimen Sehnsucht nach Überwindung der Einsamkeit, und diese Sehnsucht ist in alles Erschaffene miteingegangen, ebenso aber auch das beseligende Vorgefühl, daß alles Erschaffen diese Sehnsucht befriedigt. Also hängen in unermeßlicher Tiefe Erlösungsmotiv und Schöpfungswonne zusammen, und der Glaube an die Einheit des Weltgrundes ist gerettet.

Wer kann sagen, was das Frühere sei, Weltschöpfung oder Welterlösung? Wer kann sagen, ob es sich dabei um einmalige Geschehnisse handelt? Wenn sich Gott mit der Welt wieder vereinigt, wie die Mystiker glauben, wird er sie dann nicht wieder neu erschaffen und sich wieder neu mit ihr vereinigen und so fort in kosmischem Rhythmus bis in alle Ewigkeit, so wie nach indischer und altmexikanischer Ansicht Weltuntergänge und Welterneuerungen ewig miteinander wechseln und wie nach den jüngsten Erkenntnissen der Naturwissenschaft das Weltall sich ausdehnt und wieder zusammenzieht? So wird die Vorstellung eines ewigen, rhythmischen Wechselspiels von Weltschöpfung und Welterlösung möglich. Beide wären dann Bewegungen der Unendlichkeit, gleichsam die Atemzüge Gottes.